L'ABBÉ
MARC-RENÉ D'ESPAGNAC

PAR

Le Comte V. de SEILHAC

AVEC

PIÈCES JUSTIFICATIVES INÉDITES

ET PAPIERS DE FAMILLE

1752—1794

TULLE

IMPRIMERIE CRAUFFON ADMINISTRATIVE ET COMMERCIALE
10, rue du Fouret et place Saint-Bernard, 1

1881

MARC-RENÉ D'ESPAGNAC

L'ABBÉ
MARC-RENÉ D'ESPAGNAC

PAR

Le Comte V. de SEILHAC

AVEC

PIÈCES JUSTIFICATIVES INÉDITES

ET PAPIERS DE FAMILLE

1752 — 1794

TULLE

IMPRIMERIE CRAUFFON ADMINISTRATIVE ET COMMERCIALE

10, rue du Fouret et place Saint-Bernard, 1

1881

PRÉFACE

Dans le salon de ma grand'mère, Mme de Sahuguet, une place d'honneur était réservée à deux portraits, œuvres d'un peintre de mérite : l'un représentait un général de la République appuyé sur son sabre, avec l'habit à larges revers et le chapeau à plumes tricolores ; l'autre, un personnage à la figure douce et fine encadrée d'une chevelure poudrée, revêtu de l'élégant costume en velours violet que les ecclésiastiques avaient adopté pour la ville, du temps de Louis XV et qu'ils portaient encore sous le règne de Louis XVI. Le général était M. de Sahuguet, mon grand-père ; l'abbé était son cousin Marc-René Sahuguet d'Espagnac : deux gentilshommes restés au service de la République en 1792.

Par le fait du hasard ou de l'intention du peintre, le général et l'abbé se trouvaient disposés de telle sorte qu'ils semblaient échanger un triste et amical sourire : sourire, amitié, tristesses étaient dans leur commune destinée. Fils de deux sœurs ; ayant vécu ensemble la période de jeunesse ; partageant études et plaisirs, Sahuguet et d'Espagnac furent brusquement séparés par la mort. En ce temps-là on mourait jeune. L'abbé, subissant une imagination ardente, emporté dans le tourbillon des aventures, trouva sur l'échafaud de la Révolution la fin et l'expiation d'une existence égarée par les passions. Plus heureux, le général succomba glorieusement à Tabago, soldat du patriotisme et du devoir.

L'abbé d'Espagnac et le général Sahuguet se sont

imposés aux impressions de mes premières années. J'ai pu entendre quelques-uns de leurs contemporains, j'ai consulté, j'ai étudié les pièces *inédites et officielles* qui les concernent ; je publierai prochainement la biographie du général : aujourd'hui, je veux essayer de faire connaître l'abbé.

Comme je l'exposerai au cours de ce travail, il y a eu deux abbés portant le nom de d'Espagnac : le premier, grave et érudit parlementaire ; celui que Voltaire appelait plaisamment « Vétillard..., rude chambrier..., minutieux seigneur..., marchant à pas bien mesurés... ; » celui au sujet duquel le patriarche de Ferney écrivait : « Cet abbé d'Espagnac qui n'en finit pas... ; que j'abandonne à son sens réprouvé de vieux conseiller clerc... ; qui s'amuse à condamner le lit de Justice... (1). » Celui-là fut le *grand abbé d'Espagnac*, estimé par tous, même par Voltaire, et dont la réputation de vertu et de savoir est restée inattaquée. Tel ne fut pas le neveu du grand abbé, *le petit abbé d'Espagnac*. Nul plus que lui n'a encouru les injustices de l'opinion et de l'histoire. Le neveu ne suivit pas, il est vrai, les traces de son oncle ; il ne marcha pas toujours, hélas ! « à pas bien mesurés » : Homme d'Eglise, il renia le caractère ecclésiastique ; il se livra à des essais littéraires, aux spéculations de la politique et de la finance ; il fut un peu abbé, un peu philosophe ; un peu beaucoup trop économiste,

---

(1) Lettres de Voltaire à d'Argental et au marquis de Chauvelin, ambassadeur à Turin : 24 octobre, 22 décembre, 13 juin, 22 novembre, 14 novembre 1759.

comme on disait alors, et financier, comme on dit aujourd'hui.

Orateur de la chaire, le petit abbé d'Espagnac avait acquis un renom de facilité de parole et même d'éloquence. Malheureusement, nous n'avons retrouvé de lui que deux manuscrits : un sermon et un discours, qui dénotent une éloquence réelle, surtout une grande hardiesse. Ces deux compositions n'ont pas été imprimées ; le sermon même n'a pas été prononcé ; elles n'en occasionnèrent pas moins un grand émoi à la Cour et à la ville.

L'œuvre de Marc-René, en littérature et en philosophie, n'a pas été considérable. L'abbé occupait, cependant, une place dans le monde des beaux esprits, si nous en jugeons par le bruit qui se produisit à ses débuts. En effet, Voltaire s'empressa de féliciter le jeune auteur de l'éloge de Catinat, dans une lettre que nous publions ; de son côté, Mme du Deffand écrivait, à la même occasion, à Mme la duchesse de Choiseul (1) :

« ... Il n'est plus question aujourd'hui que des
» éloges de Catinat : celui de M. de Guibert, qui a
» eu le premier accessit, et celui de M. d'Espagnac,
» qui a eu le second. Il faut absolument que je sache
» ce que vous, le grand papa, le grand-abbé en
» aurez jugé ; mais il me faut la vérité, toute la
» vérité. Je vous dirai après ce que j'en pense. Je
» voudrais savoir si vous devinerez ce que j'en ai
» pensé. »

---

(1) Lettres de Mme du Deffand. — Paris, 31 août 1775.

— VIII —

A cette lettre, Mme la duchesse de Choiseul faisait la réponse ci-après (1) :

« ... Je ne satisferai pas votre curiosité sur les
» jugemens que vous me demandez des trois discours
» qui ont été couronnés à l'Académie. Premièrement,
» parce que je serais bien fâchée de les lire : c'est
» un genre qui m'ennuie à la mort. En second lieu,
» je ne les ai pas tous. M. de Guibert m'avait lu le
» sien, il y a un an. Autant qu'il m'en souvient, il
» me semble que j'y ai trouvé des beautés, de la force,
» et parfois un peu de bouffissure. On m'a lu, ici,
» quelques passages de celui de l'abbé d'Espagnac,
» remplis de *chicchoc* et d'antithèses, ce qui est un
» mauvais genre et m'a dégoûtée d'en lire davan-
» tage. »

Le bon Barthélemy, lui-même, se mettant de la partie, ne dédaignait pas d'exprimer sa critique au sujet du Catinat de d'Espagnac :

« ... Nous attendons tous les jours le discours de
» M. de la Harpe. Celui de M. l'abbé d'Espagnac est
» arrivé ce soir ; je l'ai ouvert, et j'ai trouvé *expédi-*
» *tions habiles.* On dit une *campagne* savante, un
» livre savant, mais on ne dit pas une campagne
» *habile,* un livre *habile,* parce que habile ne se dit
» que des personnes (2). »

---

(1) Lettres de Mme du Deffand. — Chanteloup. 5 septembre 1775.
(2) Correspondance de Mme du Deffand. — Chanteloup, 10 septembre 1775.

Acceptons de bonne grâce les subtilités grammaticales de Barthélemy et les aimables chic-choc de Mme de Choiseul. « Brouillamini » « Tintamarre » sont passés dans l'usage du langage familier ; la première partie de chic-choc a été seule acceptée. — Ah ! Madame la duchesse, quel galant éloge exprimerait de nos jours cette moitié de chic-choc-là !

Voltaire, ainsi que nous l'avons déjà vu, se tenait en relations intimes avec la famille d'Espagnac. Mais l'intérêt particulier qu'il témoignait à l'abbé est une preuve de l'estime qu'il avait pour ses talents. Ainsi, quand Marc-René avait aspiré à prononcer le panégyrique de Saint Louis devant la Cour et devant l'Académie, c'est à Voltaire que le baron d'Espagnac père de l'abbé s'adressa, afin d'obtenir cette faveur pour son fils. Dans cette circonstance, la correspondance suivante s'établit entre Voltaire et d'Alembert :

Voltaire à d'Alembert.

« De Ferney, 18 de novembre 1776.

» Mon très cher philosophe, on m'engage à vous
» prier de faire donner à M. l'abbé d'Espagnac la
» charge de panégyriste de Saint Louis pour l'année
» prochaine. Si vous le pouvez, vous ferez une bonne
» action dont je vous serai très obligé. S'il est vrai
» que vous soyez déjà engagé avec un autre concur-
» rent, je retiens place pour l'année suivante. Ce
» jeune abbé d'Espagnac a eu les honneurs d'accessit
» à l'apothéose du maréchal de Catinat. Il a beaucoup
» d'esprit, il est né éloquent, car à mon avis il faut
» naître éloquent comme naître poëte. Son père est

» un homme d'un rare mérite; il est, de plus, neveu
» d'un conseiller de grand'chambre, qui rabat quel-
» quefois les coups que le fanatisme porte à cette
» philosophie tant persécutée. »

D'Alembert à Voltaire.

» A Paris, ce 30 novembre 1776.

» Votre protégé d'Espagnac, mon cher et illustre
» maître, m'a bien l'air d'attendre au moins l'année
» 1778 pour débiter devant notre Académie, les sot-
» tises ordinaires sur l'atroce absurdité des croisades,
» et sur ce roi plus moine que roi, qui voulait donner
» la moitié de son corps aux *frères prêcheurs* et
» l'autre aux *frères mineurs*, et qui disait à Join-
» ville qu'il ne fallait répondre aux hérétiques qu'en
» *leur enfonçant l'épée dans le ventre jusqu'à la*
» *garde*. Il eut été digne de protéger et d'ordonner
» comme a fait le roi d'Espagne, son centième petit-
» fils, ce qui vient de se passer à Cadix. »

Voltaire à d'Alembert.

« De Ferney, 8 de décembre 1776.

» C'est à votre lettre du 30 de novembre, mon très
» cher philosophe, que je réponds aujourd'hui, et
» nous ne nous croiserons plus. Je vous remercie de
» votre bonne volonté pour l'apprenti prêtre et
» l'apprenti évêque d'Espagnac. J'ai quelque lieu
» d'espérer qu'un jour il sera un prélat assez philo-
» sophe. Vous pouvez lui confier Saint Louis pour
» l'année 1778. Je crois qu'il a trop d'esprit pour
» justifier les croisades devant l'Académie. Il me

» semble qu'il avait parlé de la philosophie de Catinat
» avec effusion de cœur. »

Nous n'insistons pas sur la carrière financière et économique de l'abbé d'Espagnac ; les documents que nous reproduisons permettent d'apprécier ses vues et ses systèmes. Qu'il nous soit permis d'observer qu'il n'est pas, en réalité, une seule de ses opérations, en comptant même cette malheureuse affaire de la Compagnie des Indes à laquelle il dut une lettre de cachet, qui ne fût considérée, aujourd'hui, comme parfaitement licite et intelligente.

A cet égard, l'abbé a eu le tort de devancer son temps. D'ailleurs, ne nous arrêtons pas à la surface, et sachons dégager de l'agioteur vulgaire le hardi conspirateur qui était entré en lutte pour renverser le régime odieux de la Terreur, et qui jouait sa tête contre Marat et Robespierre.

Vaincu, d'Espagnac fut condamné par le tribunal révolutionnaire. Nous imprimons les pièces du procès.

Il n'est pas une angoisse, pas une douleur, qui ait été épargnée à ce malheureux condamné. Sous les verroux, il n'a reçu aucune consolation de sa famille. Et, alors, il a pu se croire abandonné ; et, dans un cri de suprême désespoir adressé à sa mère, il a pu soupçonner ses frères de calculs honteux, d'un cruel oubli. Soupçons injustes ! Ceux qui en étaient l'objet s'étaient vus forcés de se dérober par la fuite, pour échapper à l'échafaud qui leur était réservé. Ils ont honoré la mémoire de l'infortuné abbé par de pieux regrets et en se faisant les fidèles exécuteurs de ses dernières volontés.

Par suite de circonstances diverses, j'ai eu entre les mains les papiers de l'abbé d'Espagnac et du cardinal Dubois. Un rapprochement entre ces deux personnages se présente naturellement à l'esprit. Dubois et d'Espagnac étaient de Brive-la-Gaillarde. Né dans une condition modeste, Dubois s'était élevé aux plus hautes dignités de l'Église et de l'Etat, en servant la Religion et le Roi. L'abbé d'Espagnac, au contraire, porté, par les privilèges de la naissance, à un rang élevé, abandonna l'Église, les traditions de sa famille royaliste et s'engagea dans la secte des Novateurs. Le premier est mort au comble des honneurs, ayant travaillé à consolider la Monarchie. Le second, cédant au mouvement des esprits auquel le cardinal Dubois s'était énergiquement opposé, voyait tomber Louis XVI et tombait à son tour sous le couteau Révolutionnaire. Les courtisans et les philosophes ne pardonnèrent pas à Dubois ses services rendus au Roi et ses triomphes; non plus que d'Espagnac ne s'est fait pardonner son origine et l'abdication des principes de sa famille. L'un et l'autre ont été confondus dans la même sévérité, de leur vivant et après leur mort : ils ont été jugés avec une rigueur qui dépasse la mesure de toute impartialité, de toute vérité !

V. DE S.

Janvier 1881. Au Mons-Vitrac (Corrèze).

Chapitre Ier

LE PETIT ABBE

I

L'abbé d'Espagnac (Marc-René-Marie de Sahuguet d'Amarzit) est né à Brive, province du Bas-Limousin, le 26 septembre 1752. Il fut tenu sur les fonds baptismaux par M. de Paulmy d'Argenson (1) et par sa tante, Mme de Vialard de Puymaretz.

Parmi les témoins qui ont signé, comme amis, l'acte de naissance, se trouvent les noms des représentants de la principale noblesse et des illustrations de la province : marquis d'Escars, Lasteyrie du Saillant, Davès du Bois, Arnaud des Brulys, de Fayolle, Saint-Lambert, Brune, etc., etc.

Le père de l'abbé était le baron d'Espagnac (Jean-Baptiste-Joseph Sahuguet d'Amarzit), brigadier des armées du roi, et sa mère, Suzanne-Elisabeth-Josèphe née baronne de Beyer.

L'auteur de la famille de Sahuguet servait avec un grade dans l'armée de Henri IV ; il avait la qualité de noble et s'établit en Limousin, du temps des guerres de religion. Comme c'était l'usage dans les maisons nobles, chacun des enfants prit le nom d'un fief ; ainsi les de Puymaretz, les du Vialard, les de la Renaudie, les d'Espagnac ne formaient qu'une même

---

(1) Marc-René de Paulmy d'Argenson, maréchal de camp des armées du roi, lieutenant-général des armées du royaume, inspecteur de la cavalerie, lieutenant-général de la province d'Alsace, gouverneur de Romorantin.

branche de Sahuguet. Le chef de la branche aînée, transplanté à Reims, avait acquis, par un mariage, une grande fortune et le marquisat de Thermes ; il signait : « Marquis de Thermes. »

Le baron d'Espagnac (1) avait une haute réputation de savoir et de bravoure. Après avoir servi vaillamment dans les campagnes de 1732 à 1742, il se signala aux sièges de Tournay et de Maëstricht, à la prise de Gand, à Rocoux, à Lawfeld ; il était aux côtés du maréchal de Saxe à la mémorable bataille de Fontenoy dont il a écrit la relation admirée par Voltaire.

La guerre de Flandre et de Brabant devait donner un brillant essor à la carrière de d'Espagnac ; il allait mériter la confiance et l'amitié du maréchal de Saxe, devenir le confident de ses plans et recueillir les matériaux qui ont servi à l'histoire de cet hôte illustre de la France. « Il y a dans mon état-major, disait le maréchal, un officier à qui j'ai donné ma confiance. En veut-on savoir le motif ? De quelque chose que je le charge, il ne me répond jamais non ; il m'entend à demi-mot, ne fait jamais de compliments ; cherche toujours dans les comptes qu'il me rend à calmer ma vivacité ; me parle vrai quand je l'interroge sur ce qui m'est personnel, et me dit du bien de tout le monde : rare caractère. » Cet officier, c'était d'Espagnac.

Le traité d'Aix-la-Chapelle était signé. Le baron d'Espagnac, investi par le maréchal de Saxe du commandement de la ville de Bruxelles, présida à l'évacuation des pays conquis ; il fit preuve de sagesse et de fermeté.

Pendant son commandement à Bruxelles, il avait établi des relations avec le baron de Beyer, président

---

(1) La baronnie de Cazillac a été concédée à d'Espagnac, par lettres patentes du roi Louis XV (2 mai 1748). Ne prit le titre de baron qu'en 1748.

de la chambre des comptes des Pays-Bas, allié aux plus puissantes familles de la Belgique. Mme de Beyer était gardienne des enfants du roi des Pays-Bas. Une fille du baron Beyer devint baronne d'Espagnac. De ce mariage provinrent quatre enfants, dont Marc-René, le plus jeune.

Comme tous ses frères, René d'Espagnac passa ses premières années au collège de la ville natale. En quittant les doctrinaires de Brive, il alla faire ses études de théologie au séminaire de Limoges, où il reçut les ordres.

On a dit que d'Espagnac, en entrant dans les ordres, avait suivi, non sa vocation, mais la volonté de sa famille. Tout proteste contre cette assertion : le caractère de l'abbé aussi bien que celui des parents. Le baron d'Espagnac a laissé, en effet, le souvenir d'une bonté et d'une générosité qui exclut toute supposition de tyrannie envers ses enfants. Quant à Marc-René, il manifesta dès son enfance, et dans tout le cours de sa vie, une nature indépendante, un entêtement effréné, que la mort seule a pu faire fléchir. Loin donc d'avoir jamais été obéissant jusqu'au sacrifice, l'abbé s'est toujours montré insoumis et il a souvent attristé, par son indocilité, les derniers jours de son père.

S'il fallait chercher les causes qui ont pu déterminer spontanément Marc-René à suivre la carrière de l'Eglise, nous les trouverions dans une circonstance toute naturelle de famille. Marc-René avait été, pour ainsi dire, adopté par Léonard d'Espagnac, un frère de son père, qui était ecclésiastique (1) : on l'appelait le « grand abbé. » Marc-René avait été élevé dans la maison de son oncle, et dès sa plus tendre enfance;

---

(1) Léonard de Sahuguet d'Espagnac est né le 12 mai 1709, d'une famille noble et ancienne, établie depuis Henri IV dans la province du Bas-Limousin. Le désir de s'instruire, un goût prononcé pour les lettres l'amenèrent à Paris. Il obtint, par son mérite personnel et le crédit de sa famille, une place de conseiller de la grand'chambre et de

on l'appela le « *petit abbé.* » Sans doute, l'oncle Léonard nourrissait le projet de diriger son neveu vers l'Eglise ; mais aucune contrainte ne fût assurément employée pour aboutir à ce résultat. Vivant

---

rapporteur des affaires de la cour au parlement (2 décembre 1737). En 1761, il fut pourvu de l'abbaye de Coulombs, célèbre dans le pays chartrain.

Frère de M. le baron d'Espagnac, compagnon d'armes du maréchal de Saxe, lieutenant-général des armées du roi et gouverneur des Invalides, l'abbé avait le droit de prétendre à la plus brillante fortune. Il borna son ambition aux honneurs de sa charge et de son abbaye, partageant ses loisirs entre les recherches historiques et les œuvres de charité.

Au parlement, d'Espagnac fut honoré comme un magistrat laborieux, érudit et intègre. A l'abbaye de Coulombs, « il passa en faisant le bien. »

Un penchant tout particulier l'attirait vers les questions économiques et sociales. Il s'appliqua à continuer l'œuvre de ses prédécesseurs dans l'administration de Coulombs, établit de nouveaux chemins et fit réparer à grands frais ceux qui existaient déjà. Frappé de l'abandon auquel étaient condamnés les indigents malades dans les campagnes, il fonda au bourg de Coulombs un hospice destiné à recevoir les pauvres de la paroisse.

L'abbé d'Espagnac mourut à Paris le 21 juillet 1781, âgé de 72 ans. Son corps fut transféré à Coulombs et inhumé dans l'église de l'abbaye le 13 mars 1782. A la suite de la vente de Coulombs, les dépouilles de l'abbé d'Espagnac furent transportées dans le chœur de l'église paroissiale, en même temps que le corps de Charlotte de France, fille de Charles VII. La même pompe qui réunissait dans la cérémonie funèbre un simple abbé et une fille de France, le concours immense des populations qui se pressaient à cette cérémonie témoignent des sentiments de vénération que M. d'Espagnac a laissés dans la contrée.

En même temps que l'abbé recommandait son administration par sa sollicitude, ses lumières et ses bienfaits, il voulut donner une preuve de l'intérêt particulier qui l'attachait à ce pays, et consacra ses études à recueillir les souvenirs historiques de la province : il écrivit l'*Histoire des Seigneurs de Nogent-le-Roi et des Abbés de Coulombs sous la dynastie des Capétiens.*

La publication de cet ouvrage, récemment faite par les soins de M. Marre, inspecteur des écoles de l'arrondissement de Dreux, a fourni aux habitants de l'ancien pays chartrain l'occasion de payer un nouveau tribut de reconnaissance à l'abbé d'Espagnac. Dans les

auprès d'un oncle qui portait la robe, qui était entouré d'une grande considération, à qui la fortune donnait les moyens de tenir un grand train de maison; traité comme l'héritier à qui devait revenir la consi-

huit premiers jours de l'annonce de cette publication, une liste de souscription a réuni 260 signatures. On compte parmi les souscripteurs, des cultivateurs, des vignerons, des charrons, des bergers, des sobotiers, des ouvriers de toutes conditions : manifestation vraiment populaire, non moins honorable pour celui qui en est l'objet que pour le pays où elle se produit.

Un dernier hommage était réservé à l'œuvre posthume de M. l'abbé de Coulombs; elle a été admise au concours des antiquités de la France sur la présentation de M. Vincent, de l'Institut.

L'ouvrage de M. d'Espagnac dénote une étude approfondie, un esprit également apte à exposer les problèmes économiques, les questions administratives et à juger les évènements.

Dans le cadre étroit d'un petit volume, on trouve habilement groupés les hommes et les faits qui ont illustré le pays nogentin de 950 à 1761 : grands mouvements des peuples, croisades, épisodes sanglants des guerres de la religion et de la féodalité; calamités publiques, pestes et disettes; aperçus sur les mœurs, l'agriculture, l'industrie, la valeur des monnaies; tous ces faits de l'histoire générale sont rattachés avec art à l'histoire particulière d'une modeste abbaye. A côté des actes de la puissance royale de saint Louis, de Philippe-Auguste, de Charles-le-Mauvais; à côté des entreprises des Noailles, des Brézé, des Montfort, grands rois, grands vassaux qui se sont rencontrés sur ce coin de terre les armes à la main, M. d'Espagnac se plait à tracer le tableau intéressant de quelques moines obscurs qui labouraient pacifiquement des landes incultes, bâtissaient des villages, des asiles pour les pauvres, dirigeaient des écoles pour les enfants et conservaient à l'ombre du cloitre la tradition des études littéraires et les monuments de l'histoire.

Malgré son attachement à l'abbaye de Coulombs, l'abbé d'Espagnac n'oublia pas la province du Bas-Limousin. Il écrivit l'histoire de la ville de Brive, à laquelle l'attachaient ses souvenirs de famille. Véritable œuvre de bénédictin, ce travail reproduit à un degré bien supérieur et dans des proportions plus larges les qualités d'érudition et de style que nous avons signalées au sujet de l'abbaye de Coulombs.

Le travail sur Brive comprend la matière de plusieurs volumes; une copie déposée par l'abbé à la bibliothèque publique de Brive a disparu depuis quelques années; mais le manuscrit original, religieusement conservé dans la famille d'Espagnac, a été déposé aux archives de la *Société des Lettres, Sciences et Arts de la Corrèze.*

dération et les biens de cet oncle, — Marc-René dut concevoir facilement l'idée d'hériter aussi de ses dignités ecclésiastiques. Les vocations les plus sincères ne sont, souvent, que le résultat des premières impressions de l'enfance. Le « petit abbé » se considéra donc de bonne heure, comme un futur « grand abbé (1). »

On retrouve, également, l'action du milieu où a vécu Marc-René, dans la plupart des actes de sa vie.

Le baron d'Espagnac était militaire et écrivain apprécié. Ses enfants s'étaient rencontrés souvent avec des officiers ; ils avaient été bercés avec des histoires de guerre et des récits de bataille ; aussi, Marc-René, malgré la robe de prêtre, se sentait attiré vers la philosophie et les lettres et vers les audacieuses aventures. Il avait eu des succès au collège ; son intelligence précoce avait grandi au contact du monde, depuis sa sortie du séminaire ; l'abbé d'Espagnac essaya ses premières armes et débuta par l'éloge du maréchal de Catinat.

II

« A Ferney, le 3 septembre 1775.

» *A Monsieur le Baron d'Espagnac, Mestre de de camp des armées du Roi, Gouverneur de l'Hôtel Royal des Invalides.*

» Le jeune homme, Monsieur, que vous intitulés (2) « bachelier en théologie, » me paraît bachelier dans

---

(1) Il existe à Brive, chez Mme la marquise de Corn, un portrait de M. l'abbé d'Espagnac peint par Rigaud. D'Espagnac est représenté en pied, drapé dans la robe rouge de conseiller au parlement. Sa taille est haute ; sa figure, finement étudiée, porte l'empreinte de l'intelligence et de la bonté qui furent les caractères distinctifs de l'abbé. La toile est une des œuvres qui font honneur au maître.

(2) Orthographe conservée.

votre grand art de la guerre, et plus fait pour remplir la place du maréchal de Catinat que d'un père de l'Eglise. Il a trop d'esprit et d'imagination pour s'en tenir seulement à la Sorbonne. Je ne puis trop reconnaître la bonté que vous avés eu de m'envoyer son ouvrage. On croirait que l'auteur a fait plusieurs campagnes, et qu'il a passé plus d'un quartier d'hiver à la cour.

» Je vous remercie du fond du cœur, vous et cet illustre bachelier ; quand je songe que les maréchaux de Catinat et de Saxe ont été immortalisés dans la même maison, et que c'est à elle que je dois une lecture si intéressante, je me sens pénétré de reconnaissance autant que de plaisir.

» J'ai l'honneur d'être, avec respect, du maréchal de camp et du bachelier,

» Le très humble, etc., etc.

» Le Vieux Malade (1). »

Celui qui signait le « Le Vieux Malade, » tout le le monde l'a reconnu : c'était Voltaire. Quant au « bachelier en théologie » qui, au jugement du

---

(1) Extrait d'une lettre de Brive :
« 3 octobre 1778.

» M. l'abbé d'Espagnac, né à Brive (Bas-Limousin), si avantageusement connu dans la République des Lettres, a concouru pour le prix de l'Académie française et a mérité un accessit. Le discours de ce jeune orateur, dont les talents honorent notre province, est écrit avec beaucoup de feu, de verve, d'énergie. La vraie éloquence et la rapidité du style se font remarquer, surtout lorsqu'il peint le moment où son héros le maréchal de Catinat entra dans le monde, et dans le morceau où il le compare à Turenne.

» M. le baron d'Espagnac a envoyé au Nestor de notre littérature un exemplaire du discours de M. son fils. Nous croyons que tous les Limousins verront avec plaisir la réponse de M. de Voltaire ; elle est très flatteuse pour l'orateur, et les succès d'un compatriote intéressent tous les cœurs bien faits. »

patriarche de Ferney, « paraît bachelier dans le grand art de la guerre, » c'était l'abbé d'Espagnac.

Nous ne pourrions placer l'essai biographique de l'abbé sous un patronage plus éminent que celui de Voltaire. Du reste, le « jeune bachelier » n'était pas un inconnu pour l'illustre écrivain, qui se trouvait en relations de lettres et de société avec le baron d'Espagnac, gouverneur des Invalides et père de l'abbé.

C'est à l'occasion d'un concours à l'Académie que l'abbé obtenait les félicitations de Voltaire. Le sujet à traiter, nous l'avons appris déjà par la lettre datée de Ferney, était l'éloge de Catinat. Singulière coïncidence ! Le baron d'Espagnac, auteur de l'histoire du maréchal de Saxe, avait envoyé un exemplaire de son livre à Voltaire qui lui adressa une réponse, véritable éloge de l'œuvre.

En 1775, accusant réception de « l'Eloge de Catinat, » Voltaire écrivait donc : « Quand on songe que les maréchaux de Catinat et de Saxe ont été immortalisés dans la même maison, et que c'est à elle que je dois une lecture si intéressante… »

Cependant, le travail si favorablement apprécié par Voltaire n'avait obtenu qu'un deuxième accessit à l'Académie. Mais hâtons-nous de dire que l'abbé d'Espagnac était alors à peine âgé de vingt-deux ans. Ajoutons qu'au nombre des concurrents se trouvait La Harpe. Le jeune abbé pouvait être vaincu sans honte, et le troisième rang était encore pour lui une victoire.

L'éloge de Catinat est, sans contredit, l'œuvre la meilleure de toutes celles que nous a laissées l'abbé d'Espagnac. Le sujet se prêtait, il est vrai, merveilleusement à la direction de ses idées et à la tournure de son esprit. Avocat, poète, philosophe, chef d'armée, diplomate en haine aux courtisans, suspect aux catholiques, disgracié par le roi, Catinat se présentait au concurrent académique avec toutes les qualités qui inspirent l'entrain, facilitent le travail et le succès, et excitait particulièrement les sympathies de l'abbé d'Espagnac.

Aussi comme le jeune écrivain aborde hardiment son sujet !

D'abord, il trace un exposé de la France... « Tout se prépare et se développe, dit-il, pour ordonner un siècle nouveau. Turenne montre déjà ce qu'il est, Luxembourg et Condé ce qu'ils doivent être ; Catinat paraît au monde quand Richelieu vient d'établir ses principes pour le gouverner et Descartes les siens pour l'instruire. »

La jeunesse de Catinat, marquée par des passions fougueuses, rappelle à l'abbé les premières années de Duguesclin.

Avocat, Catinat quitte la robe, se fait soldat à vingt-trois ans et s'applique à l'étude de la tactique : « Belle leçon pour les hommes ! s'écrie l'abbé, qu'ils se croient assez jeunes pour étudier un art qu'ils n'apprennent jamais. »

Bientôt officier général, maréchal de France, Catinat gagne les batailles de Staffarde, de la Marsaille ; il est blessé à Seneff, et le prince de Condé lui écrit : « On perd trop quand on perd des hommes comme vous. »

Ses soldats l'appelaient « le Père La Pensée ; » les soldats d'Eugène, « l'Invincible ; » Bayle, « le Savant ; » Louis XIV, « le Vertueux. » Catinat mérita le titre de Pacificateur par des négociations habiles, et mourut disgracié à Saint-Gratien.

Tel était le sujet que l'abbé eût à traiter en concurrence avec La Harpe. Si on compare les deux compositions, on doit évidemment reconnaître une supériorité à La Harpe au point de vue de la disposition du discours, de l'élégance, du style, de la sobriété et de la sagesse des jugements. D'un côté, l'habileté, la maturité ; ici, la jeunesse de l'imagination dans toute sa fougue. Ce qui domine chez d'Espagnac, c'est l'ardeur des *idées nouvelles* représentées par la haine des courtisans et l'amour de la philosophie, l'opposition encore dissimulée à la monarchie... « La philosophie, pour l'abbé, apprend des mots qui commencent à signifier des choses, et la morale fait apprécier des choses qui ne sont déjà plus que des mots. »

Quant aux courtisans, toujours d'après d'Espagnac, « ils prennent les connaissances qu'ils ont pour celles qu'ils devraient avoir... et les rois leur supposent tous les autres talents, quand ils ont celui de leur plaire... »

Il y a surtout, dans les procédés de style de l'abbé, une prétention à l'antithèse dans les mots et dans la pensée, qui était un des vices des écrivains de cette époque et qui se retrouve également dans l'ouvrage de La Harpe, lauréat de l'Académie.

L'éloge d'un homme de guerre devait, naturellement, comporter les appréciations sur les grands capitaines qui avaient illustré la France. En quelques mots, La Harpe compare son héros à Condé ; à l'audace de l'un il oppose la sagesse des combinaisons de l'autre : « Condé osait tout, écrit La Harpe ; Catinat ne hasardait rien. »

C'est Turenne que l'abbé d'Espagnac a mis en parallèle avec Catinat, et, en poursuivant son jugement, il a écrit une page d'histoire et de philosophie dont l'œuvre de La Harpe n'a pas atteint la hauteur. Nous ne résistons pas au plaisir de transcrire ce passage qui termine d'une façon magnifique l'éloge de Catinat :

« Catinat pleura sur la France, quand sa famille pleuroit déjà sur lui. En vain les médecins, par les secrets de leur art, voudroient prolonger des jours si précieux à l'Etat. La religion et la philosophie lui avoient appris à ne pas craindre la mort. Ces moments de crise la lui faisoient désirer. Il importoit peu à ce grand homme de trouver des remèdes à ses maux, quand il songeoit qu'on n'en pouvoit trouver à ceux de sa patrie, et il aima mieux fermer pour jamais ses yeux à la lumière, que de les ouvrir encore pour voir les François plus malheureux. Ainsi, nous devions trouver l'époque de nos revers à la mort de cet homme dont la naissance nous présente celle de nos succès. Ainsi, nous perdions avec notre gloire ce philosophe citoyen, dont on respectera le nom tant qu'on prononcera celui de la vertu, que la Grèce eût compté parmi ses sages, et Rome parmi ses héros ; opposé parmi les nôtres à Luxembourg, comme Turenne l'étoit à Condé, et assez grand, en effet, pour se montrer à la fois, avec autant de talent, le rival de l'un par son esprit, et l'émule de l'autre par son cœur. Turenne, toutefois, jeta plus d'éclat sur sa vie publique. Mais Catinat en répandit d'avantage sur sa vie privée : parvenus tous deux à être de grands hommes dans les positions différentes où la nature les avoit placés et qui formoient à tous deux des obstacles pour le devenir ; Turenne, parce que ses parents étoient riches ; Catinat, parce que les siens étoient pauvres ; l'un eût la gloire d'ajouter à l'illustration de ses ancêtres ; l'autre eût celle de se créer lui-même. Le premier eut plus de peine à se maintenir dans le commandement ; le second en eût plus à y parvenir ; tous deux l'occupèrent sans l'avoir désiré ; tous d'eux s'y distinguèrent sans se faire valoir : le héros de l'Allemagne, avec plus de réputation, parce qu'on lui laissa plus d'occasions, plus de pouvoir et plus de moyens ; celui de l'Italie, avec autant de mérite, quoiqu'il n'eût rien de tout cela. Aussi modestes, aussi prudents, aussi désintéressés, également aimés des soldats, haïs de la cour, estimés de leur roi, craints et admirés de leurs ennemis ; on peut dire, avec raison, qu'il eût fallu de la part de Catinat plus d'actions militaires pour paroître au-dessus de Turenne, et de la part de Turenne moins de faiblesses, moins de fautes, plus de fermeté dans le caractère, pour être mis au-dessus de Catinat. »

En résumé, les savants, les lettrés ont pu reconnaître que l'Académie avait eu raison de donner la première place à l'éloge de La Harpe ; mais, pour les gens du monde, c'est l'abbé d'Espagnac qui méritait le prix. N'oublions pas, d'autre part, que La Harpe était un vétéran du concours académique, et que l'abbé, âgé de vingt-deux ans, débutait dans la carrière littéraire. Ce début, en rivalité d'un concurrent aussi redoutable, peut être considéré, nous le répétons, comme une victoire à l'honneur du « bachelier en théologie » qui était aux yeux de Voltaire « bachelier dans l'art de la guerre, et plus fait pour remplir la place du maréchal de Catinat que d'un père de l'Église. »

III

L'anniversaire de la fête du roi était une occasion traditionnelle pour l'Académie de manifester ses sentiments de respect au souverain, en associant la solennité littéraire aux pompes de la religion. Ce jour-là, une messe en musique était célébrée à la chapelle du Louvre, où se trouvaient réunies les familles de la maison royale et les hauts dignitaires de la cour. Pendant l'office, un ecclésiastique prononçait le panégyrique de saint Louis. Une seconde cérémonie avait lieu à la chapelle de l'Oratoire ; le prédicateur répétait son discours en présence des Académies des Sciences et des Lettres. Le président de l'Académie des Lettres, chaque année, désignait l'orateur ; et ce choix donna lieu, plus d'une fois, à des incidents singuliers. En 1773, M. de Nivernois avait oublié de désigner le panégyriste. On voulut attribuer à une distraction un oubli qui n'était rien moins qu'un moyen calculé pour échapper à de sérieuses difficultés. C'était, en effet, un grave embarras pour décider entre les nombreux candidats qui sollicitaient de prononcer l'éloge du saint roi, en présence d'une réunion aussi considérable. Outre l'honneur qui résultait de cette distinction, on était en droit d'en espérer de grands avantages. Précisément, en 1773, le panégyrique de saint Louis valut une abbaye importante à l'abbé Maury.

L'abbé d'Espagnac obtint la faveur d'être désigné, en 1777, pour la fête de saint Louis. L'abbé était bien jeune encore ; mais l'éloge de Catinat lui avait mérité une notoriété littéraire. D'un autre côté, grâce aux éminents services de son oncle, l'abbé de Coulombs, il occupait déjà un rang honorable dans l'Eglise et dans les salons de l'Hôtel des Invalides; il s'était fait des relations qui appelaient à lui les suffrages du monde. En un mot, des succès personnels, de puissantes protections de famille recommandaient l'abbé d'Espagnac à l'Académie. Il fut donc préféré à la foule des compétiteurs et chargé de prononcer l'apologie de saint Louis.

L'abbé d'Espagnac avait pris pour texte du panégyrique ces mots qui résumaient parfaitement la physionomie historique du saint roi : « Scientia et sapientia datæ sunt ei. » *Il a reçu en partage le génie et la vertu.*

Dans un exorde, dont la pompe est justifiée par la solennité de la circonstance et par le personnage qui la domine, l'orateur indique à grands traits l'objet qu'il se propose. Faisant un retour sur lui-même, et mesurant sa jeunesse, son inexpérience, à la grandeur de son entreprise et de la brillante assemblée qui l'écoute, l'abbé éprouve un mouvement de crainte fort naturel assurément. Il reconnaît « qu'il n'est pas digne de son sujet. » Mais une pensée vient le rassurer, lui rendre la force et le courage; il reprend que « le sujet est digne de l'auditoire. » Nous croyons devoir reproduire cet exorde *in extenso*.

Les premières lignes permettront d'apprécier le ton général et l'ordre qui a présidé à la composition du discours : « C'est une belle et auguste institution que celle des éloges des grands hommes ; les grands hommes sont si rares, et ils nous sont si promptement ravis ! Ces tributs d'éloges trompent le temps et la mort, et fixent sous nos yeux ce qu'ils eurent de plus noble : leur génie et leur vertu. Aussi, tout citoyen doit voir avec transport le retour de cette solennité, de ces hommages sans cesse renouvelés, semblables au feu de ces lampes sacrées qui veillent dans les temples, sur la cendre des saints, des héros et des rois. Aucune éloquence, il est vrai, n'a pu suffire encore au vaste sujet qu'on y traite : les uns ont dignement célébré les vertus militaires de saint Louis ; d'autres, ses vertus pacifiques ; ceux-ci son amour pour son peuple ; ceux-là son zèle pour la religion. Aucun n'a montré, à la fois, saint Louis tout entier. Mais chacune de ses qualités a suffi pour échauffer le génie et pour faire la réputation de l'orateur. Voilà, peut-être, le plus bel éloge du grand roi. L'exemple de ceux qui m'ont précédé m'avertit de ne pas essayer vainement de soulever ce poids immense de gloire et de vertu ; je me bornerai à quelques parties de ce sujet inépuisable, moins approfondies et non moins intéressantes. Je considérerai l'administration de saint Louis créée par son génie ; l'administration de saint Louis dirigée par ses vertus et consacrée par la religion. Je sens qu'en me renfermant dans cet objet, je me prive de ces traits éclatants, de ces grands mouvements qu'inspirent à l'orateur des qualités plus brillantes ; mais je me rassure en songeant que je parle devant des sages qui, ne se bornant pas à cultiver les richesses de la langue, s'occupent des grandes vues de la politique, de la morale et de la législation; et, si je ne suis pas digne de mon sujet, je sens que mon sujet est digne d'eux. »

Ainsi le panégyrique est divisé en deux parties, dont la première comprend « l'administration de saint Louis créée par son génie. »

« — Quelle était la France avant que saint Louis montât sur le trône ? » se demande l'orateur, avant d'aborder la question. A cette interrogation, il répond en exposant l'état d'effroyable anarchie auquel le pays était réduit, depuis l'avènement des Capétiens, par suite des luttes incessantes entre la féodalité et la royauté. Une image, tracée en quelques mots, reproduit et précise la situation : misère du peuple, despotisme de la noblesse, royauté impuissante. « Depuis un siècle, s'écriait l'abbé, la nation accablée sous le joug d'une noblesse qui osait tout, tendait inutilement les bras vers des rois qui ne pouvaient rien ! » Poursuivant sa démonstration par l'histoire, l'orateur rappelle les mesures de Louis-le-Gros et de Philippe-Auguste, mesures inspirées par les plus louables sentiments, mais inefficaces pour assurer l'autorité royale et la prospérité de la France. A cette occasion, l'abbé expose un sombre tableau des souffrances du royaume tombé au dernier degré de « l'ignorance et de la corruption. » « En un mot, continue d'Espagnac, il fallait tout créer, ou ce qui est le plus difficile, tout réformer ; et au milieu de tant de désordres, avec si peu de moyens, contre tant d'obstacles, quel était notre espoir ? — Un enfant ! »

Le panégyriste nous montre cet enfant appelé à monter sur un trône miné par la révolte intérieure, menacé par des ennemis puissants à l'extérieur : l'usurpation aux portes du palais ; l'invasion à la frontière.

Grâce à Dieu, cet enfant était prédestiné à devenir le modèle des héros et des sages. A peine armé du sceptre fleurdelisé, il déjoue les complots de ses sujets révoltés et les intrigues de l'Angleterre, organise l'armée, raffermit le patriotisme, affaiblit les baronnies, ramène la noblesse à l'obéissance, sans « la saigner comme Richelieu, sans l'avilir comme Louis XI. » Après ces premiers soins réclamés avec urgence par les nécessités politiques et militaires, le jeune roi s'occupe des lois civiles et criminelles : il fait traduire la législation romaine, réprime l'usure des juifs et des traitants qui ruinaient les populations, sévit contre les duels qui décimaient la noblesse, réglemente la convocation des Etats et établit une véritable constitution pour le royaume. « En donnant plus de force aux lois, observe le panégyriste, saint Louis ne songe point à donner plus d'autorité à son pouvoir. » Etrange éloge d'un souverain, à la veille d'une révolution destinée à frapper le roi qui, par un excès de coupable bonté, aura abdiqué son autorité. Mais écoutons l'orateur résumant la première partie de son discours.

... « Et nous-mêmes, Messieurs, n'est-ce pas dans les établissements de saint Louis que nous avons trouvé la plupart des institutions qui distinguent notre jurisprudence ? N'est-ce pas dans ces établissements que nous avons puisé les grands principes de l'économie politique, que dans le commerce il faut des canaux toujours ouverts, une communication prompte, une liberté absolue ; que dans l'agriculture il faut donner de l'aisance au cultivateur, rendre aisés les instruments de ses travaux, protéger ses possessions contre les exactions arbitraires; rompre les entraves qui enchaînent l'industrie et anéantissent la liberté, liberté précieuse qui, assurant aux richesses de la terre leur valeur, facilite leur écoulement dans les jours d'abondance, soutient l'abondance dans ceux de disette et de stérilité, et répond, en tout temps, au propriétaire de ses avances; à l'artisan, d'un salaire honnête; au souverain, d'un impôt qui n'est point onéreux; à la nation, d'un échange toujours avantageux de ses productions ? N'est-ce pas à ces établissements que nos fiers voisins ont emprunté cette procédure dont ils se glorifient, en vertu de laquelle la loi seule dispose de la liberté ?.... procédure sublime qui ne réclame pas la vengeance, mais qui annonce la justice ! » ...

« Créer un tel gouvernement suffirait à la gloire d'un autre ; mais pour contempler celle de saint Louis dans tout son éclat, après avoir admiré le génie législateur, on aime à voir se développer l'administration du roi vertueux. » C'est par ces paroles que d'Espagnac annonce et détermine la deuxième partie de son éloge.

Voici d'abord saint Louis se soumettant aux pratiques les plus simples et les plus austères de la religion. A ceux qui prétendraient que, « le génie ne peut sans s'abaisser, descendre dans les détails de la piété, » l'abbé répond fièrement : « — Qu'est-ce qu'il importe le plus au peuple ? C'est qu'il existe un frein pour les passions des rois : Eh bien ! il n'en existe pas d'autre que la religion. » Ici, le panégyriste se livre à une critique violente des cours qui ont été « des lieux de rapine et de prostitution...... » « ...... où l'on rougissait d'être honnête...... » il attaque les courtisans, pour qui « l'application des princes est une infortune, » et auxquels saint Louis disait : « Le temps d'un roi est précieux ; il le doit tout entier à la nation.... » Et il ajoutait : « Si je l'avais perdu dans les plaisirs, vous ne me le reprocheriez pas. »

Ainsi s'élève, selon d'Espagnac, l'édifice du gouvernement sur les bases de la religion sage et grande qui donne au roi toutes les vertus, en la maintenant dans un parfait équilibre. Monarque éclairé et religieux, saint Louis sait défendre les droits de l'Eglise et « mépriser ses foudres, écrit l'abbé, quand elles sont allumées par la passion. » Lui qui fonde des temples et des maisons religieuses, il dit nettement à Thibaut : « On ne rachète pas ses péchés, en dotant des églises et en faisant des aumônes. »

Les croisades qui ont occupé une grande place dans le règne de saint Louis, étaient un sujet délicat à traiter. Comment aborder cette période de gloire et de désastres, en présence du mouvement des beaux-esprits, qui, sous l'influence des écrivains du xviiiᵉ siècle, réprouvaient les guerres en Terre-Sainte comme un attentat à la raison et à la philosophie? d'Espagnac tourna avec habileté la difficulté. Il condamna hardiment les croisades de Louis VI, Louis VII, Philippe-Auguste, déterminées, dit-il, « par des motifs de caprice, que les passions de la politique adoptent, mais qu'elles ne légitiment pas. » Bien plus élevé apparaît à d'Espagnac le but du saint roi. Ecoutons le panégyriste : « ......Soixante mille Français gémissaient dans les cachots de la Syrie ; il les entend ; son cœur s'émeut, et la religion, de concert avec l'humanité, lui commande de tout sacrifier pour voler à leur secours. » C'est donc l'amour de son peuple qui a entraîné saint Louis à la croisade. « Et cet amour, ajoute l'abbé, voyez comme il maîtrise son cœur ! Faut-il le défendre ce peuple ? rien ne l'effraie, rien ne l'arrête ; ni l'aspect de la mort, ni celui des fers bien plus terrible pour un roi. On l'exige pour otage ; la paix ne se donnera qu'à ce prix : il n'hésite pas. — Mes amis, dit-il aux barons qui veulent le retenir, accordez-moi la grâce de me sacrifier pour le salut de mon peuple ! »

La noble attitude du roi dans les fers, le respect qu'il commande à ses vainqueurs, la résistance héroïque qu'il oppose à leurs exigences contraires à l'intérêt de la France, sont éloquemment mis en lumière par d'Espagnac. « La vie de saint Louis, s'écrie-t-il en terminant, fut un sacrifice pour ses sujets, et ses derniers soupirs, Français, sont encore des vœux pour vous, et les leçons les plus sublimes pour les rois ! »

Cette appréciation sert de transition à l'orateur pour faire entendre aux rois une verte mercuriale dont l'audace est un peu tempérée par des louanges à l'adresse de Louis XVI et du ministre qu'on pourrait appeler, selon l'expression de d'Espagnac, « le héros des sages et le Nestor de la politique. »

Le panégyrique de saint Louis justifie une fois de

plus ce que Voltaire écrivait au sujet du jeune « bachelier » qui lui paraissait plus fait pour remplir la place d'un maréchal de France que d'un père de l'Eglise. » Cet ouvrage doit, à notre avis, être classé au dernier rang des œuvres de l'abbé d'Espagnac. Postérieur d'un an à Catinat ; se rapprochant de l'époque même de la brochure de Suger et du sermon de la Cène, ce travail est au-dessous de toutes les productions de l'abbé. On y retrouve les défauts de Catinat, non rachetés, comme dans les autres ouvrages, par la hardiesse de la phrase et l'énergie de la pensée. Ici encore d'Espagnac recherche avec affectation l'antithèse dans les mots, l'opposition dans les idées ; il poursuit de ses récriminations la noblesse, la cour, les courtisans, flatte le peuple. Mais ses procédés manquent de grandeur, accusent une timidité qui nuit à l'effet. Malgré quelques réserves commandées par l'auditoire, on sent chez l'orateur des défaillances regrettables en ce qui touche à la religion, une tendance à s'affranchir du respect dû à l'autorité du souverain, une disposition à provoquer les faveurs de la popularité. De là les éloges des philosophes, les sévères condamnations des amis du roi et des partisans de la religion.

Reportons-nous à l'année 1777. Il y avait dans le clergé un mouvement d'émancipation très prononcé. La chaire prêtait aux écarts, en couvrant du manteau de la religion les échappées des prédicateurs dans le champ de la politique. Le panégyrique de saint Louis présentait des dangers difficiles à éviter ; plus d'un jeune ecclésiastique, abordant ce sujet devant la cour, et se posant en moraliste, avait été victime de son audace. En 1769, un abbé, chanoine de Saint-Quentin, excita, disent les mémoires du temps, « une véritable fermentation » par ses hardiesses oratoires Admis à se disculper, il avait été interdit de la chaire. En 1775, les docteurs de Sorbonne refusent d'approuver un panégyrique où le cardinal fondateur de leur maison était maltraité. D'après la *Gazette*, « l'auteur, l'abbé Besplas, cherchant pour se distinguer, à s'écarter des routes battues, se livrait à des appréciations injurieuses pour le cardinal de Richelieu. » Le discours de d'Espagnac ne donna pas lieu à d'aussi vives émotions ; on ne trouve nulle trace du mécontentement de la cour, ni de l'Académie. Une seule circonstance nous apprend que l'apologiste de 1777 ne fût pas à l'abri de l'orage. Une gazette imprimée à Londres publia la note suivante :

4 septembre 1777. — « Les gens de lettres attendent avec impatience la lecture du panégyrique de saint Louis prononcé le 25 août dernier par M. l'abbé d'Espagnac, en présence de messieurs de l'Académie française. Une anecdote particulière excite leur curiosité. On sait que M. l'Archevêque de Paris l'envoya chercher la veille, le pria de lui lire son discours, sous prétexte de prévenir différents écarts où il aurait pu donner, à l'exemple de plusieurs orateurs qui depuis quelque temps semblaient s'être ligués pour avancer des paradoxes très irréligieux en chaire, et rendre tout profane un discours destiné à l'édification publique ; ce jeune homme docile présenta son cahier au prélat qui le mutila étrangement. On prétend que la mémoire de M. l'abbé d'Espagnac ne s'étant pas trouvée d'accord avec les corrections, il l'a débité tel qu'il l'avait composé. On veut voir si à l'impression il aura conservé les morceaux châtrés par M. l'Archevêque (1). »

Il n'est pas possible de contrôler la véracité de l'information de l'auteur des *Mémoires*, par la raison

---

(1) *Mémoires pour servir à l'histoire de la République des Lettres en France*, depuis 1762 jusqu'à nos jours. Tome dixième, p. 278. — A Londres, chez M. John Adamfort, 1778. (Papiers de famille).

que le panégyrique ne fût pas imprimé. Mais nous sommes assez heureux pour posséder le manuscrit de l'abbé d'Espagnac que nous publions.

Ce manuscrit porte, réellement, à la marge, de nombreuses marques au crayon, précisément en regard des passages qui pourraient être désobligeants pour la cour, ou prêter à des interprétations malveillantes. Ces coups de crayons sont-ils le fait de l'archevêque, qui, au dire des *Mémoires secrets*, avait noté les points à supprimer ? L'abbé n'a-t-il tenu aucun compte de ces indications et, toujours selon la *Gazette*, « sa mémoire n'a-t-elle pas été d'accord avec les corrections ? » On pourrait relever dans ce désaccord la cause qui a empêché d'imprimer l'ouvrage de d'Espagnac. Mais comment expliquer, alors, que l'abbé n'ait encouru aucune peine, pas même la défaveur de la cour ? car tout tend à démontrer, au contraire, qu'il conserva les bonnes grâces du roi et de l'Archevêque.

Vers cette époque, en effet, Mgr de Beaumont, écrivant à M. le baron d'Espagnac pour le féliciter relativement à sa promotion au grade de lieutenant-général, s'exprimait en ces termes au sujet de l'abbé :

Quant à ce qui concerne M. votre fils, Monsieur, il a dû vous rendre compte de la conversation que j'ai eue avec lui, et je ne doute pas qu'il ne soit satisfait. Je me flatte que vous rendez trop de justice aux sentiments que je vous ai voués, ainsi qu'aux personnes qui ont l'honneur de vous appartenir, pour n'être pas persuadé du désir que j'aurai toujours d'entrer dans vos vues et celles de votre respectable famille. M. votre fils, Monsieur, m'a fait espérer que vous me feriez bientôt l'honneur de venir dîner à Conflans avec M. votre frère et lui. Je serai infiniment flatté que vous réalisiez mes espérances à ce sujet, en me mettant à même de vous renouveler de vive voix les assurances du sincère et respectueux attachement avec lequel, je suis, Monsieur, votre très humble et très obéissant serviteur.

† CH., Archevêque de Paris.

Conflans, 25 août 1779 (1).

IV

Pendant quelques années, l'abbé d'Espagnac semble s'être tenu éloigné des lettres, pour se renfermer dans la pratique du ministère. Son mérite, et peut-être aussi la faveur dont jouissait sa famille lui avaient valu un avancement rapide dans les ordres. Mgr de Luynes l'avait élevé à la dignité de vicaire général de Sens ; il devait à la bienveillance de Mgr de Rohan l'honneur d'être porté sur la liste du chapitre de Paris en qualité de chanoine.

Cependant les occupations de son état n'empêchaient pas l'abbé de fréquenter le monde des philosophes et des savants qui, dès cette époque, dirigeaient la politique, et formaient le courant qu'on a appelé *l'opinion*. Il étudiait, suivait le mouvement des esprits, et se tenait prêt à figurer dans les évènements qui pouvaient se produire. Sa tentative académique avec Catinat paraît avoir attiédi son ardeur littéraire et froissé son amour-propre ; les éloges de Voltaire ne le consolèrent pas de l'échec ; il resta momentanément à l'écart de toute nouvelle entreprise de ce côté.

En 1779, l'Académie avait donné au concours l'éloge de Suger, ministre d'Etat et régent du royaume sous le règne de Louis-le-Jeune. C'est un avocat

---

(1) Papiers de famille.

au parlement, M. Garat, qui obtint le prix (1). Le sujet de ce travail souleva de vives discussions parmi les gens de lettres et donna lieu à des incidents qui ajoutèrent un lustre nouveau au nom du célèbre abbé de Saint-Denis. Panégyriste consciencieux, M. Garat avait tressé des couronnes à cet enfant sans famille, voué à Dieu, qui porta le sceptre : « Il fut, écrivait M. Garat, le premier ministre de la troisième race qui ait obtenu une grande gloire ; il a été, même pour l'Europe entière, le premier homme qui, dans le chaos de la féodalité, ait eu quelque idée de l'administration publique... Né sujet et devenu simple abbé d'un monastère, il monte un instant sur le trône, avec le titre de régent, et l'histoire place l'abbé de Saint-Denis parmi nos rois entre Charlemagne et saint Louis. » Après ce préambule, l'orateur, dans les détails de son discours, passait légèrement sur les traitements barbares que Suger infligea à la compagne d'Abeilard ; sur son ardeur à thésauriser, à rechercher les plaisirs et les jouissances de l'ambition ; mais il s'appliquait à mettre en lumière les institutions dont l'abbé de Saint-Denis fut le créateur, les réformes qu'il apporta, l'organisation qu'il fonda dans l'ordre de l'administration et de la justice. Régent du royaume, tandis que saint Louis guerroyait en Terre-Sainte, Suger réprimait les troubles en France et veillait sur les croisés en Asie. Les souverains se soumettent aux jugements de sa sagesse. Et quel touchant rapprochement le panégyriste établit entre l'abbé de Citeaux et l'abbé de Saint-Denis ! Voici saint Bernard reprenant Suger sur ses goûts et ses faiblesses « et le ministre avertissant le solitaire des excès et des erreurs de son zèle. » Suger mérita d'être appelé

---

(1) Garat-le-Jeune (Dominique-Joseph), né à Bayonne en 1749, avocat, littérateur, membre de la Convention, ministre. Lauréat de l'Académie avec l'éloge de Montausier (1781).

« Père de la Patrie. » Placé auprès de deux rois (Louis-le-Gros et Louis-le-Jeune), « il fut, selon M. Garat, l'ami du père, et servit de père au fils ; il pleura l'un et fût pleuré par l'autre. »

Au moment où cet éloge fut livré à la publicité (1779), une brochure apparut tout à coup, sans nom d'auteur, portant pour titre : « Suger, moine de Saint-Denis, » avec cette épigraphe :

Et passant mollement de leur lit à la table,
Ils ne craignent ni roi, ni lois, ni Dieu, ni Diable (1).

L'épigraphe indique la pensée qui a inspiré la brochure. L'auteur anonyme, que l'on suppose être le chevalier de Lespinasse de Langeac (2), raconte en quelques mots comment il a été amené à faire ce travail. Ayant l'intention de concourir pour le prix de l'Académie, il avait étudié la vie de Suger, et de cette étude il était résulté pour lui que l'abbé, loin de mériter l'éloge, avait encouru les justes sévérités de l'histoire. Pour justifier cette opinion, l'écrivain présentait une biographie fantaisiste du moine de Saint-Denis. L'esprit n'aurait rien à y reprendre, mais la vérité historique s'y trouve cavalièrement traitée. Suger, au dire du biographe, n'aurait rien laissé de plus remarquable, après lui, que la clause testamentaire par laquelle il dispose « que l'anniversaire de sa mort soit célébré par un festin et qu'on donne à chaque moine deux pitances extraordinaires et non point telles quelles ; mais *bonnes, amples bien condition-*

---

(1) Traduction de Trithème.

(2) Langeac (N. de Lespinasse, chevalier de), né en 1748, mort en 1839; issu d'une famille noble d'Auvergne, prit le petit collet, entra dans l'ordre de Malte; secrétaire d'ambassade à Vienne; exilé en 1795; conseiller ordinaire de l'Université (1811), garde des archives de l'Université, poète agréable, lauréat de l'Académie, traducteur des *Bucoliques* de Virgile, de morceaux de l'*Iliade* et d'Horace, etc.

nées, avec une bouteille d'hypocras. Et comme péroraison, l'auteur qui, attaquant un ancien ministre, avait sans doute des raisons de flatter le ministre actuel, écrivait les lignes suivantes : « Ce n'est que lorsqu'un grand homme a vécu pour le bonheur d'un règne, qu'il est beau de remonter le torrent des âges pour l'arracher à l'oubli et d'offrir son histoire, comme un avertissement de l'imiter. Qu'avons-nous besoin d'interroger les siècles, quand nous pouvons admirer le mortel vertueux qui dirige la noble politique de la nation, nouveau Nestor qui, lui seul, illustre plus son nom que les douze ministres dont l'Etat est redevable à sa famille... »

Cette satire eut un grand retentissement. Un avocat au parlement, M. Delamalle, crut devoir venir en aide à son confrère couronné, et, en réponse à l'œuvre anonyme, il composa un mémoire qui était une véritable apologie de l'abbé de Saint-Denis.

L'abbé d'Espagnac, de son côté, voulut faire connaitre son opinion ; il publia les *Réflexions sur l'abbé Suger et son siècle,* portant en épigraphe cette citation empruntée à F. Guillaume, secrétaire de Suger : « Il viendra le jour où paraîtra à découvert tout ce que la mauvaise foi du siècle a voulu dérober aux regards de la postérité. »

Ce travail reproduit tous les procédés de tactique littéraire et philosophique de l'auteur : dénigrement de l'autorité religieuse et du souverain, légèreté paradoxale dans l'appréciation des faits les plus sérieux, dissimulée par le contraste des idées et un jeu habile de mots.

« A dix ans, écrit d'Espagnac, Suger est apporté en oblation à Saint-Denis ; il y apprend à lire, à signer, à chanter au lutrin...... » et l'abbé s'empresse d'ajouter ironiquement : « Quel luxe !... » Il n'ignorait pourtant point, l'abbé, qu'au xie siècle, c'était véritablement un luxe de savoir signer.

A propos de l'amitié de Louis-le-Gros dont Suger

était honoré, d'Espagnac écrit : « L'art de se concilier la bienveillance des princes n'est difficile que pour le citoyen ferme et vertueux qui sait rougir et qui ne peut faire avec lui-même le pacte de se taire sur ce qu'il voit et entend..... son imagination était gaie, et amuser les rois réussit mieux que les servir. »

Faut-il juger le cœur des rois ? Ecoutons d'Espagnac : « Philippe meurt ; Louis règne. Le hasard veut que, sur le trône, Louis se souvienne de l'amitié. »

Suger, dont l'intelligence supérieure suffisait à la direction des intérêts les plus élevés, était préposé à l'administration des domaines, de la guerre, des finances, de la justice. « Suger, dit d'Espagnac, montre qu'il sait se battre : Louis conclut qu'il en pourrait faire un homme d'Etat. » Pour le biographe, l'abbé de Saint-Denis n'a été qu'un favori..... « Ouvrage du caprice » et, reprend-il, « il en est de la faveur des cours comme des jeux de hasard ; les plus fripons gagnent le plus. »

C'est dans cet ordre d'idées que d'Espagnac, soumettant Suger à sa critique, fait le procès aux souverains, présente un tableau scandaleux des monastères, dénonce le faste et l'injustice des cours et conclut par un audacieux jugement en déclarant que l'abbé de Saint-Denis, un des plus grands ministres de la vieille monarchie, selon l'histoire, mérita, selon lui, non l'éloge « mais le mépris. »

Ce n'est pourtant pas sans une certaine crainte que d'Espagnac se décida à livrer son ouvrage au public : nous en avons des preuves nombreuses. D'abord, ce travail parut sans nom d'auteur ; ensuite, l'abbé le fit imprimer à Londres, afin de s'éviter des désagréments de la part de l'administration et de ses chefs. D'ailleurs, il ne dissimule pas lui-même ses hésitations. Lisons « l'Avertissement » placé en tête des *Réflexions* :

M'étant déterminé, par des raisons particulières, à soumettre au jugement du public ces réflexions, qui ne devaient d'abord être que pour mon ami, je n'ai pas craint de différer jusqu'à présent à les mettre au jour ; la petite vanité de paraitre en même tems que les autres ouvrages qui ont été publiés sur le même sujet, n'a pu balancer à mes yeux le plaisir de m'assurer de la vérité. Je n'ai pas besoin d'avertir messieurs les religieux de Saint-Denis, que mon intention n'est pas de faire la satire de leur congrégation ; si j'eusse voulu peindre l'abbaye de Saint-Denis telle qu'on la voit aujourd'hui, j'en eusse fait l'éloge ; la congrégation de Saint-Maur est trop chère à la République des Lettres, pour que je ne me fasse pas, en tout tems, un devoir de la respecter.

A la suite de cet avertissement, comme si ce n'était pas assez pour justifier sa publication, l'abbé adressa sous forme de lettre à un ami une note explicative que nous transcrivons ci-après :

A Monsieur de ***

Vous voulez absolument savoir ce que je pense de Suger ; comme il pourrait se faire que mon opinion fût accusée de singularité, je crois, avant tout, devoir vous exposer sur quelles autorités je me fonde.

De tous les monumens anciens qui nous parlent de lui, il ne reste qu'un tombeau orné d'inscriptions et d'emblêmes, plusieurs de ses propres ouvrages, une élégie, un panégyrique en vers, sa vie écrite par son secrétaire, la correspondance de sa régence et les chroniques contemporaines (1).

Vous concevez bien que ces monumens ne m'ont pas tous inspiré une égale vénération ; je ne saurais d'abord attacher un grand prix aux emblêmes et aux inscriptions qui décorent le tombeau de Suger. A côté de ce tombeau, dans le même temple, s'élève un mausolée (2) consacré à bénir les manières douces et les inclinations douces du prince, qui ordonna le massacre de la Saint-Barthélemi.

---

(1) *Histoire de Saint-Denis*, par D. Felib., p. 172.
(2) Duch., t. IV, p. 491.

— 28 —

Je ne puis guères tenir plus de compte du panégyrique et de l'élégie ; celle-ci assure que Suger a été *la pierre précieuse, la fleur, la couronne, l'étendard, la colonne, le bouclier, le casque, la lumière, et la tête de l'Eglise et de l'Etat.*

Le panégyrique prétend *que la nature en formant Suger, n'eut d'abord intention que de faire un Dieu, mais que les autres Divinités s'y opposèrent, craignant que, s'il était Dieu tout entier, il ne vint à les surpasser en miracles, et que cette jalousie seule fut la cause de ce que la nature fit de Suger un Dieu mélangé, c'est à dire, moitié homme et moitié Dieu.*

La vie de Suger, écrite par son secrétaire (j'en demande pardon à nos historiens modernes, auxquels elle a presque toujours servi de guide), n'est pas pour moi une plus grande autorité. Comment de bonne foi en croire un homme qui avoue que la reconnaissance pour des bienfaits sans nombre, a seule inspiré sa plume, que personnellement il a très peu connu Suger, puisque la tête de Son Altesse blanchissait déjà, lorsque lui, étranger sans expérience, indigne, a été par grâce honoré de sa société, et souvent même de sa table ? Si vous vouliez vous former une idée juste de Cicéron, ou du cardinal ministre qui régna sous Louis XIII, vous ne seriez tenté sans doute de vous en rapporter, ni à l'éloge historique que le premier a fait lui-même de ses belles actions, ni à l'apologie que dicta l'autre à son secrétaire, lorsqu'il lui prit envie de se faire canoniser ?

Les écrits de Suger, sa correspondance, les chroniques contemporaines sont les seuls monuments à consulter ; encore ne transcrirai-je pas servilement tous les faits que ces ouvrages présentent. Lorsqu'on voit des historiens raconter très sérieusement qu'une rivière a quitté son lit pour se tenir suspendue en l'air comme un nuage, et que la femme d'un roi de France est accouchée d'une oie, on est, ce me semble, bien excusable de vouloir discuter, avant que de croire (1-2).

Il ne faut pas d'ailleurs perdre de vue que Suger, moine, a sous son ministère comblé de biens les moines ; que les chroniques, registres très sommaires et très contradictoires des

---

(1) *Chron. Sigb.*, anno 1118.
(2) *Chron. anon.*, Duch., t. IV, p. 444.

évènements d'alors, mais compilations fort détaillées du bien ou du mal qu'on a fait aux monastères, ont presque toutes été composées par des moines et qu'elles sont restées pendant près de deux cens ans entre les mains des seuls moines, ne pouvant, par conséquent, être contredites par personne, et pouvant, à tout instant, être altérées.

Il faut encore observer que le siècle où ces chroniques ont été composées, n'est pas celui du goût ni celui de la raison ; que, dans ce siècle, on regarde comme un des plus hauts faits d'un grand homme, qu'il ait dit à une multitude de mouches : « Je vous excommunie, » et que les mouches, le lendemain, se soient trouvées mortes ; que dans ce siècle, Louis VII, mis au rang des philosophes les plus savants, quoiqu'il soit très douteux s'il savait penser, et à-peu-près certain qu'il ne savait pas lire, Louis VII est réputé pour législateur, parce qu'il a dispensé de la Régale les granges et les basses-cours de l'évêque de Laon, parce qu'il a voulu qu'une dette de six sols fut une matière suffisante de duel, et que *les charettes qui apportaient des vivres à une des portes d'Orléans fussent amenées, dès qu'elles seraient vuides, pour faire place à celles qui seraient chargées.*

Ce n'est donc qu'à la lueur d'une critique sévère, que nous devons fouiller les monuments où l'on trouve quelques notions exactes sur la vie de Suger : voilà ce que j'ai fait ; voici ce que j'ai cru voir (1).

Les appréhensions de l'abbé, quant à l'effet de sa brochure, se trouvèrent justifiées ; un déchaînement de critiques accueillit cet ouvrage, au point de vue littéraire, non moins qu'au point de vue religieux : un ordre du ministre interdit l'impression et la vente de cet écrit ; l'auteur fut menacé de la Bastille. L'abbé, après avoir longtemps hésité, se vit dans la nécessité de se défendre.

Nous trouvons dans ses papiers la lettre suivante

---

(1) Suivaient ces quatre mots effacés sur le manuscrit par la main de l'abbé : « puissé-je avoir mal vu. » — Papiers de famille.

adressée à Mgr l'évêque de X..., évidemment en réponse aux attaques dont il était l'objet :

Monseigneur,

Vous me paroissés surpris que j'aye absolument refusé de répondre aux observations qui m'ont été faites sur la brochure que j'ai rendue publique.

J'ai eu deux motifs pour garder le silence.

Le premier, c'est que mon honneur littéraire serait ma honte s'il pouvait servir de prétexte pour m'attaquer sur ce que je dois non seulement à la religion, mais même à mon état.

Le second, c'est que j'ai espéré que toute personne équitable me rendrait la justice de convenir que les abus dont j'ai fait mention ont été condamnés par l'Église même.

Les sentiments qu'on me prête ne sont et ne peuvent jamais être les miens; j'ai toujours été pénétré du plus profond respect pour les pratiques et les cérémonies de l'Église, pour le clergé séculier dont j'ai l'honneur d'être membre et pour l'état religieux qui donne de si grands exemples de vertu et rend des services essentiels à la religion et si j'en ai parlé, c'est avec ce respect que je leur dois.

Je n'ai attaqué que les désordres du onzième siècle qui n'a nul rapport avec le notre, et c'est dans les conciles, dans saint Bernard, dans Massillon, dans l'abbé Fleury que j'ai pris les passages dont je me suis servi ; je n'ai blâmé que des superstitions dont on n'a plus à se plaindre, et cette confiance où étaient certains hommes, qu'après avoir satisfait aux œuvres extérieures, ils pouvaient se livrer impunément à toutes sortes de crimes, et c'est dans les paroles de Jésus-Christ (Saint Mathieu, chap. 15 et 20) que j'ai puisé cette doctrine.

Peut-on raisonnablement supposer que j'ai voulu donner au prélat respectable, auquel je suis attaché, le chagrin de m'avoir adopté pour coopérer à ses travaux n'aurais-je pas au moins alors gardé l'anonyme le plus impénétrable ; aurais-je eu la hardiesse de mettre mon nom à la tête de mon ouvrage, comme je l'ai fait. L'aurais-je soumis à la censure comme je l'ai fait. L'aurais-je annoncé, imprimé, répandu publiquement comme je l'ai fait ?

Permettés-moi, Monseigneur, de vous rappeler que j'ai

commencé de cette manière la seconde partie de mon panégyrique de saint Louis.

La religion chrétienne, législation éternelle, le ministre le plus juste et le plus vigilant des souverains et l'ami le plus consolant des peuples ; en un mot, le besoin de l'univers.

Tels sont, Monseigneur, mes vrais sentiments et je n'en aurai, ni n'en professerai jamais d'autres.

Je suis avec respect, Monseigneur, votre très humble et très obéissant serviteur.

Paris, le 16 février 1780.

V

Malgré les critiques ardentes que soulevait la brochure de Suger, dans les premiers mois de l'année 1780, d'Espagnac fut choisi pour prêcher le mercredi-saint à l'office du roi.

Depuis 1777, l'abbé s'était fait entendre plus d'une fois dans la chaire à Paris et à Sens. Laborieux, ambitieux de succès ; le travail avait développé chez lui une élocution brillante ; sa jeunesse et son talent lui acquirent rapidement une réputation d'orateur. Les circonstances mêmes qui entouraient de quelques ombres ses débuts (saint Louis et Suger) le recommandaient particulièrement à la foule avide de bruit. D'autre part, nous serions autorisés à croire, d'après la lettre de Mgr de Rohan, reproduite au cours de ce chapitre, que l'abbé sollicita et fit agir les influences dont il disposait, pour obtenir la faveur de manifester vis-à-vis du roi et du clergé ses véritables sentiments méconnus.

A tous ces titres, la désignation de d'Espagnac par l'archevêque de Paris pour prêcher le mercredi-saint fut accueillie à la cour.

Le sujet du sermon de ce jour était invariablement fixé par la tradition ; c'était la Cène. Plus d'une fois, surtout depuis que le mouvement philosophique s'accentuait, les ecclésiastiques (comme dans le panégyrique de saint Louis) profitaient de l'occasion pour donner carrière à leur imagination et exposer des principes de politique souvent aventureuse. Afin de prévenir ce danger, Mgr de Rohan manda d'Espagnac et se fit présenter le manuscrit du discours qu'il devait prononcer le lendemain.

Le lendemain il n'y eût pas de sermon.

On s'émut à Versailles et à Paris ; on chercha la cause du silence du prédicateur annoncé. Une feuille publique répondit à la curiosité surexcitée par la note suivante :

« Le 23 de ce mois, jour du jeudi-saint, après l'absoute par l'évêque d'Autun, l'abbé d'Espagnac, chanoine à l'Église de Paris et grand vicaire à Sens, qui devait prêcher la Cène devant le roi, se trouva mal avant de monter en chaire et hors d'état de prononcer son discours (1). »

Mais une autre version était répandue dans le public.

L'abbé d'Espagnac, disait-on, était prêt à prononcer le sermon de la Cène ; quelques heures avant la cérémonie religieuse, un gentilhomme se présenta au nom du roi et lui porta ces paroles :

— Le roi sait, monsieur l'abbé, que vous êtes indisposé et vous dispense d'aborder la chaire aujourd'hui.

— Mais je me porte à merveille, répondit l'abbé étonné.

— J'ai l'honneur de vous répéter, de la part du roi, reprit le gentilhomme, que vous êtes indisposé !

Le prédicateur comprit et oublia son sermon.

---

(1) *Gazette de France*, 28 mars 1780, n° 25.

Après avoir rapporté cette anecdote, la *Gazette* ajoutait (10 avril 1780) :

« L'abbé d'Espagnac, fils du gouverneur des Invalides et neveu de l'abbé d'Espagnac conseiller de grand'chambre et rapporteur de la cour, est un jeune homme entré dans la carrière des lettres et avide de célébrité : pour mieux y parvenir, il a voulu avoir des opinions singulières, établir des paradoxes hardis. On se rappelle que, chargé en 1777 du panégyrique de saint Louis à prononcer devant l'Académie françoise, il scandalisa fort les dévots par cette pièce, où l'on l'accusa d'avoir rétabli des phrases que M. l'Archevêque de Paris lui avait fait ôter; depuis peu, frondant les éloges de l'abbé Suger, il en a donné une vie, où il le peint comme un petit génie, un mauvais religieux, un fourbe, etc. Cet esprit de critique et de dénigrement à l'occasion d'un de ses membres les plus distingués, a surtout révolté le clergé. On s'en est plaint à Monsieur, le chef et le protecteur de la religion à la cour, qui a prévenu le roi contre l'abbé d'Espagnac. Quelques tems avant la semaine sainte, Sa Majesté dit : « Nous avons entendu l'an passé un
» sermon qui n'étoit pas trop chrétien (celui de l'abbé
» Rousseau), mais cette année ce sera bien autre
» chose. » Ce propos a été rendu à l'abbé d'Espagnac par des courtisans, ses amis : il n'en a pas été intimidé. M. l'Archevêque de Paris et le grand-aumônier ont désiré voir son discours; ils ont trouvé qu'il ne rouloit nullement sur le mystère du jour, mais sur une matière fort étrange, sur un parallèle de la royauté avec le despotisme; ils ont craint quelque sensation fâcheuse; on en a prévenu M. le comte de Maurepas, qui est toujours plaisant, honnête et malin; il a imaginé cette petite niche pour sauver un refus absolu de l'orateur.

» Depuis, M. le cardinal de Luynes lui a ôté ses lettres de grand-vicaire (1). »

Telle était l'opinion généralement accréditée et propagée à la cour et à la ville par les gazettes, toujours disposées à faire écho à tout ce qui pouvait porter atteinte à la considération du souverain et du clergé. Ces bruits avaient pris une consistance alarmante pour les amis de d'Espagnac; sa position et sa considération pouvaient être compromises. Le cardinal de Rohan (2), dans l'intérêt du jeune abbé, adressa à Mgr le Cardinal la lettre suivante qui dégageait d'Espagnac de tout soupçon immérité :

Monsieur,

Votre Eminence aura entendu parler diversement de ce qui est arrivé le jeudi-saint ; je vais lui exposer le fait, il est bien simple.

L'abbé d'Espagnac était incommodé depuis quelques jours et cachait une indisposition qui n'avait pour cause que son chagrin. Les forces physiques diminuées influerent sur le moral au point que je m'étais apperçu deux jours auparavant, en lui faisant répéter son discours, que sa mémoire était devenue infidèle; je fis mon possible pour le tranquilliser : son âme affectée recevait mes conseils avec reconnaissance, mais je jugeai qu'il n'avait pas la force de les mettre en usage : le mercredi au soir il vint chez moy, je ne le vis qu'un instant, et je le trouvai assez bien ; il prit le soir une dose de quinquina pour tâcher d'arrêter un mouvement de fièvre qu'il ressentait depuis quelques jours ; jeudy matin il se disposa pour prononcer son sermon, alla reconnaître la

---

(1) Source : *Mémoires secrets pour servir à l'histoire de la République des Lettres en France.* — Londres, 1781, t. xv, pp. 125-126.

(2) Louis-Réné-Edouard, appelé le prince Louis, né le 23 septembre 1734, évêque de Strasbourg, fut le principal accusé dans l'affaire du collier. Il avait été simplement dupe. Mourut en émigration à Ettenheim (1803).

salle et était à attendre chez M. le prince de Poix, quand quelqu'un, envoyé de ma part, vint me marquer de l'inquiétude sur la situation où il se trouvait. Je me transportai sur le champ dans l'appartement de M. le prince de Poix où était l'abbé d'Espagnac; je le trouvai dans un état au moral et au physique vraiment inquiétant, d'autant plus que son agitation lui faisait croire à une force que certainement il n'avait pas... d'ailleurs, intimidé au-delà de l'expression et faisant effort pour ne pas le paraître; mais j'ai cru d'autant plus facilement à l'effet de cette timidité, que je me rappelai que lorsqu'il avait prononcé son sermon le jour de saint Louis à l'Académie il s'était trouvé mal au bas de la chaire, et ce fut moi qui lui portai un flacon d'eau de Cologne.

Les choses étant ainsi, je ne dis rien à l'abbé d'Espagnac; mais je vins sur le champ prendre l'ordre du roy, qui finissait sa toilette. Sa Majesté écouta avec bonté et intérêt ce que je lui dis et me permit de dire à l'abbé d'Espagnac qu'il ferait bien de s'en retourner à Paris, de soigner sa santé, et que bien loin que cet évènement put lui nuire, Sa Majesté le plaignait et s'intéressait à sa situation.

Je retournai sur le champ joindre l'abbé d'Espagnac qui renonça avec regret et résignation et partit avec reconnaissance.

Je dois ajouter que le sermon de l'abbé d'Espagnac aurait certainement eu un vrai succès: l'humilité, la charité, ces deux vertus si essentielles, mais si brillantes et si utiles, quand les rois eux-mêmes en donnent l'exemple, formaient la matière de son sermon. Ensuite venait un très beau morceau sur la religion; il avait eu l'art de placer quelques expressions de feu M. le Dauphin, ce prince qu'il suffit de nommer pour tout dire, quand on parle à quelqu'un qui a été aussi à portée de le connaître que Votre Eminence. Tout le sermon était nourri de passages de l'Ecriture sainte, et je suis persuadé qu'il aurait fait honneur à l'abbé d'Espagnac et aurait diminué le tort que lui a fait, au jugement de beaucoup de monde, son ouvrage repréhensible sur Suger.

L'abbé d'Espagnac, malade par le chagrin d'avoir eu tort; intimidé par le regret d'avoir fait une faute; privé d'une occasion d'avoir un succès, n'en a que plus de droits à l'indulgence et à l'intérêt, et ces deux sentiments lui mériteront protection et appui de la part de Votre Eminence dans un moment aussi essentiel : la sensibilité de votre âme me persuade qu'il en sera comme le gage.

Je saisis toujours avec un nouveau plaisir l'occasion de renouveler à Votre Eminence l'expression de mon fidèle et inviolable attachement.

Signé : *Le Cardinal* DE ROHAN (1).

Versailles, 1780.

De son côté, une gazette qui avait mis en circulation la rumeur que nous avons fait connaître et à laquelle Mgr de Rohan avait cru devoir répondre dans sa lettre à Mgr de Luynes, publia la rectification suivante :

« Le respect que nous devons à la vérité nous engage à détruire les calomnies de l'écrit clandestin dont nous avons parlé dans notre Bulletin du 12 août, n° 65, concernant M. l'abbé d'Espagnac, fils du gouverneur des Invalides. Nous venons d'être informé que cet ecclésiastique est actuellement à Sens, où il remplit ses fonctions de grand-vicaire auprès de M. le cardinal de Luynes.

» Nous avons aussi appris par une voye sûre, que par une fièvre que M. l'abbé d'Espagnac avait depuis quatre jours, il se trouva, le jeudi-saint dernier, dans l'impossibilité de prêcher la Cène devant le roy, et que des prélats aussi distingués par leurs vertus et par leurs lumières que par l'état qu'ils tiennent à la cour, auxquels ce sermon a été communiqué, l'ont trouvé rempli de passages de l'Ecriture sainte et de ces belles maximes de feu M. le Dauphin, que la modestie de ce vertueux prince nous avait dérobée; qu'ils ont jugé que le discours de M. l'abbé d'Espagnac lui aurait fait honneur et aurait détrompé les personnes qui ont cru voir dans ses écrits littéraires

---

(1) Papiers de famille.

un penchant à d'autres opinions qu'à celle qu'il se doit à lui-même et à son état.

» Ce qui sert encore plus à prouver la fausseté de l'écrit publié contre M. l'abbé d'Espagnac, c'est qu'il a eu l'honneur d'être présenté au roy, et que Sa Majesté a daigné l'accueillir avec bonté.

» Nous croyons d'autant plus devoir rapporter ces faits, que nous nous ferons toujours un principe de rendre hommage à la vérité et au public (1). »

Ainsi, parmi les plus hauts dignitaires d'Etat et de l'Eglise, il s'était trouvé des défenseurs pour d'Espagnac, à l'occasion du sermon du mercredi-saint. Comme preuve à l'appui de la lettre de Mgr de Rohan, la gazette imprime que Mgr de Luynes n'a pas hésité à recevoir l'abbé à Sens, et que le roi avait daigné lui accorder une audience. Certainement ces circonstances militent en faveur de d'Espagnac. Nous sommes donc disposés à admettre la lettre du cardinal de Rohan comme l'expression de l'exacte vérité. Cependant, l'indulgente bonté du roi étant connue; faisant la part, aussi, des ménagements commandés au clergé en 1780, nous voulons éclairer l'opinion en analysant et en publiant le sermon de la Cène.

Le prédicateur avait pris pour texte ce passage du livre des Rois (Chap. XVI) :

Ecce unxit te Dominus in principem et liberabis populum suum de manibus inimicorum qui in circuitu ejus sunt, et hoc signum qui a unxit te deus in principem.

« Le Seigneur vous a oint, choisi pour gouverner
» son peuple; vous le délivrerez des ennemis qui

---

(1) L'article que nous publions se trouve en manuscrit dans les papiers de l'abbé. Nous n'avons pu découvrir la feuille où il a été imprimé.

» l'environnent ; voilà le signe auquel on reconnaîtra
» que vous êtes prince pour gouverner. »

« Sire, poursuit l'orateur, ces paroles, adressées par Dieu même au premier roi qu'il donne à son peuple, sont bien propres sans doute à fixer l'idée que tous les souverains doivent avoir de leur puissance. L'autorité est le droit de gouverner : *Unxit in principem*. Or, gouverner c'est maintenir. Mais toute constitution tend d'elle-même à s'altérer ; il n'en est point dont il ne résulte des inconvénients qui, comme autant d'ennemis intestins, ne cessent de l'assaillir. Pour la maintenir, il faut l'en délivrer : *Et liberabis populum de manibus inimicorum qui in circuitu ejus sunt*.

» Ainsi donc, l'Etre suprême n'a confié son autorité à quelques hommes, que pour les charger spécialement de conserver l'équilibre que les défauts naturels de toute institution s'efforcent de troubler ; et une fois revêtus de ce pouvoir, ces hommes ne sont plus à eux : victimes augustes de la félicité publique, ils appartiennent tout entiers à leurs fonctions. Le fondement et tout à la fois le caractère de leur grandeur est de s'y conformer. C'est là le signe auquel on peut les reconnaître : *et hoc signum quia unxit Deus in principem*. Telles sont les idées, Sire, que j'ose essayer de développer aux yeux de Votre Majesté.
… Je ne me suis pas dissimulé les dangers auxquels je pouvais m'exposer en abordant les grandes vérités que je vous annonce ; mais les craindre eut été indigne de mon ministère et de l'amour généreux que, dès votre avènement à la couronne, vous avez témoigné pour ces principes. Et d'ailleurs dans quels instants me serait-il plus permis de les rappeler que dans cette cérémonie sublime et touchante, instituée par Jésus-Christ pour apprendre aux souverains ce qu'ils doivent à l'humanité, ou plutôt ce qu'ils doivent aux peuples ; et par le spectacle du plus terrible des fléaux qu'ils ont à écarter : la misère… les rappeler à ce

précepte qui renferme toutes leurs obligations : *Liberabis populum de manibus inimicorum qui in circuitu ejus sunt.* »

Après cet exorde, l'abbé entrait dans son sujet, en exposant les avantages et les inconvénients du gouvernement d'un seul. Les obligations qui incombent au souverain et les conséquences qui résultent pour les peuples de l'accomplissement ou du non accomplissement des obligations du prince étaient pour lui l'objet de développements politiques et religieux. « Tous les devoirs du prince, d'après d'Espagnac, se réduisent à l'amour de la religion, de la justice, des peuples et de la vérité. »

Enfin, le prédicateur terminait par cette péroraison : « O vous, prince, dont le règne tout à la fois sage et brillant nous promet déjà ce consolant spectacle, ne perdez jamais de vue les devoirs que votre rang vous impose : rendez la justice; la justice qui, comme le dit l'Esprit-Saint, doit être le vêtement des rois; mais ce n'est pas assez que vous soyez juste vous-même. Souvent, ces sujets infortunés dont vous vous croirez le père, des tyrans subalternes vous en rendent le fléau; souvent, ces armes que vous confiez pour faire trembler l'ennemi, ne blessent que le citoyen. O prince! vous avez donc encore à répondre des injustices qui se commettent à l'ombre de votre autorité; car le mal que les souverains permettent ou qu'ils ne punissent pas est consigné dans le livre des vengeances comme celui qu'ils font; et la voix des malheureux qui en auront été les victimes, s'élèvera également pour déposer contre eux devant l'Eternel. O prince! ayez donc toujours l'œil sur les instruments de votre pouvoir, et que votre vigilance les suive de si près qu'elle les avertisse presque aussitôt que leur conscience. Protégez les loix. Vous êtes constitué leur pontife; vous devez donner le premier l'exemple du respect qui leur est dû. Songez d'ailleurs qu'elles ne sont pas seulement l'égide des peuples, mais la base sur laquelle votre trône est assis ; qu'ainsi, violer les loix dans un prince est un attentat contre lui-même ; et que lui persuader de mettre à leur place ses volontés c'est une conspiration contre lui. Soyez économe : vous n'êtes que dépositaire ; mais que votre économie soit féconde ; qu'elle n'arrête point autour du trône toutes les richesses de l'Etat. Que deviendrait la terre, si l'Océan ne lui rendait les eaux qu'il en a reçû ! Soyez bienfaisant : c'est une dette que vous contractez avec vos sujets, toutes les fois que vous prélevez des subsides. Mais, dans la répartition de vos largesses, mettez une différence entre celui qui apporte à la tâche commune ses talents et ses travaux, ou celui qui ne porte que sa brillante inutilité. Songez que la libéralité des rois ne consiste pas à enrichir les favoris qui les entourent, mais à soulager le peuple, parceque c'est réellement chez le peuple qu'ils puisent leurs trésors ; et que, puiser du peuple, reverser sur les grands, c'est tarir des ruisseaux salubres et nécessaires pour grossir des lacs inutiles et dangereux. Enfin, et c'est ici que doivent se concentrer tous les mouvements de votre âme : pour l'exemple, pour l'harmonie et la sûreté de l'Etat, pour le bonheur des peuples, pour le maintien de votre autorité, pour la paix de votre conscience et surtout pour la consolation de vos derniers moments, faites respecter la religion ; parce que la religion, législation éternelle, est la seule dont le méchant ne peut se flatter d'éluder la justice, la seule immuable, la seule à qui nulle passion n'a pu échapper ; qui les atteint dans vos palais comme sous le chaume, dans la nuit du secret, comme à la face de la terre : la religion est le ministre le plus juste et le plus vigilant des souverains, l'ami le plus constant des peuples ; en un mot, le besoin de tout l'univers (1). »

---

(1) Voir pièces justificatives.

Le sermon était-il absolument irréprochable sous le rapport religieux et politique, et quant aux lois des convenances qui s'imposent vis-à-vis du souverain ? nous aurions plus d'une réserve à faire. Certes, le prédicateur avait un peu abusé de la liberté de la chaire en présence du chef de l'Etat, par des remontrances déplacées et inutiles ; il s'était permis des allusions presqu'offensantes, justifiées seulement par des propos mal intentionnés et sans fondement. Louis XIV, dira-t-on, avait bien entendu des leçons plus sévères de la part de Bossuet ! — Sans doute ; c'est Bossuet qui parlait, répondrons-nous, et sous la parole de Bossuet, Louis XIV devait se frapper la poitrine. Mais d'Espagnac était-il bien venu à prêcher la justice, l'amour du peuple à Louis XVI, qui devait mourir victime du peuple ; à Louis XVI martyr de la religion ? D'autre part, l'abbé, sacrifiant aux exigences du temps, récriminait vivement contre les ministres, contre les favoris et exposait, au sujet de l'inégalité des richesses, des idées dangereuses déjà pour la tranquillité du royaume. En résumé, pourtant, le sermon respirait un sentiment religieux que l'on n'était pas habitué à trouver chez les prédicateurs de cette époque, associé avec mesure au respect du souverain. Nous ne saurions donc approuver la mesure qui aurait, dans cette circonstance, fermé la chaire à d'Espagnac.

En ce qui concerne le style et la composition du sermon, l'abbé s'est montré, dans la Cène, sous un aspect littéraire tout nouveau. Pénétré de la majesté de sa mission, il s'est débarrassé des formules prétentieuses de la phrase et des futiles antithèses de mots et d'idées. Les vues de l'orateur, dégagées de préoccupations à effet, se maintiennent généralement à la hauteur de son sujet. Dans ce sermon on ne saurait relever, qu'à titre d'exceptions, les défaillances de raison, les aspirations à la popularité, les adulations regrettables « au peuple ; » les critiques excessives contre « les courtisans » qui avaient formé jusqu'à ce jour le fond du bagage littéraire de l'abbé.

Quoiqu'il en soit, le sermon ne fut pas prononcé. Par suite de quelles circonstances? nous ne saurions le dire. Pas plus que le Panégyrique de saint Louis, la Cène n'a reçu la publicité de l'impression : cette coïncidence pourrait autoriser à admettre une action supérieure. Heureusement le manuscrit a été conservé et nous le reproduisons *in extenso*.

Remarquons qu'à la marge de ce manuscrit, et précisément en regard des passages qui pourraient être jugés audacieux, se retrouvent des traits de crayon, comme sur le manuscrit du Panégyrique de saint Louis.

On comprend sans peine que la curiosité avait été vivement surexcitée ; dans tous les salons, on s'était mis en campagne pour avoir communication du sermon qui avait causé un si grand émoi à la cour. L'abbé d'Espagnac, d'après les conseils de ses amis, se montra peu disposé à communiquer son manuscrit et observa à cet égard une sage réserve. Cependant, il ne pouvait refuser à tous ses amis, et il fit une exception en faveur de madame Necker, qui lui avait toujours témoigné beaucoup de bienveillance. En retour, l'abbé reçut ce billet d'où se dégage l'austérité de la fille du ministre calviniste et qui explique combien la communication de l'écrit devait être tenue secrète :

Madame Necker renvoye à monsieur l'abbé d'Espagnac avec mille et mille remerciements un manuscript qui n'est pas sorti de ses mains, et qui lui a inspiré une foule de sentiments divers dont on ne peut rendre compte qu'en conversation, il reste à madame Necker la plus haute opinion de l'éloquence et des talents vraiment distinguez de monsieur l'abbé d'Espagnac, et elle est désolée d'être contrainte à s'exprimer d'une manière si vague (1).

---

(1) Papiers de famille.

On peut croire que, dès 1775, époque de ses débuts, le baron et le grand abbé d'Espagnac n'exerçaient aucune autorité sur Marc-René et qu'ils n'approuvaient pas sa conduite. Celui-ci, en effet, n'habitait ni la maison de son oncle, ni l'hôtel de son père et se trouvait dans un état d'abandon qui le forçait d'implorer des secours. Une lettre, conservée dans ses papiers, fait connaître cette situation ; elle témoigne aussi du respect dont les enfants ne s'étaient pas encore départis vis-à-vis de leurs parents, malgré les dissentiments qui les séparaient, et établit également combien était précaire l'existence des hommes de lettres à cette époque. C'est à tous ces titres que nous la reproduisons :

Je m'adresse à vous, mon cher papa, avec confiance pour me tirer de l'embarras où je me trouve. La moitié de mes notes sont faites ; M. de Sacy va veiller à l'impression ; nous rédigeons le tout, il ne me manque que de l'argent pour l'imprimeur, et je crois que sans cela j'attendrai longtemps pour avoir des épreuves : dom Malitourne n'en a point. Depuis longtemps je reçois si peu, que j'ai épuisé la bourse de mes amis ; j'ai beau ne pas faire de dépense, il a fallu me nourrir pendant trois mois et demi que j'ay fait mon discours et que je suis resté chez moy ; j'ai d'ailleurs un domestique, et, en vérité, si vous saviez ce que j'ai reçu de dom Malitourne depuis un an et demi, vous vous étonneriez comment je subsiste. Les 300 fr. qu'on m'a volé l'ont fort dérangé, et il ne peut vendre qu'à mesure ; l'imprimeur me demande 150 fr. pour se charger ensuite des autres avances. Voyez, mon cher papa, si cela ne vous gêne pas de me les donner ; je m'adresse à vous parceque je connais vos bontés, et que je suis réellement très embarrassé. J'ay l'honneur d'être avec les sentiments les plus respectueux, mon cher papa, votre très humble et très obéissant serviteur et fils.

Ce vendredy matin. L'abbé d'Espagnac.

Si vous avez la bonté de me les envoyer, je vous prie de les remettre à mon domestique (1).

---

(1) Papiers de famille.

Aucune trace n'est restée, dans les papiers de l'abbé, au sujet du Panégyrique de saint Louis. Mais, si nous anticipons sur le temps, nous trouvons, à la date de 1793, une déclaration qui pourrait être considérée comme une confession du prédicateur de *la Cène* et de l'auteur des *Réflexions sur Suger et son siècle*. Confession, avons-nous dit? hâtons-nous de retirer ce mot. A la date où nous nous reportons, en effet, à 1793, d'Espagnac avait à défendre sa liberté et sa vie; sa sincérité pourrait donc être mise en doute, sans porter atteinte à son honorabilité. C'est avec cette réserve que nous publions les extraits de la lettre de l'abbé. Ces extraits, d'après les aveux qu'ils révèlent, justifieraient, relativement à Suger, les rigueurs du gouvernement et les mesures prudentes de Louis XVI en ce qui concerne le sermon de la Cène.

Voici les deux citations dont d'Espagnac se recommandait devant le comité de défense générale :

Je n'ai cessé depuis l'âge de vingt-deux ans de poursuivre par des écrits philosophiques les prêtres et les rois. Qu'on ouvre mes impressions sur l'abbé Suger, imprimées en 1781, non pas anonymement, mais sous mon nom, et qu'on me dise si on écrit avec plus de liberté? L'on y verra surtout cette phrase, au sujet de la précaution prise par Louis VII de faire reconnaître son fils pour roi (phrase qui fit défendre le débit de mon ouvrage, et faillit me valoir les honneurs de la Bastille) : « Précaution sage et nécessaire alors, qui prouvait que nos rois ne s'étaient pas encore persuadés qu'ils ne tenaient leur couronne que de Dieu et de leur épée. »

Enfin, c'est dans cette même année, 1781 (1), que prêchant Louis XVI et sa cour, j'ai osé prendre pour sujet de mon discours les *inconvénients de la royauté,* et articulant que « de tous les gouvernements, celui d'un seul était celui où ces inconvénients étaient les plus nombreux et les moins faciles à éviter, » j'ai démontré, par une série de vérités aussi fortes

---

(1) C'est le 23 mars 1780 que l'abbé devait prêcher la Cène à Versailles.

que celles qu'on a produites depuis, « que pour qu'il pût exister un roi passable, il faudrait que ce fût une intelligence au-dessus de l'espèce humaine (1). »

VI

Le grand abbé d'Espagnac, en mourant (1781), avait laissé un vide regrettable auprès de Marc-René. Bientôt, le baron d'Espagnac descendit aussi dans la tombe (1783), et le jeune abbé resta livré à la fougue de ses passions, sans guides et sans conseils.

Le baron d'Espagnac a occupé une trop grande place dans son pays et dans sa famille, pour que nous ne complétions pas par quelques mots la notice que nous avons esquissée.

La mort du gouverneur des Invalides (1783) fut l'occasion de regrets unanimes chez ses parents et ses compatriotes auxquels il se plaisait à prêter aide et protection. Au milieu des honneurs et des plaisirs, il garda un fidèle souvenir à ses montagnes et un attachement sincère aux vieux soldats qu'il gouvernait.

— Vous trouverez toujours à ma table, disait-il, un Limousin et un invalide.

Les cérémonies de l'enterrement, célébrées aux Invalides avec une grande magnificence, donnèrent lieu à des scènes touchantes. Le baron d'Espagnac avait gouverné les Invalides pendant vingt ans « en militaire, en administrateur, en père, » a écrit Parmentier. Et on cite, à l'occasion de ses obsèques, le mot d'un pensionnaire de l'hôtel qui vaut tout un panégyrique. Le poids du cercueil n'ayant pas permis

---

(1) Au comité de Défense générale, 4 avril 1793 (an II de la République française). — Bilioth. Nationale, catalogue de l'histoire de France, in-4°, LZ 41, n° 606).

aux vétérans de le porter au-delà de l'entrée de la nef, un de ses porteurs s'écria :

— Eh bien, si nous ne pouvons le transporter jusqu'au chœur il restera toujours dans le notre (1).

---

(1) Quand on visite l'hôtel des Invalides, en entrant dans la galerie des portraits, on est frappé de la ressemblance d'un des gouverneurs avec la physionomie si attachante de Louis XVI ; les traits du baron d'Espagnac présentaient les caractères de souveraine bonté de l'infortuné roi ; mais, sous l'air d'affabilité de l'ami du maréchal de Saxe, « qui ne disait de mal de personne, » on retrouve nettement dessinée la fermeté réfléchie, la résolution hardie du soldat qui, en face de l'ennemi, « ne disait jamais non. »

Sur la liste des principaux personnages recommandés à monseigneur le Dauphin par Louis XV, liste confiée à M. de Nicolaï, on lit ces mots : « Le baron d'Espagnac a des connaissances sûres.... » (*Mém. de M*me *Campan*, vol. I, pp. 343-44).

Les compatriotes du baron d'Espagnac n'ont pas été ingrats pour sa mémoire. Dans beaucoup de familles, on voit encore, à Brive, le portrait du gouverneur orné de ces quatre vers :

Ce peuple de héros, cette antique milice
Aime à voir décorer l'ami du grand Maurice.
Sous ce brave Saxon tu combattis comme eux,
Il leur apprit à vaincre et tu les rends heureux.

Un monument est élevé à la mémoire du baron d'Espagnac, à droite dans la nef principale de l'église des Invalides. Une plaque de marbre porte cette inscription :

Le baron d'Espagnac
de Sahuget d'Armarzit
Lieutenant-Général
Grand-Croix de Saint-Louis
Gouverneur de l'hôtel des Invalides
de 1766 à 1783
Il fut le compagnon d'armes
L'ami et l'historien
du Maréchal de Saxe

Le baron d'Espagnac s'était distingué en Italie en 1734. Le maréchal de Saxe, qui connut ses talents militaires, l'employa comme colonel de l'un de ses régiments de grenadiers, puis comme aide-major général de l'armée. Nommé gouverneur des Invalides en 1766, il y fit

La mort du baron d'Espagnac fut, à tous égards, un grand malheur pour son fils René. L'abbé perdait un père qui eût été pour lui un protecteur et un guide nécessaire.

On était alors (1783) à l'heure décisive où les hommes politiques commençaient à prendre leurs positions. Deux partis en présence se disputaient l'autorité : le parti de la cour et celui de l'opinion. La cour représentait-elle, en réalité, comme on a semblé le croire, le maintien absolu des prérogatives et des privilèges surannés ? Nous ne le discuterons pas ; mais nous ne voulons pas l'admettre. L'opinion, cette puissance nouvelle qui surgissait et dont le programme n'était pas encore bien défini, arborait le drapeau des réformes et de l'économie. La royauté se croyait si peu en cause dans ce conflit, que le roi marchait à la tête de l'armée de l'*Opinion*. L'abbé d'Espagnac n'avait pas été des derniers à s'enrôler dans ces rangs.

Dans les salons du gouverneur, il s'était trouvé mêlé aux savants, aux beaux esprits, littérateurs, métaphysiciens, poètes, tous travaillant avec ardeur aux problèmes sociaux et aux réformes prochaines. Là se donnaient rendez-vous les hommes éminents, accourus de tous les pays, pour faire appel aux sentiments généreux de la France, ou pour assister au

---

des réformes utiles. Il obtint le grade de lieutenant-général en 1780. Il a composé des histoires et divers ouvrages sur la guerre. « Il est beau d'unir ainsi, dit M. Palissot, à la gloire des armes celle de perfectionner l'art de vaincre par des écrits qui peuvent y contribuer; et, s'il était permis de comparer de petites choses aux grandes, on pourrait, sous quelques rapports, appliquer au baron d'Espagnac ce qu'on a dit de César : *Eodem animo scripsit quo bellavilit.* » On a de lui : 1° *Campagnes du Roi, depuis* 1745 *jusqu'en* 1748, 4 vol. in-8°; 2° *Essai sur la science de la guerre*, 3 vol. in-8°; 3° *Essai sur les grandes opérations de la guerre*, 4 vol. in-8°; 4° *Supplément aux rêveries du maréchal de Saxe.* Il a donné l'histoire de ce même maréchal en 3 vol. in-4° et 2 vol. in-12.

spectacle des grands évènements qui s'annonçaient dans la capitale. C'était Franklin, demandant à une monarchie les moyens de fonder une république, et Voltaire, qui était venu chercher à Paris l'apothéose et la mort. C'étaient Necker, Turgot, Calonne, La Fayette et toute la brillante pléïade de la jeune génération appelée à jouer un rôle dans les mouvements qui se préparaient. Il est facile de comprendre que les sociétés devaient impressionner vivement les jeunes imaginations. L'abbé d'Espagnac, chanoine de Paris, vicaire-général de Sens, n'avait pas tardé à se faire une place parmi les littérateurs et dans la secte des économistes. En sa personne revivait la tradition de l'abbé de cour, et il savait, en outre, merveilleusement concilier les élégances du monde avec la sécheresse des études sérieuses. Il était particulièrement accueilli à l'hôtel de Coigny, pour son esprit vif et enjoué ; et la marquise de Coigny qui, selon le duc de Ligne, réunissait en sa « grâce » le résultat des perfections des trois siècles » appelait familièrement l'abbé son « furet subtil et fou. »

D'Espagnac, comme beaucoup de membres du clergé, emporté par le tourbillon des idées nouvelles, se rendit coupable d'oublier les devoirs de l'état ecclésiastique, pour s'occuper de soins matériels..... Sa naissance, sa robe de prêtre, les agréments de son esprit lui donnèrent accès à la cour, où l'on admirait son talent de parole, mais où il n'était pas apprécié, à cause de ses principes et de sa conduite. Le roi, même, lui témoignait sa défiance. Bientôt, éloigné du château par des procédés blessants, d'Espagnac s'était rapproché du Palais-Royal où, du reste, il était attiré par des circonstances particulières, par ses goûts et ses intérêts.

A l'époque où le cardinal Dubois était ministre du régent, une de ses nièces avait épousé un cadet de Sahuguet, grand-oncle de l'abbé. Le fils du régent recherchait avec empressement les alliés de l'homme célèbre dévoué à son père. Philippe d'Orléans, en rivalité déclarée avec la cour, arborait l'étendard de l'opposition avancée et s'était fait le centre d'un groupe déjà considérable de mécontents. Recommandé par des souvenirs et par des avantages personnels; ambitieux de fortune, avide de plaisirs, peu estimé comme homme d'Église, ayant fait preuve de talents, d'Espagnac trouva un accueil flatteur dans la société du Palais-Royal. Philippe d'Orléans préparait dès-lors son évolution vers Philippe-Egalité.

Les Mémoires du temps ne font aucune mention de d'Espagnac à propos des salons politiques qu'il devait naturellement fréquenter. Cependant nous trouvons dans les *Souvenirs de la Marquise de Créquy*, deux anecdotes dont l'abbé fait tous les frais, et que nous reproduisons, pour démontrer la mauvaise foi qui a présidé aux jugements portés sur son compte.

Je vous dirai cette aventure de l'abbé d'Espagnac avec M. l'Intendant qui tenait la banque au pharaon chez M. Girardin d'Ermenonville, et qui, voyant l'abbé s'avancer avec un écu, lui cria, du haut de sa tête et de sa voix insolente : « Monsieur, je ne tiens que de l'or. » Voilà le grippe-sou d'abbé qui s'approche de lui tenant son écu pincé du pouce et de l'index, et qui va lui faire une croix sur le front en lui disant, comme au jour des Cendres : *Memento quia pulvis es et in pulverem reverteris,* rappelle-toi que tu es poussière et que tu reviendras en poussière (1).

C'était le beau temps des mystifications, et l'on n'entendait parler d'autre chose. M. Dejean mystifiait toute sa famille en dictant de son lit un testament en sa faveur, comme s'il avait été son oncle moribond, M. Chalut. Ceci pensa finir par le tabouret et la marque, pour M. Dejean.

M. de Vergennes et M. de Castries furent mystifiés par Mme de Lamothe qui préludait ainsi à toutes ses intrigues

---

(1) *Souvenirs de la Marquise de Créquy,* t. V, p. 86.

pour le vol du fameux collier, et qui recueillit plus de vingt mille écus de la crédulité de ces deux ministres. On verra que, s'il n'en fut pas fait mention dans le procès du collier, ce fut par excès d'égard et de complaisance pour ces bons messieurs.

M. le duc d'Orléans venait de mystifier M. Quatremère (au Palais-Royal), en l'y faisant recevoir chevalier du Bain par un duc de Cumberland, qui n'était autre chose que M. Goys. Ceci manqua devenir très sérieux, parce qu'on avait fait prendre un bain froid à ce vieux académicien, ce qui lui fit avoir une fluxion de poitrine au mois de décembre. Toute la ville était révoltée d'une pareille marque d'inconsidération pour une personne et pour une famille aussi notables dans la plus ancienne et la plus haute bourgeoisie de Paris ! M. de Maurepas ne sut trouver nulle autre chose à faire que d'envoyer à ce pauvre mystifié le cordon noir de M. de Buffon qui venait de mourir, et ce fut en y joignant des paroles extrêmement aimables de la part du roi, avec prière d'excuser son cousin d'Orléans et ses familiers, pour la *légèreté* de leur conduite. C'était l'*inhumanité*, l'*indignité* qu'il fallait dire ! On ne saurait excuser l'insolent dévergondage et la barbarie de ces dissolus à l'égard d'un vénérable homme à qui son âge avancé ne laissait plus ses facultés de jugement et de présence d'esprit.

A propos de cette maladie des mystifications, qui avait tous les caractères d'une épidémie, je vous dirai que l'abbé d'Espagnac (celui qui s'était révolté contre M. de Meillan), avait fait un traité sur *la force du sang dans les familles*. C'était un ennuyeux livre, et son auteur était d'une cupidité si sordide et si dénaturée, qu'il avait vendu les papiers de famille de ses neveux, dont il était tuteur, à un nouvel enrichi qui s'appelait Despanat.

M. de Tymbrune avait envoyé prier l'abbé d'Espagnac à souper chez lui, dans une petite maison qu'il avait auprès de l'Ecole militaire, et c'était un lieu que je ne saurais qualifier. Quand les hommes les moins sévères et les jeunes gens les moins timorés en parlaient devant nous, c'était en échangeant entre eux des regards de mépris, et l'on a dit qu'il s'y passait des choses analogues aux réunions philosophiques d'Ermenonville.

La compagnie ne se composait pour ce jour-là que de M. le duc d'Orléans, de milord Hamilton, de MM. de Saisseval, de Boisgeslin, de Sillery, du Crest, de La Touche-Tréville et de mon neveu de Lauzun qui nous raconta les nouvelles de la soirée.

L'abbé commença par demander le nom d'un vieux seigneur étranger qu'il ne connaissait pas, et qui se tenait tristement assis au coin de la cheminée. On lui dit que c'était le duc d'Hamilton, premier pair d'Ecosse et chevalier de l'ordre du Chardon. Il demanda curieusement s'il était riche, et Lauzun lui répondit : — D'où venez-vous donc pour ne pas savoir qu'il est plus riche que le roi d'Angleterre? Ensuite il se mit à lui parler d'autre chose, mais le duc d'Orléans vint le reprendre en sous-œuvre, en disant que ce misérable Hamilton n'avait aucune idée philosophique, que c'était une pauvre tête, et qu'il voulait absolument se laisser mourir de chagrin parce qu'il avait perdu sa femme et tous ses enfants.
— Ah! la douceur et la force des liens du sang... s'écria l'abbé.
— Mais, monseigneur en parle bien à son aise, interrompit le marquis de Boisgeslin, et s'il était dans la même position que ce malheureux Anglais?... — Mais comment peut-il être si malheureux avec une si grande fortune? interrompit d'Espagnac. — Mon Dieu, monsieur, lui répondit l'autre avec un air de reproche et de surprise, comment pouvez-vous parler de la sorte, après tout ce que vous avez écrit sur *la force du sang!* — Mais enfin... — Laissez donc! — Mais encore...
— Allons donc, vous dis-je; allons donc, monsieur l'abbé; comment pouvez-vous être étonné qu'on ait du chagrin quand on a... — Mais de quelle espèce et qu'est-ce qu'il a donc? — Il a, morbleu! il a que tous ses *liens du sang* ont été rompus! qu'il est resté le dernier de toute sa famille, qu'il n'a conservé aucun parent de son nom, et que les fils de sa sœur unique, qui devraient être ses héritiers, sont deux scélérats! Que voulez-vous qu'il fasse de son immense fortune? Est-ce que vous voulez qu'il s'amuse à bâtir des églises?

L'abbé s'éloigna sans dire une parole, en se retournant du côté du vieux richard, et s'en approchant par une suite de circonvolutions prudentes, avec un air affriandé comme un gros reptile; mais l'Anglais, qui était absorbé dans son profond chagrin, ne lui donna pas signe de vie, et l'on aurait dit une cruche de terre au coin du feu ; il avait une inconcevable figure, à ce que nous dit Lauzun.

Pendant que l'abbé procédait en silence à son opération de magnétisme ou d'incantation, un des compagnons se mit à crier : — Monsieur d'Espagnac, monseigneur voudrait vous parler ; monsieur d'Espagnac!... monsieur d'Espagnac!... et le vieux milord avait bondi sur son siège aussitôt qu'il avait avait entendu ce nom-là. L'abbé fut obligé de s'éloigner du duc d'Hamilton, bien à contre-cœur, et l'on s'arrangea de manière à l'empêcher de retourner auprès de la cheminée jusqu'au moment du souper.

On avait placé M. d'Espagnac en face du seigneur écossais qui ne mangea point et qui ne cessa d'attacher sur lui deux gros yeux fixes, persévérants et profondément scrutateurs. Il en résulta d'abord de la surprise, et puis de l'embarras, de la contrainte et de la gêne avec un profond silence, en dépit des efforts que M. de Tymbrune avait l'air de faire pour égayer ses convives et pour alimenter la conversation.

Le duc d'Orléans buvait et mangeait sans parler, en regardant toute la compagnie d'un œil offensé, de ses yeux qu'il avait obliques, éteints et lâchement courroucés ; car le regard de ce d'Orléans était une horrible chose (1) ! — Il est impossible d'y tenir, murmura-t-il au bout d'une heure, et je n'entends rien à ce diable de souper que nous faisons...

Le duc d'Hamilton se mit alors à tousser pour se dégourdir les organes de la parole, ensuite il se mit à parler en anglais mêlé d'un certain dialecte écossais, que M. le duc d'Orléans comprenait aisément, comme vous pouvez croire, et dont M. de Boisgeslin, qui savait tout, fut chargé de faire la traduction pour le reste de la société.

— Milord désire savoir si monsieur l'abbé d'Espagnac est de la même famille que madame la baronne d'Espagnac

---

(1) C'était Louis-Philippe Egalité, premier du nom ; tout le monde a pu remarquer que le regard de M. son fils est le miroir de sa belle âme et de la franchise de son caractère. — (Note de l'auteur, 1797.)

qui se trouvait à Strasbourg pendant l'hiver de l'année 1744 à 1745 ?

— Mais c'était ma mère, ma pauvre mère !...

— Milord oserait-il se flatter, peut-il espérer que madame d'Espagnac aura bien voulu parler à monsieur son fils d'un gentilhomme anglais qui s'appelait alors sir Arthur Scott ?

— Ah ! je ne saurais... Mais, effectivement, je crois me souvenir... Mais oui, oui vraiment ! maman m'a parlé de milord Artusco ; je me rappelle très bien ce nom là, et même elle m'a toujours parlé de milord Artusco dans les termes les plus...... Enfin, je me souviens très bien qu'elle m'a parlé très souvent de milord Artusco...

— Milord duc d'Hamilton, autrefois sir Arthur Scott, demande à savoir, au sujet de monsieur l'abbé d'Espagnac, une chose de la plus haute importance ! il espère, il conjure, il supplie monsieur l'abbé de vouloir bien répondre avec franchise, en conscience, ingénument et loyalement à cette question-ci : — Quel âge avez-vous ?

— J'ai quarante-quatre ans...., répondit M. d'Espagnac avec une émotion toujours croissante, en appuyant la main sur son noble cœur afin d'en comprimer les palpitations et en fixant des yeux attendris sur un gentilhomme anglais qui avait connu sa mère en 1744...

— Monsieur l'abbé d'Espagnac ne ferait-il aucune difficulté pour en donner sa parole d'honneur, en présence de son Altesse sérénissime ?

— Je la donne, je vous la donne, milord ! J'ai quarante-quatre ans ! quarante-quatre ans !...

Et voilà l'Anglais qui se met à crier : — O vô été véritabelment lé filz et l'héritiere dé moa que vous aurée toute mon fortune !!! Et les voilà qui se précipitent dans les bras l'un de l'autre et qui se mettent à se reconnaître, à s'embrasser et se pâmer d'attendrissement.

— Ah ! *la force du sang !..* disait l'abbé d'Espagnac ; ce que c'est que le force du sang !... Nous ne nous étions pourtant jamais vus ; voyez quelle émotion j'éprouve !... Allez, messieurs, il n'y a de sentimens vrais que les sentimens naturels ; je ne veux plus reconnaître et je ne connais plus que les sentiments naturels et vrais, les sentiments vrais et naturels manifestés par la force et par la voie du sang !...... Ah ! quel coup du ciel ! Je ne m'en doutais guère... Je ne me serais guère douté ce matin que cet excellent, ce vénérable milord Artusco, qui était l'ami de ma mère... et qui, certainement...; et encore qu'il aurait eu le malheur de perdre toute sa famille, excepté ces deux scélérats !...

L'abbé d'Espagnac finit par en tomber en syncope ; on fût obligé de l'inonder d'eau froide, et quand il eut repris connaissance, il apprit avec un peu de contrariété que monsieur son père était allé se coucher dans un hôtel garni, où il donnait rendez-vous à son fils naturel pour le lendemain matin. M. du Crest lui remit une petite boîte que ce milord avait par hasard dans une de ses poches, et qu'il avait laissée pour ce cher abbé, comme *avancement d'hoirie*, car il avait dit à ces messieurs qu'elle était pleine de diamants. Ce d'Espagnac avait bonne envie de forcer le coffret dont la petite clef n'était pas à la serrure ; mais on lui fit des reproches ou des observations qui le décidèrent à prendre patience, et M. du Crest le ramena chez lui dans un trouble et dans un délire de joie qu'on ne saurait exprimer. — Vous savez que c'est pour déjeuner qu'il vous attend ; n'oubliez pas de vous y trouver avant dix heures, et n'oubliez pas aussi de lui faire ouvrir l'écrin...

Il se fit annoncer le lendemain, passé midi, chez M. le duc d'Orléans qui le fit attendre pendant deux heures et qui sortit malhonnêtement par une autre porte, ainsi qu'il avait coutume de le faire. L'abbé d'Espagnac alla successivement chez tous ces autres messieurs qu'il ne put réussir à trouver chez eux pendant plus de trois semaines ; enfin il eut le bonheur de rencontrer le duc de Lauzun qui se promenait au Cours-la-Reine avec votre père. — Est-il possible, lui dit-il, que je n'aie pas encore pu vous rencontrer et que vous n'ayez voulu répondre à aucune de mes lettres !... Il paraît que M. du Crest n'avait pas bien retenu l'adresse de milord Hamilton ; car on ne le connaît point du tout dans cette maison de la route du Colombier qu'il m'avait indiquée. — A propos, savez-vous ce qu'il y avait dans cette petite boîte ?

— Mais des pierreries, je suppose, et tout au moins des perles.

— Pas du tout ; c'étaient des pilules de rhubarbe avec du soufre : elles avaient une odeur infernale.

— Je vous dirai sérieusement, répondit M. de Lauzun, que je n'en suis pas surpris. Je vous conseille de ne plus vous occuper de cet homme-là ; c'était un imposteur. On n'a jamais pu savoir ce qu'il est devenu (1).

Pour peu qu'on y regarde de près, la fausseté de ces récits apparaît. « L'avarice » de l'abbé d'Espagnac est de pure invention. D'après les particularités de sa vie et les traditions laissées dans sa famille, il aurait bien mieux mérité l'épithète de « prodigue » que de « grippe-sou. » Cependant, nous avons établi, par une lettre à son père, que Marc-René, à ses débuts à Paris, n'avait que des ressources souvent insuffisantes. Le baron d'Espagnac avait conservé les habitudes luxueuses de la régence et de l'état-major du maréchal de Saxe, et pouvant à peine suffire à ses dépenses personnelles, il ne se faisait nul scrupule de négliger ses enfants. Peut-être l'abbé se trouvant chez M. Girardin un jour où son père lui avait refusé quelques pistoles, dût racheter par un trait d'esprit la fâcheuse impression de sa parcimonie obligée. Dans tous les cas, il sut mettre les rieurs de son côté.

Quant à l'aventure de la « mystification, » elle est une odieuse fable et n'a le mérite, à défaut de vérité, ni de la vraisemblance, ni de l'esprit. L'abbé d'Espagnac n'a jamais été tuteur d'aucuns neveux. Il n'a point vendu leurs papiers de famille. Il n'a pas composé d'ouvrage sur la Force du Sang.

---

(1) On sait que les *Souvenirs de la Marquise de Créquy* ont été écrits longtemps après les évènements auxquels ils se rapportent. L'auteur de ces Souvenirs, M. de Courchamps, portait le costume de femme. Ce travestissement explique ses commérages et ses mensonges impunis.

A un autre point de vue, l'abbé n'était point cupide et n'aurait certes pas sacrifié l'honneur de sa mère, en vue d'une fortune. Tout, dans sa conduite, tend à prouver, au contraire, que Marc-René a été, jusqu'au dernier jour, pénétré des sentiments les plus tendres et les plus respectueux pour sa mère. Et la baronne d'Espagnac a légué à ses enfants une mémoire inattaquable et inattaquée. Enfin, pour apprécier le récit de madame de Créquy, disons que l'abbé était trop « subtil, » selon le mot de madame de Coigny, pour se laisser prendre à une « mystification » aussi grossière.

Chapitre II

LA COMPAGNIE DES INDES

Ce que nous savons déjà de l'abbé d'Espagnac, de sa première jeunesse, de son imagination ardente, de son caractère aventureux, de ses relations avec les philosophes et les gens de lettres, a dû faire pressentir le rôle qui lui était réservé dans le mouvement politique et social auquel il s'associait. Il suivit, en effet, ce mouvement avec la fougue, avec l'ardeur qu'inspirent les premiers succès. Abbé commendataire de Saint-Sever de Rustan (1), prieur d'Herbenville et de Saint-Gemme (2), chanoine de Paris, vicaire-général de Sens, — d'Espagnac avait fait à trente-deux ans une carrière qui lui permettait d'aspirer aux plus hautes dignités dans l'ordre du clergé. Mais les distinctions ecclésiastiques ne pouvaient le satisfaire; il avait l'ambition de participer aux affaires de l'Etat, et c'est pour y parvenir qu'il voulut appliquer les principes économiques, objet de ses études. Encouragé, d'ailleurs, par le ministre Calonne, dont il était l'ami et le collaborateur, l'abbé aborda les entreprises financières qui, à ce moment, offraient un vaste champ aux imaginations. Dans le

---

(1) Dans les Landes.
(2) Près de Versailles.

monde des spéculateurs, il se plaça, dès le début, au premier rang des plus audacieux et des plus heureux.

On sait le développement important que la Compagnie des Indes, un moment amoindrie dans les derniers temps du règne de Louis XV, tendait à conquérir sous le règne de Louis XVI. C'est à d'Espagnac, aux ressources de son intelligence, que la Compagnie devait sa résurrection, pour ainsi dire, et sa prospérité renaissante. Emporté par la réussite de quelques combinaisons, l'abbé conçut l'idée de s'en rendre souverainement arbitre. Dans cette tentative apparaît clairement l'action de Calonne, sinon comme associé, du moins à titre de conseiller. Un jour donc, vers les commencements de l'année 1787, d'Espagnac, à la suite d'une série d'opérations, se trouva détenteur de quarante-cinq mille actions des *Indes nouvelles*, c'est-à-dire d'un nombre plus considérable que la Compagnie n'en possédait. Maître du marché, l'abbé pouvait dicter la loi et réaliser une fortune immense. Cette prospérité rapide excita des jalousies inexorables; les sages financiers, de leur côté, étonnés de la hardiesse qui n'était pas encore entrée dans les habitudes de la Bourse, cédèrent à des alarmes, peut-être fondées, du reste, dans une certaine mesure. De ces impressions, il résulta un concert de récriminations contre d'Espagnac. Parmi ceux qui l'attaquaient avec le plus de violence, se faisait remarquer un homme appelé à tenir une grande place dans un avenir prochain. La parole éloquente de cet homme exerçait déjà une influence incontestée, quoiqu'il ne fût pas autorisé par une honorabilité indiscutable : C'était le comte de Mirabeau.

Louis XVI, réduit aux derniers expédients pour faire face aux nécessités qui menaçaient le gouvernement de la monarchie et la France, venait de convoquer l'Assemblée des Notables. Aussitôt, de tous les points du royaume, s'élevèrent de véritables clameurs pour signaler à la future Assemblée des abus à réformer, des mesures de rigueur à décréter. A ce moment, le comte de Mirabeau accourt de Berlin et fulmine une véhémente dénonciation contre l'agiotage et les agioteurs. En publiant son mémoire, il le fait précéder d'une lettre au roi.

Dans ce mémoire, « inspiré, dit le comte, par le sentiment de l'honneur et du salut de la France, » sont articulées les accusations les plus graves contre l'agiotage, « l'ennemi le plus redoutable du royaume, selon Mirabeau, et qui aurait, ajoutait-il, des protecteurs aux pieds du trône. » Enfin, donnant un libre cours à la violence de son caractère, M. de Mirabeau termine par une menace dirigée contre le gouvernement tout entier.

Au reste, la lettre emprunte à son auteur un sérieux intérêt, aussi bien qu'aux circonstances où elle a été écrite et aux évènements qui en furent la suite. C'est pourquoi nous la reproduisons *in extenso :*

AU ROI.

SIRE,

Si l'ouvrage que j'apporte aux pieds de Votre Majesté ne répond pas à l'importance du sujet, à la solennité de l'occasion, c'est la faute de mon esprit, ce n'est pas celle de mon cœur. J'aurais donné ma vie pour servir dignement la magnanimité de vos intentions et la chose publique, dans ce moment où vous appelez l'élite de la nation à délibérer sur ses intérêts. La brièveté du temps et mon insuffisance personnelle m'ont suscité trop d'obstacles

Mais, Sire, si mon âme n'a point élevé mon génie, je crois du moins avoir dit de grandes vérités. C'est l'ennemi le plus redoutable de votre royaume, c'est l'agiotage que je dénonce à Votre Majesté. Il dévore vos revenus, il aggrave les charges de l'Etat, il corrompt vos sujets, il énerve votre puissance ; s'il exerçoit plus long-temps ses ravages, il rendroit impossible jusqu'à vos bienfaits.

Nous ne saurions nous déguiser, Sire, qu'il a des protecteurs aux pieds de votre trône. Peut-être, hélas ! vous persuaderont-ils que l'agiotage a été jusqu'ici un palliatif nécessaire et que mes principes ou les faits que j'allègue sont autant d'erreurs.

Sire, il s'agit de l'honneur et du salut de la France. Daignez ne pas vous en rapporter en un seul homme sur un si grand intérêt. Vos occupations sans nombre et la prodigieuse distance où vous êtes et devez être de ces honteux détails, détermineront peut-être Votre Majesté à ne pas juger elle-même mon ouvrage. Elle daignera du moins le soumettre à l'examen de quelques-uns de ces citoyens vertueux dont la voix publique a proclamé les lumières et l'impartiale intégrité. J'attendrai leur jugement, Sire, avec l'impatience du zèle et la conscience d'avoir bien fait.

Mais si le malheur voulait encore que ce vœu ne fut point exaucé ; si ma dénonciation restait sans effet..... que Votre Majesté me permette de tout dire.....

Quelqu'immenses que soient les ressources de votre royaume, quelqu'absurde qu'il puisse paroître et qu'il soit dans l'ordre naturel des choses que les revenus de l'Etat ne puissent pas suffire à ses besoins, j'ose prédire que si l'agiotage n'est pas incessamment détruit, et dans ses causes premières, le moment où le meilleur des rois, le plus ami du bien, le plus capable de privations généreuses, éprouvera la douloureuse infortune de manquer à ses engagements, ce moment fatal n'est pas éloigné.

Sire, daignez vous rappeler cette prophétie, quand on osera proposer à Votre Majesté de signer une suspension de paiements ; depuis deux ans on prépare ce jour de déshonneur.

Mais, Sire, il est temps encore de l'éloigner à jamais. Ne doutez pas que si l'un de vos sujets a le courage de prédire ce que la plus coupable ignorance, ou la plus scélérate audace peuvent seules amener en continuant à nourrir et protéger l'agiotage, il en est un grand nombre qui sauront préserver votre royaume de cette horrible catastrophe.

Je suis avec respect, Sire, de Votre Majesté, le très humble, très obéissant et très fidèle serviteur et sujet.

Le comte DE MIRABEAU (1).

Paris, le 20 février 1787.

---

(1) Bibliothèque Nationale.

Dans sa lettre, Mirabeau attaque l'agiotage; dans son mémoire, il prend directement à partie les agioteurs; il les désigne par leur nom, et à chaque nom il applique une qualification dictée par le mépris. « Voici, dit-il, Baroud, jadis notaire; d'Espagnac, le prêtre, le chanoine, le grand-vicaire, enfin l'abbé d'Espagnac; Seneff, le comte; Pyron, l'intéressé dans les affaires d'Espagne et de tant d'autres; Servat, le prête-nom banal; ce je ne sais quel Lalanne, déjà célèbre dans la caisse de Saint-Charles; Saint-Didier; Duplain de Saint-Albin; et tant d'autres de la ville et de la cour. »

Ce mémoire, nous n'essaierons pas de l'analyser; les faits relevés contre d'Espagnac et ses associés sont toujours les mêmes et se bornent à un seul grief: Mirabeau l'accuse d'avoir trafiqué des actions de la Compagnie des Indes et de jouer à la Bourse, « de reprendre l'effet en avant et en arrière; d'agiter le bouillon, de fouetter la toupie, » expressions du temps qui signifiaient: faire la hausse et la baisse. Au fond, l'auteur donne la mesure de connaissances étroites en matière de finances. Est-il bien venu à s'élever contre le nombre des Compagnies qui sont à la Bourse l'objet des spéculations, quand il ne peut en compter au-delà de dix? Est-il dans la raison, dans la légalité, en demandant pour le commerce des actions, des dispositions restrictives de la liberté qui devaient inévitablement déterminer sa ruine? Quelques années plus tard, d'Espagnac devait faire justice des principes économiques de M. de Mirabeau dans un discours que nous publierons. Combien on a le droit d'être étonné, aujourd'hui, de trouver des idées aussi absolues sous la plume d'un homme qui se présentait comme un apôtre de la liberté? Mais à l'époque où Mirabeau, sous prétexte de faire cesser l'agiotage, déclarait ouvertement la guerre à quelques individus rapidement enrichis par la spéculation, l'étonnement n'était pas moins grand. On admirait, sans doute, l'éloquente indignation de l'écrivain ; on se demandait aussi jusqu'à quel point cette indignation d'un dissipateur « interdit » était bien sincère, ou, du moins, si elle était inspirée par l'intérêt public. Et on se disait tout haut qu'il n'eût tenu qu'à l'heureux spéculateur de la Compagnie des Indes d'avoir pour apologiste celui qui s'était fait son dénonciateur. Les écarts de conduite de Mirabeau autorisaient les suppositions les plus malveillantes pour son honorabilité. En un mot, il était admis que le dénonciateur avait marchandé ses services à d'Espagnac.

Heureusement pour Mirabeau, une mesure dont il fut l'objet détourna l'opinion à son avantage. Les rigueurs d'un gouvernement sont un bénéfice de popularité pour ceux qui sont frappés.

Le comte de Mirabeau, dans son mémoire et dans sa lettre, avait manqué au respect dû au roi et à ses ministres ; sur l'ordre du roi, il fut appréhendé au corps et enfermé au château de Ham (18 mars 1787). Aussitôt, le public lui donna raison ; sans se préoccuper autrement des motifs qui avaient pu le faire agir, il se retourna en faveur du comte contre ceux qu'il considérait comme la cause de son incarcération.

D'autre part, l'Assemblée des Notables n'était pas restée indifférente aux manifestations d'opinion qui, à la voix de Mirabeau, se produisaient contre les Compagnies et notamment contre la Compagnie des Indes. Dans chaque bureau de cette Assemblée (il y en avait six), il fut voté un rapport qui présentait cette institution comme nuisible au commerce et demandait, au nom de la liberté, la suppression du monopole qui lui était accordé. Pour bien faire connaître l'état des esprits, nous publions le rapport du sixième bureau, présidé par Mgr le comte d'Artois. Certes, s'il était une réunion où l'on dût s'attendre à trouver des égards et même des ménagements pour le gouvernement, c'est bien dans celle qui avait pour président un prince aussi rapproché du trône.

Eh bien, voici le résultat de ses délibérations :

Après avoir examiné les divers objets de l'administration qui nous ont paru susceptibles de réductions et d'améliorations, exposait le rapport, nous devons porter notre attention sur des établissements abusifs qui absorbent des portions considérables des revenus de l'Etat.

La nouvelle Compagnie des Indes joint à ces inconvénients celui de nuire essentiellement à la liberté du commerce, et celui de ne pouvoir suffire à pourvoir le royaume des marchandises de l'Inde.

Des écrits publics, les réclamations des chambres du commerce ont fait connaître les préjudices que le privilège exclusif accordé à cette Compagnie porte aux négociants en particuliers, à la richesse nationale et à l'extension de la navigation.

Les partisans du privilège se sont étayés de l'exemple de M. Colbert, lors de la formation de la première Compagnie.

La différence des temps et des circonstances doit en apporter aux opérations de ce genre. M. Colbert voulait procurer à la France toutes les espèces de commerce. Les Français ne connaissaient pas la route des Indes. Les négociants craignaient d'y compromettre leur fortune en s'engageant dans des opérations lointaines, qu'ils ne pouvaient pas surveiller. La longueur d'une navigation qui leur paraissait incertaine faisait naître des craintes sur la sûreté des fonds, et reculait dans leur idée la rentrée de leurs avances.

Il s'agissait alors de créer ce commerce, de le faire connaître aux Français ; il fallait rassurer les esprits. Le ministre comprit qu'il ne pouvait atteindre à ce but que par l'intervention du gouvernement; mais il diminua les inconvénients de l'exclusif, alors nécessaire par la création de quarante mille actions qui mettaient en quelque manière la nation entière à portée de s'intéresser à ce nouveau commerce. Cette Compagnie obtint des privilèges, des exemptions, des concessions ; mais elle fut chargée de toutes les dépendances de souveraineté dans l'Inde, construction de navires, protection, armée de la navigation, fortification de places, solde de troupes et autres semblables.

Après la destruction de cette Compagnie, le gouvernement, connaissant que la liberté seule peut faire exister le commerce comme la protection peut seule lui donner de l'extension, fit inviter toutes les places maritimes à entreprendre le commerce de la Chine. Il donna trois vaisseaux pour cet objet, il assura secours et faveurs à ceux qui entreraient dans cette expédition ; tous les négociants y concoururent. Ce voyage eut le plus grand succès.

Dans le même temps une très grande quantité de négociants obtint des privilèges pour faire le commerce de l'Inde. Les bénéfices importants de leurs retours excitèrent l'envie. Quelques commerçants voulurent jouir exclusivement d'un bien qui par sa nature, doit être le partage de tous ; ils parvinrent à faire illusion au ministre des finances ; ils obtinrent un privilège exclusif et cette nouvelle Compagnie, sans être chargée des dépenses de souveraineté, eut les privilèges et les exemptions de la première.

On lui a accordé l'exemption du droit d'indult, qui est de cinq pour cent sur les retours de l'Inde la moitié des droits sur les toiles de coton étrangères qui entraient dans le royaume. On lui a cédé gratuitement l'usage des magasins d'Europe et d'Asie qui avaient été occupés par l'ancienne Compagnie.

Il paraît inutile dans ce moment d'examiner les inconvénients de cet exclusif et les avantages de la liberté. Cette question est depuis longtemps l'objet de tant de discussions publiques, que la proposer c'est la résoudre ; mais nous devons observer ce que cette Compagnie nouvelle coûte au gouvernement, et le bénéfice que sa suppression procurerait.

Obligée de se pourvoir pour la consommation intérieure du royaume à laquelle son commerce ne peut suffire, elle est forcée de se pourvoir dans les magasins des Compagnies anglaise, hollandaise et danoise. Ces achats font sortir un numéraire considérable ; ils renchérissent les marchandises de l'Inde de tous les bénéfices que font ces Compagnies.

Ne pouvant employer la même quantité de vaisseaux que le commerce libre en procurerait, le nombre des matelots est diminué.

L'exemption du droit d'indult pour les retours de l'Inde est une perte considérable pour les finances ainsi que la moitié des droits d'entrée sur les toiles de coton étrangères, qui lui a été accordée.

On peut évaluer sur un simple aperçu le droit d'indult que

le commerce libre produisait. A l'époque de la création de la nouvelle Compagnie, il y avait des expéditions en mer et des demandes en permission pour au-delà de 60,000,000 employés ou destinés à ce commerce. De pareils envois supposent des retours de plus de 120,000,000, qui produisaient pour le droit d'indult 6,000,000 ; et cette somme ne pourrait qu'accroître par l'extension progressive d'un commerce libre. La suppression du privilège que la politique et la loi naturelle sollicitent ferait le produit de droits très importants dans les revenus de Sa Majesté ; elle les augmenterait du loyer des magasins de France et de l'Inde dont le produit serait considérable (1).

Les Notables ne se contentèrent pas d'exposer des vues générales et collectives sur les agissements du gouvernement et des spéculateurs. Il y eut des protestations individuelles dans le sein de l'Assemblée ; on signala à la vindicte publique des faits particuliers et des individus ; des membres des Notables n'hésitèrent pas à s'associer aux dénonciations de Mirabeau, et parmi ceux-là, se fit remarquer le marquis de La Fayette. C'est encore au bureau de M. le comte d'Artois que nous trouvons cette protestation. Dès les premiers mots, le président crut devoir relever certaines expressions qui ne lui semblaient pas dans la mesure du respect et des convenances auxquels le souverain avait droit. Mais la majorité, dominée par le prestige qui entourait le *vainqueur des deux mondes*, ou cédant au souffle d'opposition contre le roi, se montra favorable à La Fayette. Celui-ci, facile à enivrer par la faveur populaire, obéissant peut-être aussi au sentiment d'hostilité contre la cour, qu'il n'a pas toujours su dissimuler, se livra, à propos de finances, à des récriminations pleines de fiel. Tout en attaquant le roi et ses ministres, il protestait de son

---

(1) Bibliothèque Nationale L $^{\text{b.}}_{\text{L}}$ 39 356.

dévouement pour Louis XVI et pour son gouvernement.

Le comte d'Artois fut condamné a entendre le discours de La Fayette que nous copions, avec tous les incidents relatés au procès-verbal :

L'une des dernières séances tenues avant Pâques par le bureau de Mgr le comte d'Artois, avait été un peu vive et son Altesse Royale n'avait pu s'empêcher d'en témoigner son mécontentement à M. le marquis de La Fayette particulièrement. Le roi s'était plaint que les mémoires qu'on lui faisait passer sur les divers points de délibération présentés par M. de Calonne aux Notables n'étaient pas signés. M. le marquis de La Fayette, dont le patriotisme est aussi épuré et aussi actif que son courage et son habileté furent utiles aux Américains, demanda qu'il lui fût permis de lire un mémoire signé de lui, suppliant en même temps Mgr le comte d'Artois de vouloir bien le porter à Sa Majesté, comme venant de lui seul. Tout le bureau s'étant déclaré pour entendre la lecture du mémoire de M. le marquis de La Fayette, et l'ayant approuvé dans son contenu, Mgr l'évêque de Langres promit à l'assemblée d'après Pâques, toutes les pièces justificatives des faits y avancés. Voici le contenu de ce mémoire. Avant de le lire, M. de La Fayette s'était trouvé dans une circonstance très délicate. — Mgr le comte d'Artois avait fait connoître que ce mémoire lui paraissait trop fort et trop personnel, même dès la première phrase. Il faut avoir une présence d'esprit plus qu'ordinaire et un patriotisme bien désintéressé pour n'être pas intimidé. M. de La Fayette ne le fut pas, et répondit franchement à son Altesse Royale, *qu'en qualité de gentilhomme il avait le droit de porter ses représentations aux pieds du trône.* M. de Castillon, avocat général au parlement d'Aix, prenant alors la parole s'adressa à M. de La Fayette à peu près en ces termes :

« — Je crois pouvoir vous assurer de la part de tous les Notables de ce bureau, dont aucun sans doute ne me désavouera, que votre réclamation est juste, que nous nous ferons tous un devoir de l'appuyer avec zèle et qu'en un mot ce bureau fera cause commune avec vous, pour obtenir le redressement des griefs dont vous vous plaignez. »

Un autre Notable, entraîné par son enthousiasme, dit à M. de La Fayette :

« — Vos exploits en Amérique vous avaient déjà placé parmi les héros; mais c'est surtout maintenant que vous méritez ce glorieux titre. Que ne m'est-il donné d'avoir ici un artiste qui sculpte votre image, dans ce moment où votre zèle patriotique vous met au rang des plus fidèles sujets de Sa Majesté ! »

M. de La Fayette interrompit ces louanges et s'adressant à son Altesse Royale, il parla ainsi :

« Monseigneur,

» Le roi nous invite à n'indiquer des abus particuliers qu'en signant nos avis; celui que j'ai ouvert samedi dernier (31 mars) nous vaut cette permission ; j'en profiterai, Monseigneur, avec le zèle, l'impartialité et la liberté qui sont dans mon cœur.

» J'ai dit qu'il faut attaquer le monstre de l'agiotage, plutôt que de le nourrir. On croit communément, que le gouvernement vient de donner plusieurs millions en faveur des agioteurs ; Sa Majesté, a daigné nous assurer qu'elle ne soutient plus l'agiotage; je n'avais été que l'interprète de l'alarme publique.

» J'ai proposé et propose au bureau, que Sa Majesté soit suppliée d'ordonner un examen sérieux par personne non suspectes de tous les biens du roi pour les domaines, ainsi que des titres des bons, rentes, échanges ou achats, qui sont ou devraient être à la chambre des comptes, de manière que Sa Majesté puisse connaître la valeur des dons qu'elle a faits, revenir sur les marchés onéreux qui n'ont pas été liquidés, et rompre ceux où, depuis son avènement au trône, elle aurait été lésée d'autre moitié.

» Et, pour appuyer nos craintes de quelques exemples, j'ai cité le marché de l'Orient parce que le public a été scandalisé d'apprendre que pour la seigneurie de l'Orient et la terre du Châtel ne valant pas ensemble 180,000 fr. de rentes, M. le prince de Guéménée ait eu la principauté de Dombes, estimée 40,000 livres de rentes, sans compter, dit-on, 800,000 livres payées à M. de l'Aubespine, qui en avait obtenu la concession, et la somme de 12,500,000 livres, payables en vingt-cinq ans.

» J'ai cité l'échange du comté de Sancerre, parce que j'ai craint qu'il n'ait été payé huit mille arpents de bois, dont trois mille trois ou quatre cents dans le comté de Blaisois, valant à eux seuls, dit-on, le comté de Sancerre, et que le public ajoute à ces huit mille arpents un grand nombre de terres dans différentes provinces, et une grosse somme donnée à M. le baron d'Espagnac, qui en était propriétaire.

» J'ai la douleur de craindre que le roi n'ait acquis depuis son avènement au trône pour environ 700,000 livres de revenus en terres et en forêts, qu'il a payées avec environ 720,000 livres de rentes, dont 50 à peu près de rentes viagères et qu'il ait accordé à cette occasion soit comptant, soit à terme, plus de 45,000,000.

» Il est possible que je me trompe, mais un grand désordre suppose une grande déprédation, je demande pourquoi les ministres des finances proposent au roi des achats et des échanges, qui, n'étant aucunement à sa convenance, ne peuvent servir qu'à la convenance des particuliers. Je pourrais peut-être demander aussi pourquoi l'on fait acheter des domaines au roi, quand on pense qu'il faut vendre ce qu'il a. Je ne suis ni le conseil du roi, ni la chambre des comptes, ni l'administration des domaines, je ne puis donc vérifier ce que j'indique ; mais mon patriotisme est alarmé, et je sollicite un examen sérieux.

» Et puisque l'avis ouvert et signé par moi doit être remis à Sa Majesté, je répète avec une double confiance la réflexion que j'ai faite et soumise à Monseigneur, c'est que les millions qu'on dissipe sont levés par l'impôt, et que l'impôt ne peut être justifié que par le vrai besoin de l'Etat ; c'est que tous les millions abandonnés à la déprédation ou à la cupidité, sont le fruit des sueurs, des larmes et peut-être du sang des peuples, et que le calcul des malheureux qu'on a fait pour composer des sommes si légèrement prodiguées est un calcul bien effrayant pour la justice et la bonté que nous savons être les sentiments naturels de Sa Majesté (1).

» Signé : Le marquis DE LA FAYETTE. »

On peut juger par ces extraits du degré d'excitation auquel l'esprit public était parvenu.

---

(1) 14 avril 1787. — Bibliothèque Nationale L. b. 39 — 356.

Déjà, avant le discours de La Fayette, la rumeur publique avait porté les plaintes de la place jusqu'aux pieds du trône. Le roi s'en était ému, et il n'avait pas attendu les remontrances des Notables pour réprimer énergiquement l'agiotage et les agioteurs. Dès les premiers jours de mars, par ordre du roi, M. de Calonne demandait à l'abbé d'Espagnac un aperçu sur la spéculation concernant les actions de la Compagnie des Indes. Cet aperçu fut remis à M. de Calonne le 20 mars.

D'après les raisonnements et les chiffres, il résultait que d'Espagnac, associé de Baroud, était acheteur de quarante-cinq mille actions et que le bénéfice de la spéculation était assuré et considérable.

Cet exposé fut loin de produire l'effet que d'Espagnac en espérait : avoir fait une opération licite et heureuse ne pouvait lui sembler répréhensible. En résumé, s'il s'était assuré un bénéfice qui se soldait par des millions, il avait agi dans la mesure de son droit; en élevant la valeur des actions des Indes, il élevait le crédit public et ne faisait tort à personne. Mais telle ne fut pas la manière de voir des membres du conseil de Louis XVI. Ceux-ci étaient guidés peut-être par des idées timides et arrêtées en matières financières; peut-être influencés par l'opinion qui se montrait de plus en plus hostile aux spéculateurs. Sous ces impressions diverses, ils présentèrent la situation de d'Espagnac comme de nature à « occasionner la subversion de plusieurs maisons de banque » au détriment du crédit public. Le nombre des actions des Indes émis, disaient les conseillers royaux, était de trente-sept mille. Or, d'Espagnac en achetant quarante-cinq mille actions de cette Compagnie, c'est-à-dire huit mille de plus qu'il n'en existait réellement, avait, aux yeux de ces financiers à courte vue, agi en contravention de la loi. En second lieu, les adversaires de d'Espagnac, qui sont dans tous les temps les adversaires de ceux auxquels la fortune sourit, criaient au scandale ! exagérant le chiffre des millions de bénéfice que l'abbé avait réalisés. Tout ce tapage n'avait pour but que de ruiner l'heureux spéculateur et de le signaler aux rigueurs de la justice. Mais la justice était impuissante; les actes qu'on signalait échappaient à la répression. Quant à priver d'Espagnac de son gain, on n'en trouvait aucun moyen dans la loi ; il était légalement acquis. Un expédient fut proposé. D'après l'avis des personnes auxquelles cette affaire était soumise, le roi décida que d'Espagnac serait éloigné de la capitale. Une nouvelle décision écarta le projet d'exil et arrêta de procéder avant tout à la liquidation de la spéculation de la Compagnie des Indes. Pour exécuter cette liquidation, il fallait le consentement de l'abbé. Celui-ci hésita d'abord à donner son approbation ; puis, mieux informé, se sachant menacé d'exil, il pensa conjurer l'orage et sauver sa liberté en signant une soumission absolue. D'Espagnac ne se renferma pas dans les conditions qui lui étaient proposées ; il renonça spontanément aux bénéfices auxquels il aurait pu prétendre, par l'acte que nous transcrivons ci-après : « Voulant témoigner à Sa Majesté ma respectueuse soumission aux ordres qu'elle m'a fait donner par le ministre de ses finances, concernant la liquidation de tous les engagements en actions des Indes actuellement entre mes mains, je, soussigné, m'oblige et m'engage à ne rien faire à cet égard que ce que me prescriront les personnes qu'elle me fera connaître avoir été nommées par elle pour l'opérer, et de leur remettre, en conséquence, sans aucune exception, tous ces engagements passés à leur ordre, avec le pouvoir absolu d'en disposer comme bon leur semblera. Cette présente soumission est faite par moi, sous la seule condition que Sa Majesté, se mettant en mon lieu et place, en tout ce qui concernera ces engagements, elle voudra bien me tenir indemne de toutes les avances quelconques que je justifierai avoir faites, de manière que je n'aie à perdre que les bénéfices que je pouvais faire et auxquels je renonce. — A Paris, le 22 mars 1787. Signé : L'abbé d'Espagnac (1). »

A la suite de ces démarches, d'Espagnac adressa une supplique au roi tendant à ce qu'il ne fût pas éloigné de la capitale ; la place de Paris sollicita le gouvernement dans le même sens. Les commissaires Haller et de La Noraye, mandés par le contrôleur général (21 mars), exprimèrent l'avis qu'il était essentiel pour le crédit public de permettre le séjour de d'Espagnac à Paris et ne point le soumettre à une liquidation forcée. En conséquence, l'ordonnance d'exil, déjà signée, fut révoquée, et Haller reçut des instructions pour la liquidation des actions des Indes appartenant à d'Espagnac (2).

Nous trouvons dans ces instructions les conditions imposées à d'Espagnac. Celui-ci « sera tenu, porte le document, de ne faire aucune affaire de bourse ou d'agiotage, et de remettre aux sieurs Haller et de La Noraye la liquidation de toutes celles qu'il a actuellement *par rapport aux actions des Indes.* »

En même temps, l'abbé donnait une procuration générale au sieur Baroud pour traiter en son nom (3).

Cet acte de soumission fut, conformément aux dispositions ministérielles, agréé par MM. Haller et de La Noraye, comme il ressort de la déclaration suivante : « Il a été arrêté par le ministre des finances que nous agréerions, au nom de Sa Majesté, la soumission ci-dessus souscrite par M. l'abbé d'Espagnac et que nous lui en donnerions la présente ampliation. En foi de quoi, 2 avril 1787 (4). »

---

(1) Papiers de famille.
(2) *Idem.*
(3) *Idem.*
(4) Conforme à l'original produit à l'instance, signé Guillaume. — Archives nationales, T. 717.

Ainsi, d'Espagnac s'étant désarmé volontairement devant le roi, par la renonciation à ses bénéfices; restant armé, d'un autre côté, de l'agrément de Haller et La Noraye, au nom du roi, était fondé à se croire désormais à l'abri des haines et des injustices. Vain espoir! Ses ennemis ne se contentaient pas de l'avoir ruiné; se défiant des ressources inépuisables de son esprit, ils voulaient le mettre hors d'état de se relever du coup qui le frappait. Pour cela, il fallait l'éloigner à tout prix. Louis XVI fut de nouveau circonvenu à cette intention. On lui exposa les difficultés que d'Espagnac pouvait créer au rétablissement de l'ordre dans les affaires financières; on grossit à dessein son action sur l'agiotage, et sa présence fut présentée comme un scandale sur la place de Paris. M. de Calonne reconnut qu'elle était au moins inutile par le fait de la procuration qui donnait pleins pouvoirs à Baroud. Le roi, cédant à ces obsessions, signa la lettre de cachet que nous transcrivons :

DE PAR LE ROI

Il est ordonné au sieur abbé d'Espagnac de se retirer à Montargis, aussitôt que le présent ordre lui aura été notifié ; Sa Majesté lui faisant défense d'habiter tout autre lieu sous quelque prétexte que ce soit, à peine de désobéissance.

Fait à Versailles, le 1er avril 1787.

Louis (1).

Singulier rapprochement de date ! C'est le 2 avril que M. Haller, agissant au nom du roi, donnait acte

---

(1) J'ai, ce jour, 2 avril 1787, moi, soussigné, inspecteur de police à Paris, signifié le présent ordre et puis donné ma parole d'y obéir.

DESDRUGNIÉRES.

Ai laissé copie de cet ordre audit inspecteur.

Baron DE BRETEUIL.

Archives nationales, inventaire du citoyen d'Espagnac, condamné, cote 1re, pièce 4. La cote 22 est à la régie, récépissé, n° 3448.

à d'Espagnac de sa soumission ; et, dès le 1ᵉʳ avril, Louis XVI avait signé la lettre d'exil.

Nous avons sous les yeux la copie de la lettre qui fut signifiée à l'abbé, et il nous est possible d'apprécier, par un trait échappé à sa plume, la première impression dont il fut pénétré. En tête de l'ordre, sur la ligne où se trouve cette formule : *De par le Roi*, d'Espagnac a écrit ces mots :

« Inscription tracée sur la porte d'un cimetière :

« HODIE MIHI, CRAS TIBI. »

Ironie sanglante !! sinistre prophétie, que le prophète verra s'accomplir, victime lui-même, à son tour, des passions qu'il aura soulevées. — Hélas, combien les temps sont loin, où les représentants de la noblesse et du clergé obéissaient à genoux aux ordres les plus rigoureux du souverain ! Combien ces sentiments de menace et de révolte, exprimés par un membre de l'Eglise, laissaient présager un lugubre avenir ! Le souverain avait déjà perdu tout prestige et toute autorité. De leur côté, sans direction, les mandataires chargés de ramener ses ordres à exécution, apportaient, dans l'accomplissement de leur mandat, une hésitation regrettable, et ceux contre lesquels ils étaient dirigés ne se résignaient pas à les subir sans essayer de les éluder. Ainsi, d'Espagnac ne se contentait pas, comme nous l'avons vu, de railler la volonté du roi dans son for intérieur ; mais encore il la discutait, même vis-à-vis du gouvernement dont elle émanait. C'est le 2 avril, à minuit, que la lettre de cachet lui fut remise. Le lendemain, loin d'obéir, l'abbé écrivait à M. de Calonne :

Monseigneur,

Le sieur Desbrugnières, inspecteur de police, est venu me trouver hier à minuit chez M. Rouen, notaire, et m'y a signifié, de la part du roi, des ordres, en date du 1er de ce mois, par lesquels il m'est enjoint de me retirer à Montargis, *aussitôt* qu'ils m'auront été signifiés.

Aussitôt m'a paru plus que barbare, et je lui ai demandé s'il avait l'ordre de m'arrêter. Il m'a répondu que non; mais qu'il avait celui d'exiger de moy une reconnaissance des ordres qu'il m'apportait, et ma parole d'honneur d'y obéir littéralement. Je lui ai représenté qu'il m'était impossible d'engager ainsi ma parole, vu que j'avais encore à traiter avec les commissaires du roi, pour les objets les plus essentiels de ma liquidation; et je l'ai prié de vouloir bien aller porter mes représentations à M. le baron de Breteuil.

Le sieur Desbrugnières a eu la complaisance de se rendre sur le champ, à cet effet, chez le ministre ; mais le ministre était déjà parti pour Dangu. Le sieur Desbrugnières est revenu chez M. Rouen, m'annoncer que je n'avais d'autres ressources que de m'adresser à vous.

Permettés-moi donc, Monseigneur, de m'adresser à vous pour obtenir du roi le délai dont j'ai besoin. Vous connaissés mieux que personne que ce que je dis sur ma position avec les commissaires du roi est de toute vérité. Ce n'est que d'hier au matin qu'ils m'ont remis l'ampliation de ma soumission, acceptée d'après vos ordres ; mais il ne m'a pas remis l'arrêté du montant de mes avances. M. Haller m'a dit qu'il ne pourrait terminer cet objet que lorsque vous auriez prononcé sur la difficulté que forme la perte d'un marché inexécuté par M. Duplain ; qu'il fallait pour cela qu'il fût prendre votre décision.

Vous n'ignorés pas, Monseigneur, combien cet arrêté m'est essentiel. Assurément je ne soupçonne pas vos commissaires d'être capables de me trahir. Cependant la datte de l'ordre, l'ampliation qu'on s'est empressé de me donner hier au matin, la procuration illimitée qu'on a exigé il y a quelques jours que je donnasse à M. Baroud, et quelques autres circonstances assés graves ne laissent pas que de m'inspirer des craintes. Qui sait si l'on n'attend pas mon départ pour me sacrifier ! Si l'on veut trancher sur la perte occasionnée par le marché Duplain, objet très considérable pour moi, comment pourrai-je me défendre ? De grâce, Monseigneur, daignez parler au roi, pour qu'il veuille bien suspendre ses nouveaux ordres, jusqu'à ce que ses commissaires ayant terminé ce qu'ils ont encore à faire concernant le montant de mes avances.

Je suis, avec respect, votre, etc., etc. (1).

Voilà un chef de la police qui parlemente avec celui à qui il a le devoir de signifier la volonté du roi, et qui descend jusqu'à se faire son commissionnaire auprès d'un ministre. Et d'Espagnac, atteint de la disgrâce royale, non-seulement ne courbe pas le front; mais encore s'arroge le droit de discuter et en appelle au serviteur de la décision du maître. Hâtons-nous de dire que le ministre ne fut pas encourageant pour cette tentative de rébellion : loin de là ! M. de Calonne savait que la malignité publique ne l'épargnait pas. Accusé presque publiquement d'être le complice des agioteurs, il devait, pour établir l'injustice de ses détracteurs, se montrer d'autant plus sévère envers celui qui, à ce moment, était reconnu comme la personnification de l'agiotage. Aussi l'abbé s'attira cette dure réponse : « Ce qu'ont à faire, Monsieur, les commissaires de Sa Majesté concernant le montant de vos avances n'exige pas votre présence à Paris, et l'intention du roi est que vous partiez sans aucun délai. — Signé : CALONNE (2). »

Le billet était en entier de la main du ministre.

D'Espagnac croyait, jusqu'à ce moment, avoir des raisons de compter sur la bienveillance de Calonne ; sans être absolument un associé, le ministre n'était peut-être pas toujours resté spectateur étranger ou indifférent aux spéculations de ces derniers temps. Des déceptions, dont les suites devaient être plus funestes, étaient réservées à l'abbé. Abandonné par Calonne, l'exilé se rendit à Montargis.

Aussitôt, les amis, les associés de l'exilé, comme

---

(1) Papiers de famille.
(2) *Idem.*

on l'appelait, se mirent en campagne pour obtenir son rappel ; les commissaires chargés de la liquidation de la Compagnie des Indes, arrêtés à chaque pas par des difficultés que l'abbé seul pouvait lever, se joignirent dans le même but aux principaux représentants de la place de Paris. La famille d'Espagnac ne resta pas inactive et, le 18 mai, le comte d'Espagnac, frère de l'abbé, avait agi auprès du roi par M. de Breteuil, qui lui donna avis d'une faveur royale par ces mots :

Le 18 mai 1787.

J'ai mis, Monsieur, sous les yeux du roi la lettre que vous m'avez fait l'honneur de m'écrire, au sujet de M. l'abbé d'Espagnac. Sa Majesté n'a pas jugé à propos de lui accorder la liberté de revenir à Paris ; mais elle a bien voulu m'autoriser à expédier de nouveaux ordres, qui, en suspendant son exil à Montargis, lui permettant de se rendre à Saint-Denis, d'où il sera à portée de veiller à ses affaires.

Je viens d'envoyer ces ordres à M. de Cresne qui les fera exécuter.

J'ai l'honneur d'être, avec un sincère attachement, Monsieur, votre, etc.

Baron de Breteuil (1)

En même temps que le ministre faisait cette réponse au frère de l'abbé, celui-ci était avisé de la décision ci-après :

DE PAR LE ROI

Il est permis au sieur abbé d'Espagnac d'aller à Saint-Denis et d'y séjourner tout le temps que ses affaires y exigeront sa présence ; après lequel Sa Majesté lui enjoint de retourner au lieu de son exil, à peine de désobéissance.

Signé : Louis (2).

---

(1) Archives nationales, inventaire des papiers du citoyen d'Espagnac, condamné, T. 717.
Cote 1re, pièce 4. La cote 2e est à la régie, récépissé n° 3468.
(2) *Id.*, note p.

Ces faveurs n'étaient que le prélude de la grâce entière qui suivit dans un délai rapproché. A la date du 15 juillet, c'est-à-dire trois mois à peine après l'exil, l'abbé rentrait à Paris avec l'autorisation royale dont la teneur suit :

DE PAR LE ROI

Il est permis au sieur abbé d'Espagnac de revenir à Paris, Sa Majesté révoquant à cet effet tous ordres à ce contraires, ci-devant expédiés.

Signé : Louis (1).

Dès son retour, d'Espagnac fut en butte aux persécutions les plus odieuses : on avait compté sur son éloignement pour accomplir sa ruine, et ces desseins se trouvaient déjoués. L'abbé reparaissait sur la scène : son esprit, sa générosité, son expérience incontestée, avaient ramené autour de lui le monde des affaires et des partisans nombreux dans tous les rangs de la société. Mais la malignité ne désarmait pas; mille calomnies furent mises en circulation sur son compte, afin de le perdre dans l'opinion du roi et du public. Pour donner une idée des passions acharnées contre d'Espagnac, nous transcrivons le pamphlet qui parut sous son nom, peu de jours après son retour à Paris. Cet écrit n'est qu'un tissu d'infamies, imaginées à l'occasion des actions des Indes et de projets honteux prêtés à l'abbé. L'auteur en se couvrant du nom de d'Espagnac usait de subterfuge et voulait appeler sur lui l'indignation que suscite le cynisme de cet ouvrage :

---

(1) Archives nationales, inventaire des papiers du citoyen d'Espagnac, condamné, T. 717.

Cote 1re, pièce 4. La côte 2e est à la régie, récépissé n° 3468.

LE BON MARIAGE

NOUVELLE

Par M. l'abbé d'Espagnac

Pour servir à l'histoire des finances de 1787.

Restez tranquille, cher comte, vous ne perdrez rien avec moi ; puis-je oublier que vous m'avez si noblement défendu, que vous m'avez si généreusement pardonné mes roueries ?..... Mais ce n'est pas des sentiments que vous demandez, il vous faut une monnoie de meilleur aloi et voyez si je raisonne.

Malgré ma déroute, malgré le départ de notre aimable libertin (1), j'ai regagné du terrain dans l'opinion publique. Le peuple agioteur, étonné de ne pas me voir à B..., me regarde avec admiration ; je ne paye personne, et en me montrant avec intrépidité, je force le respect ; mon crédit reprend : dans peu vous me verrez à la tête de grandes affaires. Que sais-je, peut-être me verrez-vous contrôleur général ; car, enfin, je suis homme à ressources, et nous manquons de l'un et de l'autre. Ecoutez-moi.

Le fameux procès intenté à ma Compagnie des Indes va être jugé. Vous connaissez le M... de R..., chargé du rapport. Il a vu qu'il ne pourrait pas sauver la Compagnie, que cette occasion de faire son coup allait lui manquer ; je lui ai rendu le courage et l'espérance ; je lui donne la fille du banquier Pourrat, et nous faisons à celle-ci une riche dot à prendre sur l'affaire, et l'affaire la voici :

Le M... de R... déclare, au milieu d'un étalage de grands et beaux principes, que la Compagnie doit être liquidée ; mais le roi doit à la foi publique de se charger des actions au prix de la création avec l'intérêt de deux années, à l'exception cependant de ce qui me regarde. C'est par ordre de son contrôleur général que j'en avais acheté vingt-sept mille. Ce n'est pas ma faute si le ministre, en me donnant cet ordre, a pratiqué ou seulement fait une fausse opération. J'ai dû obéir. Il est clair que je me suis comporté en sujet fidèle et zélé pour les intérêts de mon maître. Me laissera-t-on ces

---

(1) M. de Calonne ??

actions sur les bras? Mais qui désormais voudrait servir le roi après m'avoir fait une semblable perfidie? Le M..... de R..... se livre à ce sujet à des mouvements qui nous honorent l'un et l'autre. Ah ! cher comte, qu'il dit bien ! Vous ne doutez pas maintenant que je gagne mon procès. On arrête que le roi se chargera de mes vingt-sept mille actions au prix qu'elles me coûtent. Ce sera le cas de ne pas tirer au *court bâton ;* je me contenterai de 1,610 à 1,620 livres par actions.

Voici, cher comte, le *tu autem.* Les vingt-sept mille actions, je ne les ai pas faute d'argent pour les payer; il a bien fallu les abandonner, et je vois les différences de ce qu'elles me coûtent au bas prix auquel on a été forcé de les vendre.

Rien au monde de plus heureux, les différences ne m'embarrassent guères. Qui me forcerait à les payer? L'hôtel Louvois payé de mes deniers n'a pas été acquis sous mon nom. Il faudra donc céder à la douce nécessité d'acheter de nouveau ces vingt-sept mille actions. Elles me coûteront au plus 1,200 livres. Le roi me les paiera au moins 1,610. Il me restera donc un bénéfice net de plus de 11,000,000. Je ne puis me tenir de rire quand je pense à cet arrangement. Le roi ne réalisera pas onze cents livres de ces actions ; car les vertueux administrateurs de la compagnie ne s'oublieront pas et ne voudront pas avoir perdu tout le profit de leur quinze années de privilège. Le roi perdra donc avec moi près de 14,000,000. Il en perdra une dizaine sur l'argent du trésor pressé par le cher ami, maintenant à Londres et que les intérêts usuraires, et les commissions de mes généreux amis les banquiers ont absorbé. La Compagnie aura donc coûté au trésor royal, dans vingt mois d'existence, 24,000,000, sans compter ce qu'elle coûte au commerce, comme le disent très bien ses détracteurs.

Mais qu'importe? A quoi serviront les édits du timbre, et de l'impôt territorial, sans les entrées et sorties joyeuses du contrôleur général ? Au reste, tout ne sera pas pour moi ; mes *vertueux amis* Pourrat, La Noraye, Baroud et compagnie ne m'avanceront pas gratis les sommes nécessaires. Je leur donne part, comme juste au gâteau et vous voyez que je marie splendidement la fille du premier : j'ai fait une M..... de R.....; la dot sera prise sur les 11,000,000. Pour La Noraye, je lui ai promis, par dessus le profit que je lui abandonne mon crédit pour la place de contrôleur général. Il y fera belle figure. Il sait ses quatre règles, et tous ses prédécesseurs ne les savaient pas. D'ailleurs, je me réserve de lui succéder et de faire oublier ses étourderies. Quant aux autres, ils sont trop heureux que je veuille bien penser à eux.

Pensez donc, monsieur le comte, vous serez payé et quelques autres aussi, et nous vous inviterons au charmant banquet nuptial où s'attache l'anneau de cette heureuse intrigue.

N'allez pas vous creuser l'esprit pour savoir où le roi prendra l'argent pour faire cette grande emplette : notre affaire est que Sa Majesté s'engage ; le reste ne doit plus nous inquiéter.

Je ne suis pas le seul sur les rangs pour recevoir les premiers deniers du timbre : connaissez-vous Campi? C'est un banquier qui dégraisse mon Pourrat. Connaissez-vous Desmarets? C'était l'ami intime de notre cher fugitif. Eh bien ! ce Desmarets *fit voir* un jour à ce Campi un ordre, ou une lettre, et lui dit que, par cette lettre, Calonne le priait de soutenir le prix des actions des eaux *Perier*. Elles ont été soutenues, vous le savez. Il en a coûté 1,400 livres à Campi ; il les demanda au roi : je ne le crois pas tout à fait aussi fondé que moi mais peu s'en faut ; car Desmarets est un israélite sans nulle fraude. Il sera donc aussi payé : il n'y a que façon de s'y prendre.

Bonsoir, mon cher comte : Vive les gens d'esprit (1) !

D'Espagnac ne fut pour rien dans cet écrit, qui lui eût certainement mérité une peine plus sévère que l'exil à Montargis. A l'époque où il parut, on l'attribua à Mirabeau, dont la haine contre l'abbé avait encore été redoublée par le séjour à la prison de Ham.

Cette affaire de la Compagnie des Indes, qui eut un

---

(1) Bibliothèque Nationale. — Catalogue de l'histoire de France, 8° L J. 39 6363.

si grand retentissement en 1787, qui occupa l'Assemblée des Notables, donna lieu à des lettres de cachet, fut la cause du renvoi de M. de Calonne et porta d'Espagnac au premier rang des spéculateurs les plus audacieux, n'a jamais été sainement appréciée. Tous les écrivains l'ont jugée sous l'impression de préoccupations politiques étrangères au fait lui-même.

M. de Calonne avait accordé 12,000,000 à la place; il avait d'autre part sévi contre l'agiotage. On a voulu voir dans ces doubles mesures une tactique pour dissimuler un acte criminel de complicité du ministre avec les agioteurs. Nous n'avons pas caché que les relations de M. de Calonne avec d'Espagnac pouvaient jusqu'à un certain point servir de base à des suppositions malveillantes; mais l'injustice des soupçons est démontrée par tous les documents qui se rapportent à cette circonstance. Dès les premiers jours où la Compagnie des Indes était l'objet de mesures administratives, les commissaires du roi, qui avaient accepté le lourd fardeau de la liquidation, comprenaient le danger qui les menaçait et auquel le ministre s'exposait, soit en provoquant des rigueurs contre cette puissante Compagnie, soit en attribuant des secours en argent pour venir en aide à la spéculation. Cette pensée dicta à M. Haller une lettre adressée à M. de Calonne, qui détermine de la façon la plus précise les situations de chacun, les raisons qui ont imposé l'intervention du gouvernement et les conséquences redoutables auxquelles cette intervention a rémédié. Sans les secours du ministre, une catastrophe était inévitable, d'après M. Haller, et l'évènement aurait frappé vivement sur la fortune publique, parce qu'il aurait entraîné avec lui un vide dans la circulation de 2 à 300,000,000, qu'en dernière analyse l'Etat aurait été obligé de supporter, ce qui, dans les conditions actuelles, aurait bouleversé l'état des choses.

La lettre de M. Haller à M. de Calonne apporte donc une lumière nouvelle dans le chaos qu'on appelle l'histoire financière de 1787 où l'abbé d'Espagnac joua un rôle actif; la voici :

Monsieur,

Comme il est probable que les secours que le roi a bien voulu accorder à la Place pourraient être mal interprétés et être présentés dans le public comme un secours accordé aux agioteurs, je crois qu'il est de mon devoir de vous répéter, au sujet de cette opération, toutes les observations que j'ai eu l'honneur de vous faire verbalement.

La Banque de Paris qui a eu assez de sagesse pour se préserver de la rage du jeu, n'en a pas eu assez pour se refuser les prêts en argent, ou effets royaux et en sa signature, auxquels les agioteurs l'ont entraînée par l'appat des bénéfices majeurs que ce genre d'opération leur offraient.

Elle a succombé également à un autre piège. Les associés de plusieurs de ses correspondants de Genève et de Lyon, ayant aussi été tenté par les avantages que les agioteurs leur faisaient pour de semblables opérations, ont usé de leur crédit et de leur influence sur leurs banques pour, avec ces ressources, faire les avances que les agioteurs exigeaient sous tant de formes attrayantes et avec autant d'avantage pour ces maisons étrangères.

Ce que je soupçonnais, lorsque j'eus l'honneur de vous mettre sous les yeux, tous les maux qu'entraînerait l'exil subit de tous les agioteurs, s'est bien trouvé vrai ; depuis que j'en ai acquis les preuves dans l'état de situation que les agioteurs m'ont remis.

Vous verrez, Monseigneur, par le bordereau que j'ai l'honneur de vous remettre de la distribution de six millions, que la Banque les a absorbés presqu'en entier ; et j'ajoute, sans craindre de pouvoir être démenti, que, sans ce secours, il y aurait eu aujourd'hui des acceptations réputées très bonnes, avec raison, qui n'auraient pas été payées ; une seule de ces acceptations en faillite, entraînait nécessairement une suite d'autres faillites qu'un secours du triple n'aurait pu arrêter.

Cette catastrophe aurait été d'autant plus malheureuse, que je regarde la Banque, en général, plus solide et plus riche qu'elle ne l'a jamais été, et que le non paiement de son acceptation n'aurait été, pour elle, qu'une liquidation forcée qui aurait laissé à chaque maison un peu plus ou moins de fortune, mais l'évènement aurait frappé vivement sur la chose publique, parce qu'il aurait entraîné avec lui un vide dans la circulation de 2 à 300 millions, qu'en dernière analyse, l'Etat aurait été obligé de supporter, ce qui dans les circonstances actuelles, aurait bouleversé l'ordre des choses.

Au moyen de ces 6,000,000 versés à temps, vous avez éteint un incendie qui aurait tout embrasé quinze jours plus tard. Ces 6,000,000 seront rendus fidèlement au trésor royal dans le courant du mois d'avril et dans les premiers jours de mai ; vous avez mon effet au porteur pour leur acquit, et je ne présume pas qu'il existe un homme qui ose vous laisser douter un instant de leur paiement.

Quant à moi, je ne fais dans tout ceci que preuve de mon dévouement à la chose publique ; je donne le démenti le plus formel à quiconque pourra avancer que j'ai un intérêt direct ou indirect dans aucun jeu, ni avec aucun de ces agioteurs. J'ai avancé de l'argent à Baroud, sur des rentes viagères sur les trente têtes de Genèves ; c'est un placement que j'ai fait et pour lequel je n'ai besoin des secours de personne, ni d'aucunes sûretés nouvelles. Vous voyez par le bordereau que je vous remets que ma maison n'est pour rien comprise dans la répartition des 6,000,000. Jamais je n'escompte mon portefeuille. Ma maison a une fortune de plus de 8,000,000 qui ne doivent rien à personne et qui sont bien suffisants pour conduire les affaires qu'elle fait. Cette confession de foi de ma part me donne le droit de vous conjurer, Monseigneur, que si jamais il y avait un homme assez audacieux pour avancer quelque chose qui fût contraire à ce que je viens de vous dire, vous ayez la bonté de me mettre vis-à-vis de lui ; vous verrez avec quelles armes victorieuses je détruirai des assertions aussi méchantes, et combien je suis loin, par mon caractère et mes principes, d'être jamais conduit à avoir un intérêt qui puisse être opposé ou contraire au bien de la chose publique.

Quant aux 6,000,000 d'assignations pour la fin de l'année, repartis selon l'état ci-joint, elles ne sont pas plus aventurées que les 6,000,000 d'argent. La différence du prix de 1,300 livres à celui de 1,500 livres que vaut l'action au moins fait face à cet objet : elles seront rapportées au trésor public longtemps avant leur échéance, car je suis bien convaincu que nous aurons liquidé cette masse d'actions dans l'espace de quatre mois, bien au-delà du prix de 1,500 livres.

Je crois devoir vous prévenir, Monseigneur, que, de tous ces agioteurs, nous n'avons plus besoin pour conduire cette liquidation à bonne fin, que du sieur Baroud ; les autres nous sont parfaitement inutiles ; et le roi pourra, sans aucun inconvénient pour la chose publique, suivre à cet égard, ses volontés (1).

Que les efforts de l'intrigue, que les basses manœuvres de la haine, que les propos des malveillants ne nous fassent pas regretter le bien que vous venez de faire, le tableau que je ne tarderai pas à vous remettre du jeu effréné que nous sommes occupés à détruire ; des liaisons qu'il a malheureusement avec tous les ordres de l'Etat et de ses projets futurs, vous convaincront que, bien loin de blâmer les secours accordés, ils méritent la plus vive reconnaissance du public ; ils ont prévenu une révolution affreuse ; ils ont sauvé une foule de victimes innocentes, et ils nous permettront de déraciner sans secousses fatales, ce jeu cruel qui, supporté plus longtemps, aurait fini par entraîner la perte de toutes les fortunes et la destruction de toutes les mœurs.

Il me reste encore beaucoup de choses à vous dire sur la situation générale des affaires ; elles ont grand besoin d'être veillées avec la plus sérieuse attention ; elles exigent de votre part l'exécution fidèle de tous vos principes, et un refus absolu de tout ce qui y serait contraire : avec de la fermeté, de la pureté, vous détruirez avec grande facilité toutes les entraves que l'on cherche continuellement à mettre à vos opérations ; vous ramènerez le public à la vérité que tant d'hommes, dans ce moment, ont un si puissant intérêt à lui cacher.

Je suis, avec respect, etc.

Paris, le 30 mars 1787.   Signé : HALLER (2).

---

(1) M. de Calonne a supprimé cet article de la copie qu'il a donnée de notre lettre dans sa requête ; il a eu l'honnêteté de ne vouloir pas donner occasion à M. l'abbé d'Espagnac de nous attribuer son exil à Montargis ; mais nous devons avoir le courage de l'avouer, nous devons même avoir celui de dire que nous n'avions pas aperçu combien son absence ferait de tort à la liquidation et tout ce que son rappel y a fait de bien.

(2) Archives nationales.

Plus tard, en 1791, M. Lecoq, plaidant devant les comités de liquidation et de finances réunis contre le rapport de Camus, exposait ainsi les évènements auxquels d'Espagnac s'était trouvé mêlé :

Au mois de janvier 1787, la société Pyron et Seneff avait acquis trente-deux mille cinq cents actions des Indes qui étaient en gage chez plusieurs banquiers qui leur avaient fait des avances d'argent ou de crédit pour les payer,

L'abbé d'Espagnac spéculait aussi dans le même temps sur les actions des Indes, et il était parvenu à s'assurer, par des marchés, qu'on lui en livrerait treize mille cinq cent trois à différentes époques.

Il conçut le projet d'acquérir les trente-deux mille cinq cents actions qui appartenaient à la société Pyron et Seneff.

Il l'effectua par deux actes des 22 janvier et 2 février 1787. La société les avait mises en gage pour 1,200 et 1,300 fr.; elle les lui vendit 1,400 fr.

Il réunit ainsi quarante-six mille trois actions.

Cependant, il n'en existe que trente-sept mille dans la circulation, sur quarante mille qui ont été créées. Il est évident que les vendeurs n'auraient pu lui livrer, aux échéances convenues par les marchés, les neuf mille trois qui n'ont jamais existé.

Mais le but de sa spéculation qu'il avait fait connaître aux joueurs était de se rendre maître du prix des trente-sept mille actions effectives et d'obliger les vendeurs des neuf mille trois qui n'existaient pas, à traiter avec lui sur l'inexécution de leurs engagements.

La dénonciation de l'agiotage par M. de Mirabeau, provoquée par les joueurs à la baisse, arrêta l'exécution du plan. Le roi crut qu'il n'y avait pas d'autre moyen d'extirper ce jeu immoral que de mettre les joueurs dans l'impossibilité de s'y livrer; donna ordre, le 18 mars, d'expédier des lettres d'exil contre l'abbé d'Espagnac, Sneff et Baroud et d'enfermer M. de Mirabeau au château de Ham.

De très puissantes considérations en arrêtèrent l'effet; on allait peut-être détruire l'agiotage, mais on bouleversait la place.

Vous concevez, Messieurs, que l'abbé d'Espagnac, acquéreur des quarante-six mille trois actions qui revenaient à plus de 74,000,000, ou des trente-sept mille effectives qui excèdaient 60,000,000, n'était pas propriétaire de cette immense fortune. Ceux-mêmes qui les lui avaient vendues les devaient à d'autres, puisqu'elles étaient toutes engagées chez des banquiers ou des capitalistes pour 1,200 et 1,300 fr. qu'ils avaient jadis prêtés dessus en argent ou en acceptations.

Ces acceptations étaient combinées avec les échéances des dépôts. Si on ne retirait pas les actions aux époques où elles devaient l'être, les prêteurs avaient droit de les vendre, et le produit de cette vente les mettait dans le cas de recouvrer leurs avances et d'acquitter les effets qu'ils avaient donné comme argent.

L'exil de l'abbé d'Espagnac, en arrêtant la spéculation, lui était le moyen de retirer les actions déposées.

Cet exil devait produire encore un autre effet: l'action sur laquelle les banquiers avaient prêté 1,200 et 1,300 fr. et, indépendamment de sa valeur réelle, une valeur d'opinion comme toutes les marchandises; elle hausse et baisse en raison de sa rareté ou de son abondance sur sa place. Les banquiers obligés de les vendre presque toutes à la fois pour se procurer les fonds nécessaires à l'acquit de leurs acceptations, les eussent vendues à vil prix, et il était vraisemblable qu'ils n'en auraient pas retiré le quart de ce qu'ils avaient prêté dessus.

Un très grand nombre eussent peut-être été forcés, quoiqu'ayant une fortune considérable, de suspendre leurs paiements.

Ce malheur, qui eut occasionné le plus grand désordre sur la place et, par suite, dans toutes nos villes de commerce, fut senti par les ministres. M. de Calonne vint à Paris s'en assurer par la conférence qu'il eût avec plusieurs banquiers.

Il fut donc résolu au conseil de révoquer les lettres d'exil.

Mais on n'y consentit que sous la condition que l'abbé d'Espagnac ferait sur le champ la liquidation de toutes ses actions, sous la surveillance de deux personnes qui seraient choisies par le gouvernement.

M. de Calonne fit part de cette résolution à l'abbé d'Espagnac et au sieur Baroud, son associé, qu'il avait mandés à Versailles le 21; il leur déclara qu'il venait d'envoyer chercher, de la part du roi, MM. Haller et de La Noraye, que le roi avait indiqués pour être des surveillants, et il exigea qu'en attendant ils signassent une requête contenant soumission absolue pour leur liquidation, sous la seule condition qu'il leur serait donné des secours.

Cette mission ne pouvait leur convenir, ils étaient à peu près les seuls banquiers sans intérêt dans cette affaire; ils devaient, d'ailleurs, tout leur temps à celle de leurs maisons, et leur premier mouvement fut un refus formel.

Cependant, M. de Calonne parvint à déterminer M. Haller; MM. de Montmorin et de Castries obtinrent le consentement de M. de La Noraye.

Je vous ai parlé, Messieurs, de la spéculation de M. l'abbé d'Espagnac. Vous avez vu qu'il avait réuni non-seulement les trente-sept mille actions des Indes existantes, mais encore près de neuf mille qui n'existaient pas.

Vous avez vu aussi qu'il ne pouvait pas avoir payé plus de 60,000,000, à quoi se montaient les trente-sept mille actions effectives en circulation qu'il avait accaparées; mais il avait donné des à-comptes aux vendeurs et il ne devait sur ces actions que 57,400,000.

Il fallait donc, pour empêcher l'effet de sa spéculation dénoncée à l'Assemblée des Notables, s'en emparer et éviter par ce moyen la ruine de tous ceux qui s'étaient engagés à lui livrer neuf mille actions au delà de la quantité existante.

Pour s'en emparer, il n'y avait que deux moyens, ou sortir du trésor royal cette somme énorme de 57,400,000, et alors il en aurait été propriétaire, ou trouver chez les banquiers et les capitalistes, sur le nantissement de ces trente-sept mille actions, à emprunter une somme quelconque, de manière que le roi, qui voulait les retirer de la circulation, n'eût plus à fournir que la différence qu'il y aurait eu entre la somme que les banquiers auraient prêtée et les 57,400,000 fr. qu'il fallait pour les retirer de leurs mains.

Avant la publicité de l'exil de l'abbé d'Espagnac, les banquiers prêtaient de 1,450 fr. à 1,500 fr. sur chaque, et, au moyen de ce prêt, le gouvernement n'aurait eu à donner que de 3 à 4,000,000, pour la différence, mais à peine fut-il connu qu'il fit baisser l'action, ainsi que les cours de la bourse nous l'attestent, et les banquiers, n'ayant plus la même confiance dans l'action, ne la voulurent à aucun prix (1).

---

(1) Papiers de famille. — Voir pièces justificatives.

Le premier jugement relatif à la Compagnie des Indes remonte à 1788. A cette date, Louis XVI, en conseil royal, rendit une sentence en faveur des commissaires de la liquidation et indirectement en faveur de d'Espagnac. La décision de 1788 n'apporta pas une solution définitive, non plus que le débat engagé en 1791. En janvier et mai 1793, nous trouvons encore l'abbé devant les tribunaux, réclamant le paiement de 4,045,500 fr. qui lui avaient été alloués par jugement antérieur (1). Il plaida lui-même sa cause. Ce n'est pas la première fois que nous le verrons intervenir de sa personne et de sa parole dans les intances diverses sur lesquelles la justice devra prononcer. Le plaidoyer, à l'occasion de la liquidation de la Compagnie des Indes, est tout à fait dans le ton de l'époque et de l'orateur. Il est question, dans l'exorde : du palais des rois « ... de la justice dictant ses arrêts à côté de la force... » Hélas ! en mai 1793, le roi n'était plus dans son palais... il ne rendait plus la justice... il était tombé sur l'échafaud ! A part cette échappée politique, sur laquelle nous n'insisterons pas pour la mémoire de d'Espagnac, son discours est remarquable, particulièrement par l'argumentation. L'abbé expose d'abord ses opérations de la Compagnie des Indes, et en démontre la régularité parfaite au point de vue de la loi. Puis, abordant les questions de principes sur lesquels Mirabeau avait étayé sa dénonciation, il les discute victorieusement et fait ressortir l'erreur grossière du dénonciateur. D'Espagnac se révèle en 1787, comme l'initiateur des grandes lois qui devaient présider au magnifique mouvement économique du xixe siècle. Ce discours est un spécimen de l'éloquence du temps et de la science financière en 1793.

Par jugement en date du 29 mai 1793 (an II de la

---

(1) Archives nationales.

République française), le tribunal du IVᵉ arrondissement du département de la Seine alloua à d'Espagnac et à ses créanciers la somme de 4,045,000 livres (1).

Telle fut la fin de cette affaire de la Compagnie des Indes. L'opinion a condamné l'abbé d'Espagnac. La justice lui donna raison.

---

(1) Voir pièces justificatives.

Chapitre III

L'ABBÉ ET LE GÉNÉRAL DUMOURIEZ

I

Le roi avait convoqué les Etats généraux (1788). A ce moment, il n'est plus question d'entreprises financières ; toutes les activités se portent vers les assemblées baillagères, pour organiser la grande consultation qui doit décider du sort de la France. L'abbé d'Espagnac, prieur de Saint-Gemme, faisait partie de l'ordre du clergé au baillage de Montfort-Lamaury. Il fut nommé, avec Mgr de Juigné et d'Argentré, pour coopérer à la rédaction du cahier du clergé. Ce travail se fit remarquer par un caractère tellement novateur qu'un avocat du roi crut devoir le signaler au ministre « comme portant atteinte » aux lois du royaume et de la morale. »

Sans doute, les idées qui dominaient alors la nation tout entière autoriseraient à penser que les remontrances du clergé de Montfort furent l'expression spontanée des sentiments de l'ordre. Mais nous sommes en droit d'assurer que d'Espagnac prit une part active à cette œuvre empreinte d'animosité contre la royauté. D'abord, par sa nature ardente, le prieur de Saint-Gemme ne devait pas se résigner à faire un personnage effacé dans une assemblée où les passions étaient en ébullition, où il y avait à acquérir de la renommée. En second lieu, il existe, à cet égard, une confession de l'abbé lui-même, comme nous le verrons plus tard. Rappelant, en 1793, les persécutions dont il a été l'objet en 1789, il insiste sur ce fait de sa participation au cahier de Montfort et exprime le regret de n'avoir pu obtenir des réformes plus étendues. Enfin, la main de l'abbé apparaît clairement dans un article des remontrances relatif au cardinal de Rohan. On sait que le cardinal avait été exilé à la suite du scandaleux procès du collier. Le clergé de Montfort, sans égard pour Leurs Majestés, réclama son rappel. Evidemment, d'Espagnac fut le promoteur de cette proposition. Il acquittait ainsi une dette de reconnaissance envers celui qui avait protégé ses débuts, et exerçait une vengeance pour ainsi dire personnelle contre le roi. N'oublions pas que d'Espagnac avait brigué l'honneur d'être député de son ordre aux Etats généraux. Déçu dans cette ambition, il attribua son échec à l'intrigue et en ressentit une contrariété qui se traduisit par une opposition plus vive à la cour, par des manifestations plus accentuées dans le sens de la Révolution.

Ainsi, c'est le 5 mai que les Etats généraux se réunissent. Dès le 7 avril, l'abbé, dans un acte civil, baptisait cette réunion du nom d'*Assemblée nationale*. Ce nom devait être adopté par le tiers état, dans la nuit du 16 juin, et consacré dans la suite par l'opinion. Le 23 juin, il proteste, en jurant sur un poignard, contre la déclaration royale. Le peuple de Paris se soulève le 2 juillet, pour délivrer les gardes-françaises : l'abbé prend les armes. Nous le trouvons à la tribune des Jacobins, le 26 octobre, prononçant une harangue véhémente contre le clergé, lui abbé, doté de 25,000 livres de rente (1).

---

(1) Ce club, dit des *Amis de la Constitution*, fut connu sous le nom de *Club des Jacobins*, parce qu'il se réunissait dans le couvent des Jacobins, rue Saint-Honoré.

Le club des Jacobins préparait dès lors le travail de l'Assemblée nationale. C'est dans cette réunion, composée des hommes les plus exaltés du moment, que se produisaient les projets destinés à être formulés à l'état de loi par le vote des représentants de la nation. La question relative à la réforme du clergé, que d'Espagnac avait abordée aux Jacobins, s'imposait, du reste, aux législateurs qui se proposaient d'accomplir la rénovation de la France. Quand ce grave sujet fut discuté, l'abbé adressa à l'Assemblée un mémoire où se trouvaient réunies les vues qu'il avait exposées à la tribune du club de la rue Saint-Honoré. Plus d'une des idées de l'abbé a été admise; mais la loi de novembre 1789 ne lui donna pas satisfaction complète. Nous nous dispenserons de juger ce projet de réforme, en transcrivant les notes qui nous sont parvenues dans les papiers de d'Espagnac :

JURIDICTION (1).

L'Eglise, dans son principe, n'avait qu'une sorte de juridiction. Cette juridiction, cette puissance, ne s'étendait que sur le spirituel; elle consistait dans le droit d'enseigner tout ce qu'enseigne de croire et de pratiquer la doctrine de Jésus-Christ; dans celui d'interpréter cette doctrine, d'assembler les fidèles pour la leur expliquer, pour les en instruire et de réprimer ceux qui voulaient enseigner quelque chose de contraire. Elle consistait aussi dans le droit de faire prier les mêmes fidèles, dans celui de juger et de distinguer ceux d'entre eux qui pourraient approcher des sacrements institués par Jésus-Christ, dans celui d'éloigner et de priver de ces sacrements ceux qu'elle en croyait indignes; en un mot, elle consistait dans le droit d'instituer des pasteurs de différents ordres pour conduire les fidèles et de déposer ces pasteurs s'ils se rendaient indignes de leur ministère.

Telle était la juridiction de la primitive Eglise : et pour

---

(1) Notes pour servir au discours prononcé par l'abbé d'Espagnac au club des Jacobins (octobre 1789).

forcer les réfractaires à exécuter ses lois, elle n'avait que les peines spirituelles ; mais peu à peu cette juridiction s'est étendue par l'envahissement des prêtres et la crédule ignorance des fidèles. Il est inutile de suivre la marche de l'Eglise dans cet objet principal de la puissance à laquelle elle s'est élevée. Il nous importe fort peu de savoir jusqu'où l'Eglise est parvenue, quel est le point où on l'a arrêtée sur chaque objet, il nous suffit de savoir le point où nous en sommes et de connaître l'étendue du pouvoir qui lui reste pour la ramener à celui qui doit seul lui appartenir. Ce que l'Eglise a été en pouvoir et ce qu'elle est encore ne peut plus désormais qu'être un objet de curiosité. C'est à l'histoire à rassembler tous ces faits, comme on conserve dans les cabinets les vêtements des personnages célèbres ou les dépouilles des vaincus ; quant à nous, jouons le rôle d'un vainqueur, voyons ce que nous avons encore à dépouiller.

Ce n'est pas devant Philippe de Valois que nous avons aujourd'hui à traiter cette question ; il n'y a pas apparence qu'on ose, comme alors, nous opposer, pour défendre les usurpations ecclésiastiques, la coutume, la possession et les concessions expresses des princes, et il y a apparence que, pour réprimer ces usurpations, le comité de constitution osera faire plus que d'établir les appels comme d'abus, seules armes qu'on trouva pour s'en défendre alors. Par l'édit de 1695, qui fait notre loi actuelle à cet égard, la juridiction ecclésiastique est déterminée spécialement en volontaire et contentieuse.

La juridiction volontaire est, elle-même, de deux sortes ; elle est dite gracieuse, c'est-à-dire qu'elle dépend de la seule prudence de l'évêque qui n'est pas tenu de rendre compte de son refus à cet égard ; elle s'exerce au for intérieur et au for extérieur.

Cette juridiction s'exerce par des tribunaux particuliers qu'on appelle officialité ; la juridiction volontaire peut être exercée en entier par les évêques ou leurs grands vicaires, une partie par les archiprêtres et les archidiacres.

La juridiction volontaire s'exerce sur toute l'étendue d'un diocèse, hors sur ceux qui en sont exempts par quelques privilèges particuliers, tels que les chapitres et monastères qui sont soumis immédiatement au Saint-Siège ; cette juridiction s'appelle aussi pour cela *de l'ordinaire*.

Telle est aujourd'hui la juridiction ecclésiastique ; il ne faut pas avoir en politique des principes bien sévères pour sentir combien elle est encore absurde.

De quel droit d'abord existe-t-il pour un ecclésiastique des tribunaux particuliers, où, dès qu'il est défendeur dans une cause, cette cause doit être portée ? un ecclésiastique n'est qu'un citoyen ; les fonctions qu'il remplit doivent être considérées comme une des plus augustes de celles auxquelles les citoyens soient appelés, mais dès qu'il s'en rend indigne, il est aux yeux de la loi comme tous ceux qui se rendent indignes de leurs professions ; le sacerdoce religieux n'est pas à cet égard plus sacré que le sacerdoce civil : mais qu'y a-t-il de plus absurde que de voir des laïques directement soumis à ces tribunaux, et pourquoi soumis ? Pour des nullités ou empêchements de mariage ! Même pour des impuissances ! Est-il concevable que l'acte par lequel se reproduit la société, l'acte par conséquent le plus essentiel pour elle, soit soumis à autre juridiction que la juridiction civile ? Devrait-il même être nécessaire pour la validité de cet acte que l'Eglise y intervint en aucune manière, que pour satisfaire aux préceptes de l'Eglise, toutes personnes qui voudraient vouer leur foi conjugale entre les mains d'un prêtre, fassent requérir le ministre de l'Eglise de leur accorder cet avantage ; lorsqu'ils auraient célébré les noces civilement, à la bonne heure ; mais que cette condition ne fût nécessaire pour personne, qu'elle ne fût que salutaire, qu'il y eût des formes civiles par lesquelles tout mariage fût conclu entièrement et qu'ensuite chacun fût libre d'aller dans son église ratifier devant les autels le serment qu'il aurait prêté devant la loi. Est-il plus convenable qu'un évêque ait le droit de priver un ecclésiastique d'une portion de ses revenus, de lui infliger des peines, telles que la prison, l'amende honorable et le bannissement d'un diocèse ; on reconnaît bien dans le système de jurisprudence le système barbare des autres vexations de tout genre sous lesquelles nous vivons.

Au reste, en partant des principes, il est aisé de sentir que rien de tout cela ne peut exister ; un ecclésiastique ne pourrait être soumis à un tribunal d'exception, qu'autant que dans un délit quelconque, un ecclésiastique peut être privilégié ; or, d'après la raison et le décret de l'Assemblée, la loi et la punition doivent être les mêmes pour qui que soit ; il ne peut donc y avoir aucun crime quel qu'il soit de la compétence ecclésiastique. Un ecclésiastique délinquant doit donc être cité, comparant et puni aux mêmes tribunaux que toute autre classe de citoyens.

Si aucun ecclésiastique ne peut être cité dans un tribunal d'exception ecclésiastique, encore moins y peut-on citer un laïque qui ne fournit pas même le prétexte que donne à l'autre la nécessité de ne pas compromettre la majesté de la religion

D'ailleurs, la plupart des objets qui formaient l'exercice de la juridiction contentieuse n'existent plus..................
....

Celle qui s'exerce au for intérieur s'étend sur tout ce qui regarde la conscience ; elle est pour cela, autrement dite pénitentielle et n'est administrée que par les évêques, même par les curés, ou ceux à qui les évêques donnent le pouvoir de confesser.

Celle qui s'exerce au for extérieur consiste à donner des pour les ordres, à approuver les vicaires ou les desservants des paroisses, à donner des permissions de prêcher et de confesser, à donner aux prêtres étrangers la permission de célébrer la messe dans le diocèse, à donner la permission de faire des annexes, à ériger, diviser ou unir des bénéfices, conférer ceux qui sont à la collation des évêques, enfin à approuver les maîtres et maîtresses d'école.

L'autre sorte de juridiction volontaire est celle qui consiste à conférer des bénéfices à des pourvus en cour de Rome, par patronage, ou par grade, à bénir les églises, chapelles et cimetières, visiter les lieux saints, les vases sacrés et autres ornements nécessaires au service divin, à faire les visites des curés, des vicaires, des fabriques, des écoles, des prêcheurs publics et scandaleux des monastères, donner des dispenses pour l'ordination, pour relever des vœux ou des irrégularités, des dispenses de bans de mariage et empêchements de mariage, en un mot, prononcer des censures : dans tous ces cas l'évêque est obligé d'exprimer les motifs du refus, afin que les supérieurs puissent juger si ce refus est bien ou mal fondé.

Ainsi donc, dans le premier objet de la juridiction volontaire, il n'y a point d'appel du jugement de l'évêque ; dans le second il y en a.

La juridiction contentieuse est celle qui s'exerce avec les

formes prescrites par le droit sur des contestations soulevées entre plusieurs parties, ou sur des crimes de la compétence ecclésiastique. Telles sont les causes concernant les sacrements, les vœux, l'office divin, la discipline ecclésiastique, telles sont les causes personnelles entre clercs et où le clerc est défendeur, les causes de réclamations contre les ordres sacrés, la fulmination des bulles et autres signatures dont l'exécution appartient à l'official de l'évêque.

Les laïques sont encore, en certains cas, soumis à cette juridiction; savoir, pour les demandes en dissolution de mariage, impuissances, pour   des dispenses que l'on obtient en cour de Rome, pour empêchements de mariage.

Les peines que peut infliger l'Eglise sont la suspension, l'interdit, l'excommunication, les jeûnes, les prières, la privation momentanée du rang dans l'Eglise et de la distribution des gros fruits, la privation des bénéfices l'amende honorable dans l'auditoire, la prison même perpétuelle, elle peut aussi ordonner à un prêtre étranger de se retirer dans son diocèse..
....

ORGANISATION.

L'organisation nouvelle que les institutions ecclésiastiques attendent en ce moment de votre vigilance, vous présente deux objets importants à régler, l'un c'est le sort des titulaires actuels, l'autre celui des titulaires futurs.

La prudence, l'équité, la raison exigent de vous que vous arrachiez aux premiers le moins possible. Sans doute rien n'est plus absurde que la distribution actuelle des biens ecclésiastiques : une cinquantaine de millions entre les 60,000 pasteurs ou vicaires qui seuls travaillent; autant entre 20,000 fainéants qui n'ont souvent d'autre mérite que de servir d'aubergistes à leurs voisines ou à leurs voisins, et autant entre 3,000 bien plus fainéants, plus inutiles et plus scandaleux qui vont enfouir dans les villes ce que les autres du moins disséminent dans les campagnes.

Voilà comme sont à peu près distribués ces biens, rien n'est ensuite plus fait pour éloigner des ménagements que la manière dont cette dernière partie a été pour l'ordinaire obtenue; elle est telle qu'on pourrait croire que c'est là ce qui a donné lieu à ce proverbe : *Il n'y a qu'à se baisser et en prendre.*

Mais enfin telle fainéante, telle inutile, telle scandaleuse que soit cette foule d'ecclésiastiques dits séculiers et réguliers, on ne peut disconvenir d'abord qu'ils n'aient été investis de leur possession d'usufruitiers par l'autorité qui vous représentait alors ; il est ensuite certain que parmi les séculiers, il y en a beaucoup qui ont fait à leur famille l'abandon de leurs propres biens, parce qu'ils se voyaient pourvus viagèrement de tout ce dont ils pouvaient avoir besoin ; quant aux réguliers, non-seulement ils ont tous par leurs vœux fait un pareil abandon, mais encore ils ont fait celui de toute espèce d'héritage. Il n'est pas mieux certain encore qu'il y en a très peu parmi les réguliers auxquels leurs jouissances bénéficiales n'aient coûté le sacrifice de presque toutes les autres, et que, parmi les séculiers, il y en a quelques-uns auxquels elles ont coûté le même sacrifice ; comment les distinguer ? Peu à cet égard auront la même franchise que moi ; il faudra donc alors recourir à l'arbitraire. Enfin, ce qui ne doit pas être une raison si l'on considère que l'inflexible nécessité de réformer les abus, mais ce qui en doit être une, si l'on considère qu'il est sage, pour achever la Révolution, de n'en pas trop multiplier les victimes ; beaucoup de ces derniers, inutiles et à leur état et à l'État, sont au moins utiles à leur famille et, les uns comme les autres, le sont à une domesticité nombreuse qu'on réduirait à la plus profonde misère.

Sans vous ennuyer donc, Messieurs, de mille autres considérations dans ce genre, sur lesquelles votre sagacité me devinera, je crois donc pouvoir conclure que la prudence exige de votre sagesse que vous soyez généreux envers les titulaires actuels ; il faudrait les dépouiller le moins possible ; mais les débarrasser pour jamais des bénéfices est l'essentiel ; et, comme vous l'a très bien développé M. Duport dans la dernière séance, en dût-il coûter dans le moment pour obtenir cet avantage, il ne faudrait pas balancer.

Si vous devez vous montrer généreux envers les titulaires actuels vous ne devez pas l'être moins envers les titulaires futurs : abbayes séculières et régulières, prieurés en commande et prieurés simples, chapelles, chapellenies, prébendes de toute espèce, mâles ou femelles, nobles ou roturières, monacales ou mondaines, ne peuvent plus prétendre, sans doute, à compliquer de leurs rouages inutiles la marche du culte. L'exercice de la religion sera simple comme elle, vous ne conserverez, pour l'enseigner, que les seuls nécessaires, les seuls que les premiers et sans contredit les plus pieux fidèles de l'Église avaient jugés tels : les curés. Parmi ces curés, il y en aura bien un certain nombre que leurs vertus et leurs talents appelleront à conduire un diocèse. Ce qu'on appelle aujourd'hui très improprement des évêques. Il y en aura aussi un certain nombre dont les infirmités ne leur permettront plus d'exercer leurs professions mais qui auront mérité de finir leur vie dans une inaction lucrative ; la population d'un territoire peut en livrer aussi quelques-uns à des fonctions trop pénibles, vous croirez sans doute opportun de leur adjoindre des vicaires. *Le service des autels ne présentera plus, à proprement parler, que des curés et des vicaires.....*

PROJET.

....

Toute abbaye d'hommes ou de filles, commandataire ou regulières et tous bénéfices indépendants, tels que chapelles, chapelains, prieurés simples, même ceux mis en commande, seront dès ce moment et pour jamais abolis dans toute l'étendue du royaume ; aucun titre de cette espèce ne pourra désormais, sous aucun prétexte, être conféré ni par le pape, ni par le roi, ni par les collateurs ordinaires, ni par les collateurs laïques, il en sera de même de toute espèce de prébendes, de cathédrales et de collégiales, soit qu'elles appartiennent à des chapitres nobles, soit qu'elles appartiennent à des chapitres ordinaires et quelle que puisse être leur institution.

Et de tous les monastères de l'un et l'autre sexe rentés ou non rentés, sous quelle que règle qu'ils vivent, ainsi que des bénéfices indépendants à quelque titre qu'ils les possèdent, soit qu'ils aient été annexés aux masses conventuelles, soit qu'ils en aient été séparés.

Il n'y aura plus dans toute l'étendue du royaume, pour exercer les fonctions ecclésiastiques, que des évêques, leurs assesseurs, des curés et des vicaires.

Les évêchés resteront à la nomination du roi sur la présentation de trois personnes élues au scrutin et à la pluralité des voix par les députés du diocèse assemblés à cet effet, mais ils ne pourront être choisis dans chaque diocèse que parmi les curés du même diocèse.

Les assesseurs formeront le conseil de l'évêque pour toutes les affaires qui seront de sa compétence, ces assessories ne seront également données qu'à des curés du diocèse, mais n'étant destinées qu'à leur servir de retraite, la collation n'en appartiendra à personne, elles appartiendront de droit, lorsqu'elles viendront à vaquer, aux plus anciens des curés.

Les cures ne pourront être données qu'à des vicaires également du diocèse et à la pluralité des voix de tous les curés du diocèse réunis.

Les vicaireries ne seront données qu'à des prêtres du diocèse.

Outre les assesseurs formant le conseil de l'évêque, il y aura dans chaque district un curé choisi par lui pour remplir les fonctions de grand-vicaire et correspondre sur toutes les affaires avec son conseil.

La juridiction de l'évêque ne pourra toutefois être que spirituelle, aucune cause de ce genre ne pourra être jugée par lui qu'avec l'assistance de son conseil et toutes les officialités seront en conséquence supprimées.

Il n'y aura plus entre les prélatures aucune distinction, ni de titres, ni de rangs, que celles dites évêchés.

Il n'y en aura aucune entre les églises, elles auront toutes la dénomination de paroissiales, à l'exception de celles où siègera l'évêque, qui auront le titre de cathédrales.

Il n'en sera conservé dans toute l'étendue du royaume qu'une par deux départements.

Chacune d'elles sera composée d'un nombre d'assessories proportionné au nombre de cures du diocèse, en en calculant 20 par chaque église, ce qui pour le royaume ferait 840.

Et de huit officiers desservants ou enfants de chœur, ce qui fait pour tout le royaume 336.

Il sera alloué pour frais de sacristie, entretiens de bâtiments et reconstructions quelconques de ces églises, une somme de 820,000 fr., ce qui fait pour chacune 20,000 fr.

Pour les honoraires des évêques une somme 1,050,000 fr., ce qui fait 25,000 fr. l'un portant l'autre.

Pour ceux des assessories de 1,848,000 fr., ce qui fait pour chacune 2,200 fr.

Et pour les desservants, une somme de 336,000 fr., ce qui fait pour chacun 1,000 fr. En tout 4,046,000 fr.

Il sera pris des arrangements pour qu'il y ait dans les campagnes un curé et un vicaire par population de 1,000 habitants.

Il sera fait des fonds pour que chaque curé ainsi établi ait pour lui et pour son vicaire, soit en fonds, soit en argent, un revenu de 2,200 fr.

Toute espèce de casuel ou de rétribution, pour les baptêmes ou administration de sacrements, sera, en conséquence, partout supprimée.

Il y aura dans chaque paroisse une fabrique suffisamment dotée pour tous les frais extérieurs du culte.

II

Cependant, la spéculation n'avait pas abdiqué. Elargissant, au contraire, la sphère de son action, elle ne se renfermait plus dans le cadre étroit des intérêts particuliers, et abordait le champ plus vaste des intérêts généraux. Vers les derniers temps de la monarchie, les questions financières avaient pris un caractère politique et se trouvaient mêlées aux affaires de l'Etat. La politique et l'agiotage se donnaient la main. Chaque jour voyait éclore de nouveaux systèmes, imaginés par des empiriques, qui se proposaient pour mission de remplir les caisses publiques et d'éclairer les ministres. Les ministres, aux abois, faisaient vainement décréter des emprunts que le crédit ébranlé ne permettait pas de réaliser (1). A cet instant critique, l'abbé d'Espagnac proposa à l'Assemblée un plan de banque et demanda à l'exposer lui-même. Cette faveur ne lui fût pas accordée. Le projet dont il était l'auteur avait pourtant fixé l'attention de la commission des finances, et le président, en annonçant que ce travail serait l'objet d'un examen approfondi, invita l'abbé à le faire imprimer pour en rendre l'étude plus facile et plus complète (2).

---

(1) 9 août — 29 août 1789. — *Moniteur.*
(2) 23 août 1789   *id.*

Les propositions de d'Espagnac ne furent pas approuvées ; mais l'abbé ne resta pas oisif, et ne pouvant s'employer au service de l'État, il voulut utiliser ses connaissances et son activité au profit de sa fortune personnelle : il fonda une vaste association pour spéculer sur les valeurs. C'était une application plus étendue du système pratiqué pour les actions des Indes, et qui forme aujourd'hui la base des grandes opérations financières. L'entreprise ne semble pas avoir produit les résultats avantageux qu'il en espérait. La liquidation donna lieu à un procès devant le parlement. L'abbé plaida sa cause et ne resta pas au-dessous de son adversaire, l'éloquent avocat Bonnières, l'un des orateurs les plus appréciés de ce temps.

Un peu plus tard (juillet 1791), l'Assemblée nationale décida une question des plus importantes pour d'Espagnac et pour sa famille. D'après les conseils de Marc-René, le comte d'Espagnac avait acheté en juin 1777 le comté de Sancerre, avec la promesse que le roi lui céderait en échange la forêt de Ruffy et d'autres objets. L'échange accepté par le roi n'était pas encore régularisé en 1787.

A la réunion des Notables, nous avons dit dans quelles circonstances M. de La Fayette dénonça l'opération de Sancerre comme une « déprédation de M. de Calonne. » Le ministre fut disgracié : la Compagnie des Indes et Sancerre furent ainsi la cause de sa disgrâce. Il y avait connexité entre ces affaires, toutes deux dirigées par d'Espagnac, avec l'assentiment tacite sinon intéressé de Calonne. Seulement, l'une était au nom de l'abbé ; l'autre au nom de son frère le comte d'Espagnac.

L'archevêque de Toulouse, qui succéda à M. de Calonne, se montra opposé à l'échange de Sancerre et en fit prononcer l'annulation, par un arrêt en date du 25 avril 1788. Depuis cette époque, le comte d'Espagnac réclamait vainement contre l'injustice de l'arrêt; vainement il en appelait à toutes les juridictions : partout il se heurtait à des mauvaises volontés, à des obstacles imprévus.

Ayant mis le roi en cause, par une requête, en 1788, il encourut la disgrâce de Sa Majesté et reçut ordre de se démettre de la sous-lieutenance des gardes du corps, qu'il occupait depuis vingt-deux ans. Enfin, ce débat fut porté devant l'Assemblée nationale le 30 juillet 1791. L'Assemblée révoqua le contrat d'échange et condamna d'Espagnac à restituer au Trésor un million de livres qu'il avait reçu par anticipation.

Le comte d'Espagnac avait plaidé lui-même sa cause. Mais le plaidoyer qu'il prononça et les nombreux mémoires publiés à cette occasion, se sont retrouvés dans les papiers de l'abbé, écrits entièrement de sa main : celui qui a écrit fut l'auteur. Aussi, nous remarquons dans le discours du 30 juillet, reproduites d'une manière frappante, et avec plus de maturité et de mesure, les qualités oratoires de l'avocat de la Compagnie des Indes (1). Il y avait un écueil redoutable : en faisant valoir ses droits, il fallait se garder de blesser et de compromettre des individualités qui commandaient les plus grands ménagements; l'abbé eut l'habileté de l'éviter. D'après les mémoires du temps, en effet, les plus grands personnages de la cour, des ministres se trouvaient engagés dans cette entreprise; la personne même du roi y apparaissait. Il s'agissait d'intérêts considérables, mais opposés, qui représentaient des millions. Plus d'un, parmi ceux qui opinèrent contre d'Espagnac, au sein de l'Assemblée, réalisa, dit-on, de gros bénéfices, sur une promesse qui ne fut pas tenue. L'abbé, nous l'avons dit, reçut de l'échec de son frère une atteinte personnelle dans sa fortune et dans sa situation (2).

---

(1) Voir pièces justificatives.
(2) Juillet 1791. — *Moniteur*.

III

Les décisions de l'Assemblée, notamment les mesures contre les biens du clergé, avaient produit une grande agitation dans les provinces. A Paris, les troupes excitées par les partis, se livraient journellement à des actes d'indiscipline. Sous l'influence de ces évènements, l'émigration avait commencé pour les anciens privilégiés. Ceux qui ne passaient pas la frontière s'éloignaient des centres de population. Le roi, se sentant menacé chaque jour de plus en plus dans sa liberté et dans sa vie, céda aux conseils de ses amis et songea à se mettre lui et sa famille à l'abri des criminelles entreprises de ses sujets en délire. La fuite fut décidée. N'anticipons pas sur la malheureuse aventure de Varennes (21 juin 1791). Aussitôt que le départ du roi fut connu, l'émotion fut générale à Paris. En temps de révolution, l'émotion c'est la terreur et la révolte. Furieux de voir échapper la victime qu'ils réservaient au sacrifice, les chefs de la Révolution suscitèrent des rassemblements ; on craignit une prise d'armes dans les faubourgs ; La Fayette, malgré sa popularité, se vit en butte aux menaces des agitateurs forcenés. D'Espagnac nous fera connaître l'aspect de Paris et ses impressions personnelles à cette heure de crise.

Parmi ses frères, il en était un que l'abbé affectionnait particulièrement. Charles, l'aîné des d'Espagnac, avait de nombreux enfants. Sa femme, une demoiselle de la Toison, était l'objet d'un culte respectueux de la part de Marc-René ; les agréments de son esprit et sa vertu lui avaient acquis un grand empire sur le cœur de son beau-frère, qu'on appelait toujours, dans la maison, le *petit abbé*. Dans les moments difficiles, c'est à son frère et à sa belle-sœur que Marc-René allait demander des conseils, des consolations, des espérances. Ceux-ci s'étaient réfugié dans une campagne aux environs de Paris. De là, ils suivaient avec anxiété les mouvements qui agitaient la capitale. L'abbé les visitait quelquefois et les tenait régulièrement au courant des évènements. C'est ainsi qu'à la date du 22 juin, nous trouvons deux lettres écrites par Marc-René : l'une à sa belle-sœur ; l'autre à son frère Charles. Ces deux lettres sont, avec la lettre à sa mère, que nous ferons connaître plus tard, les seules qui nous soient parvenues où se manifeste le sentiment intime de l'abbé pour sa famille ; elles relatent une partie des circonstances qui se sont produites à Paris, à la suite de la fuite du roi ; elle doivent avoir place dans cette biographie.

Voici la première :

23 juin 1791.

Je suis bien fâché, ma chère amie, que mes affaires me laissant à peine le temps de respirer, ne me laissent pas celuy de vous aller voir. Mais je ne puis vous rendre à quel point je suis excédé ; j'aurais désiré d'abord calmer votre tête sur les circonstances actuelles et vous empêcher de vous laisser aller à aucune proposition qui vous éloignerait de Paris. Paris est le plus sûr de tous les lieux de la France où vous pourriez vous rendre. Je souhaiterais que vous y fussiez déjà, craignant que l'automne compromette votre fièvre. Votre mère a fait une extravagance dont elle pourrait bien se repentir. Je voudrais que mes affaires fussent terminées. Comme j'aurais les moyens de vous transporter où bon me semblerait, je vous mènerais en Angleterre, mais chaque jour..... et il n'y faut pas songer.

Au reste, ne croyez pas à mon indifférence. Si je ne vais pas vous voir, mes sentimens sont toujours les mêmes ; vous ne pouvez douter de ma tendre amitié pour vous ; vous savez que vous êtes la femme à qui je tiens le plus et qu'il ne dépendra pas de moi que vous en soyez aussi heureuse que vous méritez de l'être.

Embrassez vos enfants de ma part, et dites mille choses à votre mary ; sait-il que M. de Clavel est mort de la petite vérole ?

Voici la seconde :

23 juin 1791.

Au Baron d'Espagnac.

L'évènement d'hier matin, mon cher frère, fut pour Paris un coup de foudre qui parut, un premier instant, devoir tout anéantir. Insensiblement on ranima ses forces ; on reprit courage ; on se coalisa dans toutes les sections ; l'Assemblée nationale prit un caractère de dignité qui en imposa aux ennemis de la patrie. Des patrouilles nombreuses circulèrent dans tous les quartiers ; les barrières furent fermées, l'ordre s'établit et tous les habitants de Paris rassemblés dans les places et les promenades publiques ne formèrent bientôt plus qu'une grande famille pleine d'affection, d'union et d'intrépidité. On illumina pour la sûreté publique. La nuit fut calme. La matinée est tranquille. Il semble au silence qui règne partout que le peuple français prend la contenance la plus fière et la plus imposante : celle qui convient à la force armée par la liberté. Dans un premier moment d'effervescence, M. de La Fayette a couru quelques dangers, et M. d'Aumont a failli être déchiré par le peuple. Ce dernier, qui était de garde chez le roi, est encore détenu prisonnier à l'Hôtel-de-Ville. Je t'envoie le journal du jour et du matin, pour te faire juger de l'état de l'Assemblée nationale.

Si tu suis mon conseil, tu reviendras icy. Les mouvements des campagnes pourront être dangereux, si le roi, aveuglé par des conseils perfides, excitait les puissances étrangères contre nous. Dieu veuille que le prince ouvre les yeux et qu'il n'oublie pas que le monarque d'une nation généreuse et sensible doit être un Dieu bienfaisant et non un Dieu terrible

Au reste, tu sais que, fidèle à mes devoirs de citoyen, ennemi de toute faction, ami de la paix et patriote à mourir pour la cause commune, je ne puis qu'être tranquille au milieu du peuple en effervescence ; ainsi, ton plus sûr asile est ma maison. J'embrasse tendrement ta femme, tes enfants et toi (1).

---

(1) Papiers de famille.

Marc-René s'est peint en pied dans ces deux lettres : « fidèle au devoir de citoyen..... ennemi des factions..... patriote à mourir pour la cause commune ; » il recommande la confiance à son frère, en lui offrant sa « maison comme le plus sûr asile. » Ces quelques mots résument les sentiments de l'abbé. Comme tous les hommes qui avaient désiré, préparé la Révolution, il essayait de fermer les yeux sur le danger auquel il était exposé ; avec les mots de patriotisme.... de cause commune..... il essayait de continuer une illusion qui déjà était évanouie. Au fond, l'abbé participait aux inquiétudes qui travaillaient les esprits. Le départ du roi avait été un coup de foudre pour la population de Paris. L'abîme ouvert était apparu au plus clairvoyants : Que restait-il après le roi ? se demandait-on avec anxiété. Et, alors, chacun envisageait la situation dans sa triste réalité. A l'intérieur, la France était déchirée par les conspirations, par les troubles qui ensanglantaient Paris et la province. A l'extérieur, l'ennemi se massait en force sur la frontière..... Aussi, d'Espagnac, malgré sa tendresse pour sa belle-sœur, malgré son désir de la rassurer, ne pouvait dissimuler les craintes dont il était agité. Il lui recommande le calme, la tranquillité d'esprit ; mais aussitôt il ajoute : « Si j'en avais les moyens, je vous mènerais en Angleterre. »

IV

Condamné à suivre les évènements en France, d'Espagnac se trouva entraîné dans les hasards de spéculations nouvelles. La caisse d'Escompte avait conquis la place de la Compagnie des Indes à la Bourse. Il s'engagea hardiment dans cette société qui formait alors la force financière du pays. Bientôt, les évènements ouvrirent une carrière plus vaste à son imagination et à son patriotisme.

Une coalition formidable s'est formée contre la France : nos frontières sont menacées sur tous les points; nos troupes sont pleines d'enthousiasme, mais paralysées par la détresse; la solde n'est pas payée; pas d'armes, pas d'équipements; le pain va manquer; et le crédit de l'Etat est tellement compromis que les plus audacieux n'osent soumissionner les fournitures. D'Espagnac se présente et il organise une immense entreprise. Grâce à lui, 33,000 chevaux, 10,000 charriots, 25,000 harnais sortent pour ainsi dire de dessous terre; transportent les équipements, les vivres les munitions, les armes aux Pyrénées, aux Alpes et en Belgique.

Mais les jalousies, les rivalités d'intérêts en éveil essayent d'arrêter cet abbé qui improvisait des ressources avec le néant et coopérait résolument à la défense de la patrie. D'autre part, le gouvernement de la République, revenu de la stupeur que lui avaient causé les bataillons prussiens envahissant le territoire, et mis en demeure de tenir ses engagements, commença une guerre de chicane contre les fournisseurs de ses armées dont il avait admis le concours avec enthousiasme. On cria à la dilapidation, à l'usure, à l'accaparement. La Convention subissait les passions intéressées qui s'agitaient au dehors. Cambon se fit remarquer à la tête de cette croisade contre les fournisseurs, par sa tenacité et par des connaissances spéciales auxquelles il dût une certaine autorité et une grande responsabilité dans les évènements qui suivirent. A la voix de Cambon, Benjamin Vincent, Lajart, parent d'un ancien ministre, sont mandés à la barre. — Quel était leur crime ? ils réclamaient le paiement de leurs marchés. — A la barre ! Maréchal, qui a fourni du lard. — A la barre ! Malus et d'Espagnac, attachés à l'armée des Alpes et le ministre Servan, qui a signé les traités avec ces fournisseurs (1). Et avec quelle superbe le citoyen Cambon parle de « cet abbé d'Espagnac, qui, dit-il, fournisseur à l'armée de Dumouriez, voulant absolument être fonctionnaire, passe des marchés de chevaux (2). »

D'Espagnac, directeur de la compagnie Masson, était particulièrement l'objet des haines de la Convention. Le ministre de la guerre Pache avait écrit pour recommander de surveiller la compagnie Masson. Le général, prévenu, répondait à Pache en faisant l'éloge de la compagnie, au point de vue du service et sous le rapport du civisme. « Mais, disait Dumouriez, entre toutes les personnes attachées à ce service, aucune ne mérite plus qu'on la distingue que le citoyen d'Espagnac; son zèle ne trouve rien d'impossible; son activité et ses ressources inépuisables, et sa fermeté le rendent propre à conduire les entreprises les plus étendues..... J'ai beaucoup de regret de voir que, par mécontentement de ce qu'on le traverse dans vos bureaux, il est très disposé à vous remettre son entreprise..... Je crois donc, citoyen, qu'il importe à la chose publique que vous rejetiez loin de vous toutes les préventions. »

Le *Moniteur universel* du 24 novembre 1792 rapporte ainsi la séance du 22 :

CAMBON. — Le ministre de la guerre nous annonce par sa lettre que le général Dumouriez demande à être autorisé à conclure définitivement par le ministère du commissaire Malus les marchés pour les fournitures nécessaires à nos armées. Cette demande me paraît inadmissible. Je n'entends faire aucune application particulière; mais vous devez sentir combien serait illusoire la responsabilité d'un général entouré de toute la force d'opinion que lui auraient donnée ses vic-

---

(1) *Moniteur*, 23 novembre 1792.
(2) *Id.* 22 novembre 1792.

toires. D'après les lois actuelles, les marchés ne peuvent être passés que par les commissaires-ordonnateurs qui sont indépendans des généraux, mais qui sont obligés de livrer, à leur réquisition, toutes les fournitures nécessaires à la subsistance des troupes. Ces commissaires-ordonnateurs et les payeurs, doivent être nommés par le ministre de la guerre. Ici qu'a-t-on fait? Le commissaire-ordonnateur, le contrôleur et le payeur, nommés par le ministre, ont été laissés dans le département du Nord. On s'en est débarrassé lors de l'entrée de l'armée française dans la Belgique. Malus, Petit-Jean et d'Espagnac, qui veut devenir l'ordonnateur général des finances de la nation, ont suivi l'armée; et voulez-vous savoir quel est ce Petit-Jean, que Dumouriez a fait payeur général? C'est un ancien agent de la trésorerie qui, dans ses comptes de l'année dernière, a été en défaut de 35,000 livres qu'il a volées à la nation. J'ai des procès-verbaux qui font foi de ce fait. Voulez-vous savoir quelle foi on peut donner au commissaire-ordonnateur Malus? Il a passé avec l'abbé d'Espagnac un marché pour louage de mulets, d'après lequel chaque mulet rapportera au fournisseur 2,400 livres par an.

Cet abbé d'Espagnac, non content de ces profits, a fait une autre spéculation. Il s'est engagé à fournir pour la solde de l'armée du numéraire tiré du pays, pour ne pas épuiser celui qui reste encore en France. Cette proposition avait sans doute quelque chose de spécieux; aussi a-t-elle séduit le général. Mais veut-on savoir à quoi se réduirait cette opération? Il s'est associé avec un banquier de Bruxelles qui lui fournit de l'argent tiré de France et dont il sait bien faire payer le prix. L'abbé d'Espagnac est, en effet, bien connu pour savoir jouer à la hausse et à la baisse; et déjà depuis deux ou trois jours on s'aperçoit à la Bourse de cette funeste opération; car, au milieu de nos succès, on ne peut attribuer à une autre cause la baisse de 2 à 3 pour cent qu'ont éprouvée depuis quelques jours les effets publics. Il faut donc que le maniement des deniers publics ne soit confié ni à cet abbé d'Espagnac, ni même au général; car plus un général a de succès, plus il a de prépondérance dans l'opinion, et plus il est important qu'il n'ait point de maniement de finances, et qu'il soit assujetti à des règles strictes. Je propose donc que, sur la demande du général Dumouriez, transmise par le ministre de la guerre, l'Assemblée passe à l'ordre du jour; que les commissaires-ordonnateurs des armées restent sous la surveillance du ministre de la guerre, et l'emploi du numéraire sous la surveillance de la trésorerie nationale.

La proposition de Cambon est adoptée.

Lecointre-Puyraveau établit que plusieurs des marchés passés par le commissaire Malus avec le fournisseur d'Espagnac, portent un caractère évident de lésion et de fraude.

Saint-André. — Je demande non-seulement la destitution du commissaire Malus, mais celle du commissaire d'Espagnac. Il est bien étonnant que dans un gouvernement républicain, c'est-à-dire sous le règne des mœurs et des vertus, on emploie un agent connu pour être aussi profondément immoral que cet abbé d'Espagnac, un homme dont la mauvaise réputation a couru dans toute l'Europe : un homme contre lequel le ci-devant parlement de Paris a été sur le point de faire exécuter un décret de prise de corps ; un homme qui a participé aux dilapidations de son protecteur Calonne? Celui enfin que trois députations de la Convention nationale avaient dénoncé au ministère Servan pour des faits très graves? On nous conduirait bientôt au despotisme par la dilapidation des finances.

Thibaut. — Il y a sept à huit jours que j'ai rencontré, à Paris, l'abbé d'Espagnac se promenant dans un très brillant cabriolet. Il était vêtu en uniforme ; il se donna la peine de me parler ; je lui demandai quel nouveau métier il faisait ? J'ai une commission pour le roulage de l'armée du Nord, me dit-il, et il ajouta que c'était une très grande spéculation sur laquelle il comptait bien faire sa fortune.

Cambon. — Le marché passé pour le roulage est, en effet, si fort, qu'un intéressé dans cette opération, pour un huitième seulement, s'est flatté devant des témoins, qui attesteront le fait, d'y avoir déjà gagné 1,500,000 livres ; mais cet abbé d'Espagnac ne s'est pas contenté de ce marché. Après avoir joué le patriote, après s'être fait nommer président d'un club, il est parvenu à séduire le général Dumouriez, par une proposition spécieuse, pour se faire donner le maniement général des fonds de l'armée. Il est essentiel qu'on débarrasse le général de ces agioteurs intrigans qui le circonviennent.

Quant au commissaire Malus, il est accusé devant vous, par un commissaire du pouvoir exécutif, d'avoir à dessein retardé l'arrivée des approvisionnemens, pour forcer le ministre à lui accorder le droit de faire des marchés dans le pays : il est accusé notamment d'avoir retardé la marche des hôpitaux ambulans ; de manière que les blessés à la bataille de Gemmappe sont restés quatorze heures sans secours.

Plusieurs membres allèguent différens faits contre Malus et d'Espagnac (1).

La lettre du général Dumouriez qui répondait à ces accusations était ainsi conçue :

Du quartier général à Tirlemon, le 24 novembre 1792, l'an premier de la République française, et de la Liberté, Belgique (2).

Citoyen,

Vous demandez par votre lettre du 12, au citoyen Malus, de porter la surveillance la plus active sur les préposés de la compagnie Masson, et de veiller à ce que le marché fait avec cette compagnie ait son exécution. Cette demande spéciale, et le dégoût que le citoyen d'Espagnac me paroît avoir du service qu'il fait, ne peuvent me laisser des doutes que vous n'ayiez sur ce citoyen des préventions que je crois de l'intérêt de la République de dissiper.

Je vous ai déjà observé que l'obligation où étoit la compagnie Masson de transporter un poids de deux mille quatre cents pesant, au lieu de quinze cents que transportent pour l'ordinaire les voitures de campagne, rendoit cette entreprise très économique. Je vous ai observé que l'idée d'un service assuré et indépendant des réquisitions qu'il faut faire chaque jour aux malheureux habitants de la campagne, étoit excellente en elle-même par une infinité de motifs ; mais qu'elle l'étoit bien davantage, en ce que vous aviez eu le bon esprit de donner cette entreprise à une compagnie d'hommes intelligents, qu'il faudroit seuls acheter à un très haut prix. Le

---

(1) *Gazette nationale* ou le *Moniteur universel*, numéro du samedi 24 novembre 1792, pages 1395-1396. — Séance du 22 novembre.

(2) XVIIe lettre du général Dumouriez au citoyen Pache. — Bibliothèque Nationale, Réserve.

service des charrois est de la dernière importance pour une armée offensive, quelle quelle le soit ; mais il l'est à un point qu'on ne peut exprimer dans un pays tel que la Belgique, surtout en cette saison, et lorsque l'on est obligé, comme je le suis, de lutter avec les mauvais chemins autant qu'avec les ennemis. Il faut une précision et une célérité dont on ne peut se faire une idée théorique ; et il faut tout à la fois, et de grands moyens et une grande volonté, et une grande intelligence pour le faire passablement. Or il est certain que le service se fait bien, et la marche rapide de l'armée en est la preuve.

Après avoir ainsi rendu justice aux chefs de la compagnie Masson en ce qui concerne leur service, je me plais à le rendre à leur civisme et à leur désintéressement. J'en ai une preuve sans doute qui n'est pas suspecte. Quoique cette compagnie soit obligée à des dépenses journalières considérables, et qu'elle se soit trouvée dans le cas de s'étayer de son crédit pour ses propres besoins, ayant vu, au commencement de ce mois, l'embarras où j'étois pour les payemens courans, non-seulement elle m'a prié de différer jusqu'au 15 dernier le payement d'une ordonnance de 300,000 livres en espèces, qui lui étoit délivrée payable sur le trésorier de Lille, et elle a expédié un courrier pour me faire délivrer 100,000 livres qu'elle y avoit ; mais elle a remis à la caisse militaire 25,000 livres également en espèces ; et, le 15, elle m'a déclaré qu'elle ne me demandoit rien que les fonds que vous m'annoncez, ou que j'espère recueillir, ne me fournissent les moyens de la rembourser.

De tels faits, citoyen, n'ont pas besoin de commentaires quand ils sont exposés à un homme tel que vous.

Mais entre toutes les personnes attachées au service, aucune ne mérite plus qu'on la distingue que le citoyen d'Espagnac : son zèle ne trouve rien d'impossible, son activité et ses ressources sont inépuisables, et sa fermeté le rend propre à conduire les entreprises les plus étendues.

J'ai plus encore à dire à son égard, et je vous prie spécialement d'en faire part à la Convention ; il est un de ceux au courage et au zèle desquels nous devons l'organisation si rapide du gouvernement provisoire de la Belgique. Les partisans de Vander-Noot ayant fait assaillir individuellement, le premier jour de mon arrivée, tous les chefs de la société des amis de l'égalité qui vouloient tenir la séance, le citoyen d'Espagnac s'est offert de présider à l'instant cette société, et n'a point craint d'y faire entendre des vérités salutaires qui doivent bientôt mettre ce beau pays au niveau de notre philosophie. Un journal de cette séance mémorable pour les amis de la liberté et de l'égalité, qui est imprimé ici, et que je vous envoie, vous prouvera mieux que tout ce que je pourrois dire, combien, dans cette circonstance, il a mérité de sa patrie. Au reste, c'est à sa conduite qu'il doit l'honneur d'avoir été nommé par les représentants provisoires de la ville de Bruxelles pour la représenter à la Convention nationale, en qualité de son député extraordinaire.

J'ai beaucoup de regret de voir que, par mécontentement de ce qu'on le traverse dans vos bureaux, il est très disposé à vous remettre son entreprise.

Je crois donc, citoyen, qu'il importe à la chose publique que vous rejetiez loin de vous toutes les préventions, et qu'au lieu de dégoûter la compagnie Masson du service qu'elle fait, vous l'encouragiez au contraire à le continuer, car je ne saurois trop vous le répéter, ce service est de la dernière importance ; il est d'une difficulté extrême, et j'ajouterai que c'est le seul moyen d'éviter la délapidation et un pillage que l'on ne peut concevoir (1).

Apprécions les accusations sur les faits et sur les allégations. Dumouriez demande une extension de pouvoir ? C'est d'Espagnac qui est coupable, aux yeux de Cambon. D'Espagnac est coupable, parce que Dumouriez a nommé Petit-Jean payeur-général, Petit-Jean qui a volé le Trésor ; il est coupable, parce qu'il s'est engagé à fournir la solde de l'armée avec le numéraire tiré du pays (la Belgique). « Afin de ne pas épuiser celui qui reste en France, » dit Cambon ; et Cambon, le grand financier, veut faire considérer cet engagement comme une spéculation qui amène la baisse à la Bourse de Paris. D'après un autre député, l'abbé d'Espagnac se promenait à Paris « en voiture,

---

(1) Correspondance de Dumouriez. — Bibliothèque Nationale, Réserve.

vêtu d'un habit militaire, et annonçant qu'il avait une commission pour le roulage de l'armée du Nord. »

Que l'abbé d'Espagnac ne fût pas un modèle de conduite, « qu'il portât un costume militaire et un sabre en suivant les armées; qu'il se promenât en voiture et se promît de beaux profits de ses peines..... » nous l'accorderons avec certaines réserves. Mais y a-t-il véritablement dans les faits articulés par ses accusateurs, rien qui soit de nature à soulever l'indignation des citoyens représentants? Ses associés étaient peu estimables, disait-on; nous l'accorderons encore sans peine. On reconnaîtra pourtant bien, j'espère, qu'ils valaient au moins autant que leurs juges.

Quoi qu'il en soit, la Convention décréta de mander à la barre Malus, Petit-Jean et d'Espagnac. Les décrets, en date du même jour, furent transmis à Dumouriez par le ministre de la guerre :

Décret de la Convention nationale, du 22 novembre 1792, l'an premier de la République française, portant que les citoyens Malus, Petit-Jean et d'Espagnac seront mis en état d'arrestation.

La Convention nationale décrète que les citoyens Malus, Petit-Jean et d'Espagnac, ci-devant abbé, seront mis en état d'arrestation, pour être traduits à la barre de la Convention nationale.

Au nom de la République, le conseil exécutif provisoire mande et ordonne à tous les corps administratifs et tribunaux que la présente loi ils fassent consigner dans leurs registres, lire, publier et afficher et exécuter dans leur départements et ressorts respectifs; en foi de quoi nous y avons apposé notre signature et le sceau de la République. A Paris, le 22ᵐᵉ jour du mois de novembre 1792, l'an premier de la République françoise. — Signé, ROLAND : contresigné, GARAT : et scellé du sceau de la République.

Certifié conforme à l'original : Signé, GARAT ; pour copie conforme : *le Ministre de la guerre*, Signé, PACHE.

Nous, PACHE, ministre de la guerre, en vertu du décret de

la Convention nationale rendu ce jour, dont copie est ci-jointe portant que les citoyens Malus, Petit-Jean et d'Espagnac, ci-devant abbé, seront mis en état d'arrestation, pour être traduits à la barre de la Convention nationale.

Il est ordonné au général commandant en chef de l'armée de l'expédition de la Belgique, à tout officier-général, commandant de troupes et autres officiers militaires de prêter main-forte à la réquisition qui lui sera faite par les citoyens Ronsin et Huguenin, commissaires nommés par nous à cet effet, soit ensemble, soit séparément, pour faire mettre en état d'arrestation, remettre à la disposition des susdits commissaires et faire conduire à Paris, sous bonne et sûre garde, les citoyens Malus et d'Espagnac, ci-devant abbé ; le tout conformément aux pouvoirs que nous avons expédiés à chacun des susdits commissaires.

Fait à Paris, le 22 novembre mil sept cent quatre-vingt-douze, l'an premier de la République. — *Le Ministre de la guerre :* PACHE.

Dumouriez fit mettre en arrestation d'Espagnac, Malus et Petit-Jean et les expédia à Paris ; mais, en obéissant, il exprima au ministre de la justice la douleur qu'il ressentait de la mesure qu'il était forcé d'exécuter.

Non content d'avoir blâmé, au nom de la justice, les poursuites dont d'Espagnac était l'objet, le général adressa à la Convention deux protestations fermes et hautaines en faveur de l'abbé.

Voici la première :

Tirlemont, le 24 novembre 1792, l'an premier de la République.

J'obéis sur le champ, citoyen ministre, à l'ordre que vous me donnez de mettre en état d'arrestation, et d'envoyer à la barre de la Convention nationale les citoyens Malus, commissaire-ordonnateur, et d'Espagnac, entrepreneur des charrois de l'armée. Le général la Bourdonnaye fera pareillement arrêter le commissaire-ordonnateur Petit-Jean.

Je vous avoue que quand on le feroit exprès pour désorganiser l'armée de la Belgique, et pour suspendre sa marche, on ne pourroit pas choisir un moyen plus désastreux que celui d'en enlever deux commissaires-ordonnateurs connus par leurs talens et leur probité, et un entrepreneur habile et plein de ressources.

Je suis persuadé d'avance que ces trois citoyens se laveront des imputations qui leur sont faites, et qui sont une suite de trames odieuses dont je dis quelque chose au ministre de la guerre; mais il n'est pas moins vrai qu'on m'ôte toutes mes ressources, et qu'on me met dans le cas de manquer ma campagne, en m'enlevant les seuls hommes en état de pourvoir à la subsistance de l'armée.

Je charge le colonel Westermann de la conduite des citoyens Malus et d'Espagnac, qui, bien loin de craindre, m'ont paru désirer aller bien vite confondre leurs ennemis.

Je souhaite que leurs accusateurs n'ayent pas à se reprocher le mal-aise de l'armée que je commande, et qu'on n'ait à attribuer cette arrestation qu'à une légèreté toujours impardonnable ; en attendant, l'armée souffre, et j'ignore si je pourrai continuer la campagne sans commissaire-ordonnateur et sans qu'on ait pourvu à la subsistance (1).

Voici la seconde :

*De Saint-Tron, à sept lieues de Liége,
le 25 novembre.*

Je dénonce un crime contre la loyauté française ; je demande qu'il soit réparé et puni. Ce crime est contenu dans une lettre que je joins à la mienne. Quand j'arrivai à Bruxelles, la caisse de l'armée ne contenait pas plus de 10,000 livres. La compagnie Masson et d'Espagnac m'a fait des avances dont j'avais grand besoin, et l'on fait mettre en état d'arrestation ceux qui m'ont été si utiles ! On me peint comme entouré de fripons et d'intrigants ; on déshonore, sans les entendre, des hommes qui ont sauvé l'armée.

J'ai lu dans le journal des *Débats* la discussion qui s'est élevée à propos d'une lettre, dans laquelle je demandais à être

---

(1) Extrait de correspondance du général Dumouriez avec Pache, ministre de la guerre, Paris, 1793. — Bibliothèque Nationale, Catalogue de l'histoire de France, 8° Lb 41 n° 273.

chargé seul de l'approvisionnement de l'armée : oui, j'ai fait cette demande, et je la fais encore ; que Cambon, qui a l'air de s'effrayer de l'influence d'un général victorieux, me réponde.

Dans ma campagne contre les Prussiens, je n'avais pas fait cette demande ; c'est qu'alors il existait une régie ; je trouvais à la suite de l'armée tout ce qui était nécessaire aux soldats. Dans la Belgique, nous nous sommes trouvés sans magasins, sans payeurs, sans hôpitaux. Rappelez-vous ce mémoire que j'ai lu à l'Assemblée nationale, lorsque j'acceptai le ministère de la guerre.

Ce mémoire fut très mal accueilli, parce que je présentais des faits qui n'étaient pas agréables ; je reconnais aujourd'hui combien peu je m'étais trompé ; nous accablons nos amis de réquisitions ; nous vivons au jour le jour ; et si le courage des Français n'était au-dessus de tout, la campagne serait terminée depuis longtemps.

Pesez dans votre sagesse les motifs de la demande que j'ai faite au ministère de la guerre, et que je réitère aujourd'hui ; ce n'est qu'à ce prix que je conserverai un plan de campagne connu depuis longtemps. Ce n'est pas contre d'Espagnac, c'est contre moi qu'il faut instruire un procès, si c'est un crime que d'avoir passé des marchés, fait des emprunts nécessaires à la subsistance de l'armée.

Signé : DUMOURIEZ (1).

Une troisième lettre du général au ministre de la guerre, en date du 27 novembre, se terminait par ces mots :

Citoyen ministre, votre lettre du 22 de ce mois à la Convention nationale, est une dénonciation indirecte contre moi. Elle a produit l'arrestation injuste de deux citoyens, dont l'intelligence et l'activité ont assuré les premiers succès de ma campagne ; elle est cause que je suis prêt à manquer de tout, et à être arrêté dans ma marche ; elle m'oblige à une justifi-

---

(1) Extrait de correspondance du général Dumouriez avec Pache, ministre de la guerre, Paris, 1793. — Bibliothèque Nationale, Catalogue de l'histoire de France, 8° Lb 41 n° 273.

cation. Je vous somme de présenter ma réponse à la Convention nationale. Je vous prie aussi de lui communiquer ma correspondance. Au reste, je vous assure que je ne m'en prends pas à vous des désagrémens que j'éprouve, et que je vous conserve toute mon estime.

A la lettre du général était jointe une communication du fournisseur Masson, annonçant à Dumouriez que la trésorerie nationale, ayant refusé d'acquitter, et renvoyé à protêt une lettre de change qu'il avait tiré sur elle, aucune avance en espèces ne pouvait être faite à l'armée.

L'Assemblée renvoya les lettres aux comités de la guerre et des finances, en les chargeant d'en faire leur rapport sans délai (1).

Le lendemain, la Convention recevait communication d'une lettre de l'adjudant-général Westermann :

« Législateurs, vous avez ordonné que je vous rendrais compte de la situation de l'armée de Belgique; je m'empresse de vous satisfaire, et je vous dirai la vérité.

» J'ai quitté l'armée à Tirlemont, à huit lieues de Liége, où le général Dumouriez doit être à présent. Une colonne d'ennemis de 15,000 hommes marchait sur Namur, que le général Valence a assiégé avec 25,000 hommes; 22,000 hommes des nos troupes sont partis pour marcher à son secours. Le premier fort de Namur est pris; la citadelle et celle d'Anvers sont dans ce moment attaquées avec force, et, dans peu, la prise de ces deux places vous sera annoncée, à en juger par tous les succès de nos armées.

» Une parfaite union règne, dans ce moment, entre les généraux et les officiers de l'armée. Le soldat, confiant dans ses chefs, ne consulte ni les dangers, ni le nombre des ennemis; il marche partout avec courage et supporte gaiement toutes

---

(1) *Gazette nationale* ou le *Moniteur universel*, numéro du jeudi 29 novembre 1792, page 1416, 2ᵉ col. — Supplément à la séance du 27 novembre.

Moniteur universel, 1ᵉʳ décembre 1792, page 1425.

les fatigues et les rigueurs de la saison ; guidé par l'amour de la patrie, chacun est animé des mêmes sentiments : nous marchons tous au même but.

» Cette armée enfin, partout victorieuse, ne semble plus composer qu'une seule famille; elle a juré de chasser loin des terres de la Liberté les satellites des despotes qui osent encore la souiller. Les combats à mort qu'elle leur livre chaque jour vous sont de sûrs garans de la fidélité de leurs sermens.

» Mais, tandis que ces braves soldats combattent pour la liberté, tandis que leur général d'armée veille à la sûreté de tous, il est arrêté à chaque pas dans sa marche par les lenteurs qu'il éprouve dans les fournitures de tout genre, dans le numéraire même pour la paie du soldat. Il semble qu'un génie secret, jaloux de sa gloire, fait naître toutes ces lenteurs pour lui faire perdre, si l'on pouvait, la confiance de l'armée et le fruit de ses victoires. Si Dumouriez n'avait pas manqué de numéraire et d'approvisionnements, j'ose le dire avec assurance, l'armée autrichienne serait entièrement défaite. Notre armée s'est trouvée sans fonds à Mons; le payeur était resté avec 15 livres en assignats dans sa caisse. J'ai ramassé, par ordre du général, dans plusieurs maisons et dans plusieurs bourses, pour les besoins pressans, une somme de 400,000 livres, laquelle versée dans la caisse n'a pas encore été remboursée. Je dépose sur le bureau la pièce qui justifie ce fait ; le 26 de ce mois, le payeur de l'armée a resté avec 10,000 livres en caisse, et le 27 on devait faire le prêt aux soldats. Le général avait trouvé à Bruxelles un emprunt de 300,000 livres, somme qui n'a plus été comptée à la nouvelle que la trésorerie nationale avait refusé d'acquitter les sommes tirées par le général sur elle, de sorte que je ne sais si l'on s'est tiré d'affaires.

» L'on dira que les empruns sur les couvens de la Belgique doivent suffire pour l'entretien de l'armée. Sans doute, ces sommes suffiraient pour nos besoins de tout l'hiver ; mais soit aristocratie chez les uns, soit défaut de fonds chez les autres, nous n'avons pu, dans un si court délai, réaliser que de modiques sommes. Les anciens États de Belgique ont encore de l'influence sur le peuple, et se sont coalisés avec le clergé et les nobles; ils n'épargnent ni or, ni argent pour l'égarer. Demain ou après, quinze des nouveaux représentans du Brabant se présenteront dans votre sein ; ils vous diront que le peuple du Brabant, égaré et influencé par les anciens Etats, est suscité au soulèvement; un accaparement de grains qu'une certaine société privilégiée entend faire passer hors du Brabant, au milieu des besoins d'une armée nombreuse, sert de prétexte, et ne contribue pas peu au mécontentement des Belges; enfin, les nouveaux représentans du Brabant vous feront sentir combien il est urgent qu'il s'élève une armée belge. Ils sont, dans ce moment sans moyens; mais ils nous promettent un emprunt sur les couvens, abbayes et chapitres, de 30 à 40,000,000 de florins qui doivent de même servir à la conformation de l'armée de Belgique. Pour réaliser ces sommes, encore une fois, il faut du tems. En attendant, notre armée ne peut rester dans le besoin. Vous êtes trop justes, législateurs, pour rester indifférens sur les besoins des braves soldats qui, chaque jour, versent leur sang pour la défense de la patrie, et qui, dans la nuit obscure, au coin d'une forêt, exposés à toutes les intempéries de la saison, protègent le sommeil tranquille de leurs concitoyens. Venez promptement à leur secours; et, chaque jour, vous verrez augmenter vos victoires. »

Sur la proposition de Cambon, Camus, Lacroix, Gossuin, Dubois-Crancé et Danton sont nommés commissaires, pour aller vérifier sur les lieux le fait dénoncé par le général Dumouriez, qui se trouve en contradiction avec la réponse fournie par le ministre de la guerre et par les commissaires de la trésorerie nationale. A cet effet, ils sont autorisés à se faire représenter tous les livres, états, registres de correspondance, et à se faire ouvrir tous les dépôts et magasins.

Il est décidé que deux de ces commissaires partiront ce soir avant neuf heures, et les autres demain, après que Malus et l'abbé Despagnac auront été entendus, et qu'ils auront pu se procurer toutes les instructions nécessaires (1).

Sans insister sur le rapport de Westermann, dont les conclusions sont favorables au service de d'Espagnac, nous estimons que les trois écrits de Dumouriez méritent qu'on s'y arrête. Ils fournissent des éléments

---

(1) *Moniteur universel* du dimanche 2 décembre 1792, page 1429, 1re et 2e col.

essentiels pour juger les mesures injustes dirigées contre la compagnie et particulièrement contre d'Espagnac qui en était le chef. Par suite d'instructions ministérielles du 12 novembre, l'ordonnateur Malus avait reçu « mission de porter la surveillance la plus active sur les préposés de la compagnie Masson. » Aussitôt instruit, le général de l'armée de Belgique expose au ministre les services nombreux que cette compagnie a rendus à l'armée et les actes de civisme de d'Espagnac. Il accuse hautement les bureaux du ministère, de « traverser » les opérations des fournisseurs qui, loin d'être poursuivis par la Convention, mériteraient, au contraire, d'être encouragés pour leur activité et leur dévouement. » Cette lettre était à peine expédiée, que l'ordre d'arrêter d'Espagnac est remis à Dumouriez. Celui-ci, insistant sur les raisons qu'il avait fait connaître au ministre de la guerre, n'hésite pas à s'adresser au ministre de la justice pour lui dénoncer les « imputations » faites à l'abbé, et son arrestation comme « une suite de trames odieuses et de légèreté. » Enfin, le général proteste hardiment contre le décret de la Convention.

Pour ce qui est des « trames, » elles seront dévoilées au cours du récit qui suivra sur cette malheureuse affaire des charrois. Quant à « la légèreté » qui a présidé à ce premier épisode, contentons-nous de revenir sur ce fait que l'ordonnateur Malus, chargé de surveiller d'Espagnac le 12 novembre, fut mis en arrestation dix jours plus tard avec d'Espagnac; ajoutons qu'il fût remplacé dans son poste par Ronsin. Ronsin composait des chansons et avait dénoncé Malus : titres suffisants pour occuper les fonctions importantes de commissaire-ordonnateur général des armées !

L'avis du ministre de la guerre est ainsi conçu :

Paris, le 22 novembre 1792, l'an premier de la République.

Je n'ai que le tems, général, de vous marquer que le décret

rendu contre le commissaire-ordonnateur en chef Malus, exigeant qu'il soit remplacé, le Conseil exécutif provisoire a fait choix, pour cet effet, du citoyen Ronsin.

L'ordre, pour mettre en état d'arrestation les citoyens Malus et d'Espagnac, vous sera présenté par le citoyen Ronsin, nommé commissaire à l'effet de faire toute réquisition nécessaire pour l'exécution du décret.

Le Ministre de la guerre, PACHE (1).

Aussi l'indignation éclate dans la lettre de Dumouriez en date du 25 novembre : « Je dénonce un crime à la loyauté française, écrivait-il à la Convention, je demande qu'il soit réparé. Quand j'arrivai à Bruxelles, la caisse de l'armée ne contenait pas plus de 10,000 livres. La compagnie Masson et d'Espagnac m'a fait des avances dont j'avais grand besoin, et l'on fait mettre en état d'arrestation ceux qui m'ont été si utiles ! On me peint comme entouré de fripons et d'intrigants ; on déshonore, sans les entendre, des hommes qui ont sauvé l'armée !..... Ce n'est pas contre d'Espagnac, c'est contre moi qu'il faut instruire un procès, si c'est un crime que d'avoir passé des marchés, fait des emprunts nécessaires à la subsistance des armées. »

Ces dernières lignes comprenaient la justification irréfutable des accusés, et d'Espagnac, fort de cet appui, présenta victorieusement sa défense à la Convention. Ce n'était pas sur lui, en réalité, qu'on pouvait faire peser la cause des marchés; il n'en était que le soumissionnaire, et, loin d'avoir encouru le blâme, il avait droit aux éloges pour avoir « sauvé l'armée, » suivant Dumouriez. Si, malgré ses soins, les troupes n'avaient pas toujours été pourvues abondamment, d'Espagnac n'hésitait pas à en attribuer la cause aux

---

(1) XIXe lettre de Pache, ministre de la guerre, au général Dumouriez.

bureaux ministériels, trop souvent coupables de négligence. Après cet aperçu général, l'abbé aborda, par le détail, les opérations étendues auxquelles il avait été obligé de se livrer, et la Convention, entraînée par le charme de sa parole, non moins que par la justice de sa cause, salua son discours par d'unanimes applaudissements (1). Pour employer l'expression d'un de ses adversaires, « l'Assemblée fut sur le point de lui décerner une couronne civique. »

Triomphe éphémère, hélas! et qui devait marquer la dernière étape de sa carrière heureuse! Malgré son succès oratoire, l'Assemblée ajourna sa décision et maintint d'Espagnac en état d'arrestation, sans tenir compte des instances réitérées de Dumouriez pour obtenir sa mise en liberté. L'abbé ne cessait de faire entendre des protestations énergiques contre les traitements dont il était victime. C'est ainsi que, pour réduire à néant une accusation des plus graves, qui tendait à égarer l'opinion publique, il fit afficher à Paris le placard ci-après :

A l'Abbaye, le 9 décembre 1792, l'an premier de la République française.

Citoyens,

Mis au secret depuis que l'on m'a relégué dans ces tristes demeures, confondu parmi les accusés de conspiration ou de faux assignats, j'ignore si l'on vous a fait connaître des observations que j'avais faites, pour montrer combien l'on vous trompait sur mon entreprise des charrois.

Dans cette incertitude, permettez-moi de vous adresser des réflexions bien simples, sur les deux reproches qui m'ont été faits le 22 novembre et le 5 de ce mois, au sujet de cette entreprise, à la tribune de la Convention.

Le reproche que l'on a établi le 5 de ce mois porte sur ce

---

(1) *Moniteur* du 2 décembre 1792. — Convention nationale, séance du 30 novembre.

que, tous frais faits, je gagne de commission 24,000 livres par jour.

Celui que l'on a établi le 22 novembre porte sur ce qu'un de mes associés, pour un huitième seulement, s'est vanté d'avoir déjà gagné 1,500,000 livres.

Pour sentir combien peu sont fondés ces deux reproches, je vous prie, citoyens, de vouloir bien observer que mon entreprise ne me donne encore de droits qu'à deux mois de loyer :

Savoir, un mois pour une partie du marché, depuis le 15 octobre jusqu'au 15 novembre ; et un autre mois pour une autre partie, depuis le 1er novembre jusqu'au 1er de ce mois.

Je vous prie aussi d'observer que le montant de cette première partie de loyer ne s'élève qu'à...... 685,000 livres
Et celui de la seconde, qu'à............ 775,875 »

En tout............ 1,460,875 livres

Daignez, d'après cela, calculer d'abord s'il est possible que cet associé prétendu ait en effet gagné pour son huitième, une somme de 1,500,000 livres.

Je demande à mes adversaires comment il se peut faire que le huitième de ce qu'a valu mon entreprise ait produit en bénéfice plus que la totalité même de ce que j'ai dû recevoir jusqu'à présent ?

Daignez même ensuite calculer s'il est également possible que, tous frais faits, je gagne de commission 24,000 livres par jour.

Vingt-quatre mille livres pendant deux mois, ou soixante-un jours (car sur deux mois, il y en a toujours un de trente-un jours), produisent la somme de 1,464,000 livres.

Or, je le demande encore à mes adversaires, comment se peut-il faire que je gagne, tous frais faits, quatorze cent soixante-quatre mille livres, lorsque je n'ai encore dû recevoir que celle de quatorze cent soixante mille huit cent soixante-quinze, c'est-à-dire trois mille cent vingt-cinq livres de moins.

Marc-René Sahuguet Despagnac [1].

---

(1) Bibliothèque Nationale, Ln ^{27} 7181.

V

La Convention ne tarda pas à se relâcher de ses rigueurs ; les accusés sortirent de prison et furent gardés en état d'arrestation chez eux (1). Un mois après, Châteauneuf-Randon, au nom des comités réunis de la guerre, des finances et des marchés, proposa de voter qu'il n'y avait pas lieu à accusation contre d'Espagnac, et qu'il serait mis en liberté. Le projet de décret fut adopté (2).

La Convention était à la veille d'accomplir l'acte abominable de l'injustice suprême. Louis XVI, prisonnier au Temple, attendait son jugement. Tous les Français qui avaient gardé la notion du juste et de l'humanité voyaient approcher avec épouvante l'heure fatale de la condamnation qui devait faire tomber la tête du roi. La terreur paralysait les cœurs ; les amis les plus dévoués de la royauté restaient anéantis dans la douleur et l'impuissance. Au milieu de l'effarement de la nation, on est heureux de rencontrer quelques tentatives d'hommes qui se dévouaient généreusement pour épargner à la patrie l'horreur du crime.

Dumouriez, à travers les agitations de sa vie, était resté fidèle au principe de la monarchie, et, disons-le à son honneur, il éprouvait un sentiment d'attachement respectueux pour la personne de l'infortuné roi dont il avait reçu des témoignages de confiance et d'affection. En apprenant la mise en accusation de Louis XVI, il demanda un congé. Les opérations de l'armée du Nord, qu'il devait concerter avec le comité de la guerre, justifiaient pleinement sa présence auprès de la Convention. Mais tout autre était le vé-

---

(1) *Moniteur*, 23 décembre 1792.
(2)   *Id.*   29 février 1793, séance du 17 février.

ritable objet de son voyage : il voulait sauver Louis XVI. Dès son arrivée à Paris, le général manœuvra avec prudence, usant des ressources que lui suggérait son esprit d'intrigue et son expérience en cette matière. En relation avec les hommes de tous les partis, il cherchait un point d'appui pour utiliser l'influence et, au besoin, la force dont il disposait comme chef d'armée. Le général dissimulait ses visées principales, en s'occupant avec activité des intérêts de son commandement. A la suite de conférences secrètes avec les hommes de la Gironde, hésitants encore devant la condamnation du roi, Dumouriez affectait de se rendre publiquement aux séances des comités pour discuter les questions de la guerre et des subsistances. Sur ce terrain, il devait nécessairement rencontrer l'abbé d'Espagnac, qui, malgré sa condition de suspect, disposait cependant d'une certaine liberté. Celui-ci lui avait même proposé de le mettre en relation avec Cambon. La proposition n'eut pas de suite par le refus du général. La raison de son refus se trouve dans cette page de ses mémoires. « Cet homme, nommé Cambon, est un fou furieux, sans éducation, sans aucun principe d'humanité ni de probité, brouillon, ignorant et très étourdi. D'Espagnac qui, pour avoir suivi très utilement une entreprise qu'il avait eu du ministre Servan pour les charrois de l'armée, avait été arrêté le 22 novembre avec Malus, commissaire-ordonnateur, était encore prisonnier à Paris avec un garde. C'est un homme plein d'esprit et de ressources ; il avait gagné sur la partie des finances la confiance de Cambon..... (1). »

Nous verrons que sur ce dernier point le général se trompait.

Arrivé à Paris le 21 décembre, Dumouriez en repartit le 15 janvier. Il avait essayé de sauver le roi ;

---

(1) Mémoires de Dumouriez, page 77. — Hambourg et Leipzik, 1794.

il avait échoué dans son entreprise. C'est profondément découragé, pénétré d'horreur pour les hommes qui gouvernaient, que le général revint à l'armée; il emportait le germe de la défaillance à laquelle il devait succomber bientôt en passant à l'ennemi.

A peine libre, d'Espagnac, pressé par ses créanciers, avait été obligé de recommencer ses démarches pour obtenir le paiement des sommes qui lui étaient dues. C'est plusieurs millions qu'il réclamait. A ces demandes réitérées, les comités répondaient par des raisons dilatoires et des fins de non-recevoir qui dénotaient la mauvaise volonté. Ils étaient excités par Marat qui poursuivait l'abbé de sa haine, et qualifiait ironiquement du nom « d'hommes d'Etat » les représentants qui l'avaient acquitté. Ceux-ci répondaient à Marat, en lui appliquant nettement l'épithète de « pantin (1). » Mais la trahison de Dumouriez priva d'Espagnac de son plus ferme soutien et fournit à ses ennemis un moyen de se débarrasser de ses importunités. La Convention reprit les poursuites contre le fournisseur de l'armée du Nord, en les aggravant de l'accusation de complicité avec Dumouriez et le décréta d'arrestation. D'Espagnac eut alors le pressentiment du sort qui lui était reservé : il s'attendait à être « septembrisé, » selon sa propre expression. Il essaya de se soustraire aux recherches des comités, et il écrivit à son ami Julien de Toulouse la lettre qui servit, plus tard, de prétexte à sa condamnation :

9 avril 1793 (2).

Je vous l'avais bien dit ! dès que j'aurais le malheur de vous perdre, on en profiterait pour me tourmenter.

---

(1) *Moniteur*. 25 mai 192.

(2) Cette lettre n'est pas datée. Nous établissons sa date d'après les pièces produites au tribunal révolutionnaire. C'est le 4 avril que Dumouriez avait abandonné son armée.

A peine la nouvelle de la trahison de Dumouriez est-elle parvenue icy, que la Défense générale a donné ordre de mettre les scellés sur les papiers de plusieurs individus, dont j'étais un.

Cette démarche ne m'a point surpris ; je vous avoue même qu'elle m'a fait, en quelque sorte, plaisir. Je me suis dit : tout le public croit que j'étais trop lié avec Dumouriez pour que je ne fusse pas son complice. La levée des scellés justifiera que je n'avais aucunes relations avec ce scélérat, et mon innocence sera hautement reconnue.

Les scellés ont été, en effet, levés ; l'on n'y a rien trouvé qui pût fournir même prétexte à une inculpation. J'ai cru, dès lors, que tout était terminé : point du tout ! le comité de surveillance a donné un mandat d'arrêt pour me transférer à l'Abbaye.

Je me suis tenu caché, espérant qu'un génie tutélaire vous ramènerait en cette ville, et que je pourrais faire entendre raison au comité et je lui ai adressé une lettre à laquelle je défie qu'on réponde. Sur ces entrefaites est arrivée une dénonciation au comité portant que la cytoyenne d'Estat, chez laquelle je demeurais, rue Caumartin, avait fait brûler beaucoup de papiers pendant la nuit. On l'a, sur le champ, arrêtée ; et après un interrogatoire de cinq heures, où elle a déclaré que ce qu'elle avait brûlé était une lettre de Dumouriez qui était imprimée, on lui a rendu sa liberté. (Cet imprimé était vraisemblablement une des lettres que Dumouriez a écrites au sujet de ma compagnie, qui a servi à ma justification et que j'avais livrée à l'impression parce qu'elle contenait les détails techniques de ce qu'il fallait de voitures pour chaque bataillon ; et que nous pouvions avoir souvent besoin de produire cette lettre.)

Au reste, cela importe fort peu. Je saurai ce que c'est, quand je serai libre ; mais ce ne peut être que cela, si c'est de Dumouriez ; ou quelque chose de très indifférent, si ce n'est pas de lui.

Ce qu'il importe beaucoup que vous sachiez, c'est que Marat était l'âme du comité, quoi qu'il n'en soit pas ; que l'interrogatoire a manifesté un acharnement horrible contre moi, et le désir extrême que l'on a de me confiner à l'Abbaye ; c'est qu'un des membres que la cytoyenne d'Estat ne connaît pas, mais qui s'est intéressé à sa jolie figure, lui a dit en proprès termes : « Savez-vous que, dans ce moment, il est affreux d'aller à l'Abbaye ! » J'étais sur le point de m'aller constituer moi-même prisonnier, pour terminer plus promptement cette affaire ; lorsque j'ai appris ce que je vous marque ici, vous concevez que je n'ai plus été aussi empressé de me découvrir. Il m'a paru évident que, reconnaissant mon innocence, on trouvait plus simple de me faire massacrer.

Voilà donc le prix des sacrifices sans nombre que j'ai fait à la Révolution ! N'est-il pas étrange que je ne sache plus où reposer ma tête dans ma patrie, lorsqu'il n'y a pas un coin de l'Europe où je puisse la porter en sûreté, à cause de mes opinions révolutionnaires ?

Mais ce n'est pas le moment de vous fatiguer de mes dolentes réflexions.

Allons au fait :

J'ai fait placarder ma justification; je vous y cite, avec confiance, sur un fait dont vous devez vous rappeller : c'est que, lorsque Dumouriez quitta ce pays, j'étais si éloigné de le croire tramant contre nous, que j'étais persuadé que s'il ne trouvait pas jour à tenter l'entreprise de Hollande, il enverrait sa démission.

Quoique mon innocence soit démontrée dans mon placard justificatif, j'ai écrit au comité de salut public, que je ne demandais pas mieux que d'être gardé à vue; qu'ainsi l'on constituât près de moi des gardes qui fussent chargés de se transporter, avec moi, partout où j'aurais besoin de me transporter ; mais je demandais en grâce de ne pas être confiné dans une prison, où il me serait impossible de suivre mon immense entreprise, ce qui ferait autant de tort à la République qu'à moi.

Je n'ai pas encore reçu de réponse.

Est-il possible qu'on me refuse ? Je ne puis le croire. Des mesures de salut public, attentatoires à la liberté des citoyens ne sont tolérables qu'autant qu'elles sont indispensables : ce principe ne peut être contesté.

Or, dès que la mesure que je propose équivaut à celle que l'on veut employer, celle qu'on veut employer n'est plus indispensable.

La prison est un châtiment, et la prison où l'on médite de vous assassiner est sûrement quelque chose de pis. On aurait donc eu tout au plus le droit de me faire subir cette peine, avant que la levée des scellés eût fait connaître mon innocence.

En un mot, il est certain que je ne puis rester en prison, que si je suis destiné à être livré à un tribunal. Mais pour être livré à un tribunal, il faut qu'il y ait au moins prétexte à un décret d'accusation : qu'on le produise ce prétexte ? j'en défie. Mais, si j'ai tant de droits comme simple citoyen, j'en ai de particuliers comme fournisseur. Comment peut-on laisser à ma charge tous les évènements d'une entreprise aussi considérable que la mienne, lorsque l'on m'aura relégué dans une prison, où je n'aurai de communication qu'avec les réflexions sinistres qu'elle m'inspirera ?

Au reste, je ne sais pourquoi je fournis des motifs de me défendre à un cœur et un esprit tel que le vôtre.

Je ne sais si je me suis trompé ; mais je vous avoue que ma confiance en vous est sans bornes. Jamais homme ne m'a subjugé plus rapidement que vous ; et s'il est vrai qu'il ait jamais dû exister de ces attachements sympathiques que le premier moment décide, assurément celui que nous avons conçu l'un pour l'autre est de ce genre. La franchise de vos procédés, la perspicacité de votre esprit et la chaleur de vos sentiments m'ont frappé, du premier jour que je vous ai connu, à un tel point que j'ai désiré, sur le champ, devenir votre ami, et même le plus intime de vos amis. Ce que vous avez fait depuis pour moi ne m'a plus permis de douter que je n'eusse, pour vous, autant d'attraits que vous en avez pour moi, et je vous ai, dès ce moment, buriné dans mon cœur comme l'homme sur lequel je devais le plus compter.

Oui, j'y compte ; et c'est au point que, si je vous savais arrivé ce soir, je me présenterais demain au comité. Et quoique je n'aye pas encore été assez heureux pour être à même de vous obliger, comme beaucoup de lâches qui siègent près de vous et restent muets à mon égard, je suis convaincu que, sans avoir vu ma défense, je suis déjà justifié à vos yeux : vous ne me croyez pas capable d'une trahison. Au reste, je ne vous demande qu'une grâce : c'est que, si j'ai le malheur d'être arrêté avant que vous soyez de retour, et que notre septembrisure soit ordonnée, vous vouliez bien accepter d'être l'exécuteur testamentaire de quelques dispositions que je vais faire, et qui vous seront remises par quelqu'un qui m'est très affidé.

Adieu, je fais copier cette lettre pour que le double vous soit envoyé à Orléans, si vous y êtes encore ; justifiez ma mémoire et rappellez-vous quelquefois d'un homme dont l'âme était digne de la vôtre. Adieu.

Pour copie : Marc-René Sahuguet d'Espagnac (1).

Si vous ne pouvez pas revenir, envoyez-moi une lettre par quelqu'un de vos amis et adressez le tout sous le couvert de la citoyenne Couïlhet.

VI

Du fond de la retraite où il se tenait caché, d'Espagnac travaillait avec ardeur à sa justification : placards, lettres aux comités et aux représentants, réponses aux rapports de la Convention..... il mettait tous ses efforts en œuvre pour éclairer ses juges et faire reconnaître son innocence.

L'opinion de la foule pesait alors d'un grand poids sur la Convention. Or, dans les questions financières, le peuple est toujours disposé à condamner ceux qui ont à leur disposition la direction d'entreprises considérables, surtout le maniement de fonds de l'Etat. D'Espagnac ne l'ignorait pas. Il ne se dissimulait pas non plus les raisons qui excitaient particulièrement les préventions et les jalousies à son égard. Noble, abbé, il avait beau faire acte de sentiments révolutionnaires, le peuple se refusait à croire à la sincérité de ses manifestations et restait enclin à le juger selon la loi appliquée alors aux prêtres et aux nobles. C'est vers le peuple que d'Espagnac se tourna d'abord. Il fit afficher sur les murs des placards portant ces mots :

---

(1) Archives nationales, W, 342, n.º 648. — Cette lettre fut trouvée chez Julien (de Toulouse) à la suite d'une perquisition. Julien, mis en jugement et condamné, eut le bonheur d'échapper à la mort par la fuite.

« A mes concitoyens. » Dans ces écrits, il exposait sa situation au point de vue financier ; c'était le côté essentiellement intéressant pour le public qu'il s'agissait de ramener à lui. L'abbé établissait par des preuves : 1° Que les marchés contractés avec lui n'étaient pas plus onéreux pour la République que les traités passés avec les autres compagnies ; 2° que ses bénéfices étaient loin de représenter les chiffres mis en circulation par la rumeur publique. C'était une réponse catégorique à toutes les attaques dont le fournisseur des armées était l'objet. Celui-ci, à son tour, n'hésitait pas à se porter l'accusateur de ses adversaires, en les dénonçant hautement comme « une horde de contre-révolutionnaires..... »

Après avoir fait entendre sa parole à ses concitoyens, d'Espagnac s'adressa au comité de *Défense générale*. Là, c'est la politique qui était uniquement agitée. On avait accusé l'abbé de complicité avec Dumouriez ; il s'agissait de repousser cette accusation. Pour y parvenir, d'Espagnac exposa toute sa carrière, telle que nous l'avons racontée. Il rappela les actes de sa vie qui, dès avant 1789, l'avaient classé comme un partisan des idées avancées ; citant ses sermons à la cour, ses écrits, les rigueurs qu'il avait subies de la part du roi, sa conduite aux élections pour les Etats généraux. Depuis le commencement de la Révolution, il s'était toujours montré franchement révolutionnaire en France et en Belgique. Quant à ses relations avec Dumouriez, elles n'avaient jamais été, affirmait-il, de nature à lui permettre de suspecter la trahison, bien loin qu'aucune confidence lui eût été faite à cet égard. Il démontrait que sa manière d'agir témoignait de son entière bonne foi et de l'absence de toute complicité, puisqu'il avait, dans ces derniers temps, pris des engagements considérables qui se trouvaient compromis par le départ de Dumouriez. « J'aurais agi tout différemment, faisait observer l'abbé, si j'avais connu les projets de Dumouriez. »

En terminant, il annonçait qu'il avait déjà donné des ordres pour mettre à la disposition du comité 3,000 chevaux, en prévision de l'établissement d'un camp sous Paris. Cette défense mérite d'avoir sa place au cours de ce travail :

Marc-René Sahuguet Espagnac au Comité de défense générale, le 4 avril 1793, l'an deuxième de la République française.

Citoyens,

Vous avez fait lever les scellés que vous aviez fait mettre sur mes papiers, et vous devez voir, par le procez-verbal que ce que je vous avois écrit étoit vrai. Qu'exigez-vous à présent de moi ? Après avoir interrogé, sans que je pusse y être préparé, les dépôts les plus secrets de mes pensées, et vous être convaincus que je n'avois pas reçu de Dumouriez un seul mot depuis qu'il avoit quitté Paris, n'êtes-vous pas satisfait ? Intorrogez ma conduite, non pas simplement depuis la Révolution, mais depuis qu'entré dans le monde, j'ai pu m'y faire connoître par quelques idées : quoique né sous les loix barbares du droit d'aînesse et de substitution, que vous avez si sagement abrogées, et que je n'eusse dès lors d'autre espoir que dans les graces qui ne s'accordent qu'au dévouement le plus fanatique au gouvernement, et à mon état, je n'ai pas su, le moindre instant, hypocriser mes principes ; et je n'ai cessé, depuis l'âge de 22 ans, de poursuivre, par des écrits philosophiques, les prêtres et les rois. Qu'on ouvre mes *Réflexions sur l'abbé Suger*, imprimées en 1781, non pas anonymement, mais sous mon nom et qu'on me dise si l'on écrit avec plus de liberté ? L'on y verra surtout cette phrase, au sujet de la précaution prise par Louis VII, de faire reconnoître son fils pour roi phrase qui fit défendre le débit de mon ouvrage, et faillit me valoir les honneurs de la Bastille : *Précaution sage et nécessaire alors, qui prouvoit que nos rois ne s'étoient pas encore persuadés qu'ils ne tenoient leur couronne que de Dieu et de leur épée.*

Enfin, c'est dans cette même année 1781, que prêchant Louis XVI et sa cour, j'ai osé prendre, pour sujet de mon discours, les inconveniens de la royauté, et articulant que, de tous les gouvernemens, celui d'un seul étoit celui où ces inconvéniens étoient tout à la fois et les plus nombreux, et les moins faciles à éviter, j'ai démontré, par une série de vérités aussi fortes que toutes celles qu'on a produites depuis, que, pour qu'il pût exister un roi passable, il faudroit que ce fût une intelligence au-dessus de l'espèce humaine.

Voilà ce que j'ai fait sept ans avant la Révolution ; on ne pensera pas que dans cet intervalle, j'aie changé de principes lorsqu'on saura qu'en 1787, une lettre de cachet m'a dépouillé arbitrairement et de ma liberté et d'une fortune considérable que j'avois acquise.

Les Etats généraux convoqués, je me suis rendu à Montfort, situé à six lieues de Versailles; j'y ai été chargé de la rédaction des cahiers, et ces cahiers ont été cités pour lors parmi les plus hardis qui eussent paru.

Cette rédaction a été, par mes soins, discutée par les trois ordres réunis, et dans le mode de l'opinion par tête; quoique je n'eusse pu parvenir à former l'élection sur le même mode, et que, confiné dans mon ordre, je ne pusse être présent à celle du tiers état, je suis sorti le premier de son scrutin, et, sans un tour d'adresse j'eusse été nommé député à ce premier scrutin.

C'est le 17 juin 1789, que les Etats généraux se sont constitués Assemblée nationale ; et je puis vous prouver, par un acte judiciaire, signifié par moi dès le 7 avril au gouvernement, que j'avois ainsi déjà baptisé les Etats généraux.

Le 23 juin fut tenu cette fameuse séance dite royale, et je puis vous prouver qu'étant à dîner, avec quatorze patriotes, au moment où l'on nous en eût apporté la nouvelle, j'enfonçai, sur le champ, mon couteau dans la table, et leur fit faire serment de l'enfoncer dans le cœur du premier de nous qui reconnaîtroit la déclaration que la cour donnoit comme son *ultimatum*.

Le 12 juillet, Paris se souleva, et je puis vous prouver que j'ai été un des premiers à prendre les armes ; et je puis vous prouver que, nommé pour lors électeur de ma section, j'ai employé tous ces premiers momens de la Révolution à remplir avec zèle les fonctions qui m'étoient confiées.

Le 6 octobre ayant fixé l'Assemblée à Paris, la société des Jacobins s'est formée, et je suis le premier de ceux qui n'étoient pas députés, qui s'y sont fait recevoir.

La première question qu'on y ait discutée a été la nationalité des biens ecclésiastiques, et, quoique j'eusse vingt-cinq mille livres de rente en ces sortes de biens, c'est moi qui ai le premier proposé, au serment près, les plans réformateurs qui ont frappé le clergé.

Ma conduite depuis la Révolution, démontre donc que mes principes ont été les mêmes qu'ils étoient avant cette Révolution.

Qui auroit pu les changer ? Est-ce parce que, depuis la nouvelle Révolution, c'est-à-dire depuis le 10 août, j'ai tellement fondu ma fortune dans mes entreprises pour la République, que, si la République étoit renversée, je resterois sans aucune ressources.

Je le demande à tout homme raisonnable : ce fait seul n'est-il point suffisant pour écarter de moi tout soupçon ? Chaque pas que je fais pour m'enfoncer davantage dans mon entreprise, ne doit-il pas être, pour la République, un sûr garant du dévouement avec lequel je me livre à son sort ?

Mais traitons la question au fond, car vous pouvez me répondre que les passions sont telles chez les hommes, qu'elles les aveuglent souvent sur leurs intérêts.

De quoi me soupçonne-t-on ? d'être le complice de Dumouriez.

Voyons d'abord quand il a pu me communiquer ses plans.

J'ai déjà eu l'honneur de vous écrire que mes premières relations avec Dumouriez, ne se sont établies que par mon service ; je me suis rendu, le 22 octobre, à Valenciennes, pour combiner avec lui les moyens d'organiser ses transports ; ma besogne a été terminée au bout de trois jours ; et je suis reparti pour Paris.

Il est vrai que, dès ce moment, il m'a fort accueilli ; l'apostille qu'il mit de sa main, à une lettre qu'il écrivit le 24 à Pache, en est une grande preuve ; mais sans doute on ne pensera pas qu'un homme aussi adroit que Dumouriez, supposé qu'il eût déjà conçu ses plans, me les ait communiqués dans ces trois jours de connoissance.

De retour à Paris le 26 octobre environ, je n'en suis reparti que le 4 novembre, n'ai rejoint Dumouriez que le 7, au moment où il est entré dans Mons, et ne suis resté avec lui, que jusqu'au 24 du même mois, époque à laquelle j'ai été arrêté par ordre de la Convention. Dans ces dix-sept jours, on sait que nous nous sommes portés successivement sur Bruxelles, Louvain et Tirlemont ; l'ennemi disparoissoit devant nous comme des ombres. Or, à supposer que Dumouriez eût, à cette époque, déjà conçu ses plans, il est bien évident qu'il ne me les avoit pas encore communiqués, car il souffroit que je révolutionnasse la Belgique dans un sens absolument contraire à tout ce qu'il a fait depuis. Je dis plus, il m'avoit alors tellement paru éloigné des plans qu'il annonce, que Walkiers, Balza, de Rael et Digneffe, ayant formé à Mons, avec moi, le comité révolutionnaire, au moyen duquel nous établîmes, à l'instant, dans toutes les villes, les sociétés populaires et les principes de la Révolution, et ayant proposé à Dumouriez de nous seconder, non seulement il y consentit, mais il nous soutint de tout son pouvoir ; il se rendit deux fois à Mons, et deux fois à Bruxelles, aux clubs que nous y avions formés, et y parla chaque fois comme le républicain le plus déterminé. La noblesse et le clergé du Hainault ayant résolu, à l'époque du 21 novembre, de renverser les administrateurs populaires que nous avions fait nommer, et s'étant servi, pour cela, du prétexte que ce n'étoit pas la totalité du peuple, mais la partie soulevée par notre pouvoir révolutionnaire, qui les avoit choisis, je fus trouver Dumouriez avec trois des administrateurs ; je lui fis sentir que, si l'aristocratie remportoit cet avantage, nous ne pouvions plus révolutionner le Brabant, et Dumouriez déployant toute son autorité pour empêcher l'élection projetée, maintint celles qui étoient faites.

Au reste, il est prouvé, par les journaux des sociétés de Mons et de Bruxelles, que c'est en sa présence que j'ai proposé la suppression des dîmes, des droits féodaux et de toute corporation quelconque, que c'est en sa présence, et sous son agrément que j'ai proposé et qu'il a été adopté *que tous les individus quelconques de l'armée françoise fussent membres de la société de Bruxelles*. Je puis prouver que je lui ai fait nommer, le 19 novembre, pour commandant en second de cette ville, le citoyen Goguet, ami de Cambon, lieutenant-colonel d'un bataillon de fédérés languedociens, le républicain le plus exalté ; et que Dumouriez ne l'a nommé que sur ce que je lui ai représenté combien il étoit essentiel d'avoir, pour le Brabant, un chef et des troupes révolutionnaires.

Il est donc bien évident que, si Dumouriez avoit déjà conçu ses plans avant l'époque du 24 novembre, il ne me les avoit pas encore communiqués.

Arrivé à Paris, le 24 novembre, par ordre de la Convention, je n'en suis sorti que quatre à cinq fois pour aller dans ses environs; et avant que Dumouriez y vînt lui-même, j'avois été presque tout le temps à l'Abbaye. La seule époque où Dumouriez ait pu me communiquer ses plans est donc celle où il s'est rendu lui-même à Paris où celle qui a suivi son départ.

Voyons alors comment il a pu me les communiquer?

N'ayant pas quitté Paris et ses environs, il est évident que je n'ai pu recevoir ses confidences que de vive voix, si c'est pendant son séjour à Paris et par écrit, si c'est depuis son départ,

Si c'est de vive voix, il m'est difficile de prouver le contraire autrement que par une dénégation formelle. Or, j'affirme que Dumouriez ne m'a fait aucune confidence, qui put me faire même soupçonner ses plans; il me parut surtout, la dernière fois que je le vis, extrêmement mécontent de ce que le pouvoir exécutif ne s'occupoit pas sérieusement de préparer la campagne, mais il ne m'annonça rien qui put me faire croire qu'il songeroit à tourner contre nous-mêmes les armes qui lui étoient confiées: au contraire, il me parut que le dégoût qu'il éprouvoit ne le porteroit jamais qu'à donner sa démission, et je ne doutai point qu'il ne l'envoyât, s'il ne trouvoit pas jour à tenter l'expédition de la Hollande. Hassenfratz spécialement, Châteauneuf, Randon et Julien de Toulouse, doivent se rappeler que je m'exprimai de cette manière avec eux.

Mais, quoiqu'une dénégation aussi formelle de ma part dut suffire en justice, comme je tiens à cœur de ne laisser aucun prétexte aux soupçons, je vais prouver, par ma conduite, depuis le départ de Dumouriez, qu'elle a été diamétralement contraire à celle d'un homme qu'il auroit établi son confident.

Et d'abord examinons ma conduite par rapport à l'exécution du décret du 15 décembre, et aux réunions des provinces belgiques à nous : sans doute rien n'a été plus contraire au système qu'annonce Dumouriez, que la réunion de la Belgique à la France. Or, il est de fait que, depuis le départ de

Dumouriez, j'ai passé plus de trois semaines à m'occuper de ces réunions, j'en atteste Cambon et Lacroix; qu'ils disent s'il n'est pas vrai : Cambon, que je lui ai mené, plusieurs fois, à cet effet, les députés de Mons et de Gand, et qu'étant convenu qu'il étoit nécessaire d'employer des sommes pour cet objet, j'offris d'avancer cent mille écus; Lacroix, s'il n'est pas vrai que je me suis rendu chez lui avec les mêmes députés, auxquels il avoit donné rendez-vous; que nous avons délibéré avec lui sur les mesures qu'il falloit prendre et qu'il resta d'accord que, si l'Assemblée me relevoit de son décret, j'irois le joindre pour le seconder. J'interpelle également *Anacharsis Clots;* qu'il dise s'il n'est pas vrai que nous avons vainement essayé de nous faire entendre, sur cet objet, au comité de la guerre, dont l'organisation de l'armée absorbait tous les moments.

Examinons ensuite ma conduite à l'égard de Dumouriez, et voyons si, après avoir heurté si ouvertement ses opinions sur le décret du 15 décembre, j'ai racheté cette conduite par des complaisances pour lui; Dumouriez a eu besoin, il y a environ un mois, de cent quarante mille livres; l'administrateur des charrois, qui se trouvoit dans la Belgique, a eu la faiblesse de les donner sur sa réquisition; je lui en ai marqué, sur le champ, mon mécontentement; je lui ai signifié de ne faire désormais aucune espèce d'avance à Dumouriez, de ne lui remettre d'argent qu'autant qu'il l'exigeroit à force armée, et que, dans ce cas, il en dresseroit procès-verbal.

Il est vrai, comme j'ai déjà eu l'honneur de vous le marquer, que j'ai écrit à Dumouriez pour le féliciter sur les prises de Breda et de Gestruidenberg, mais ma condescendance n'a pas dépassé les complimens.

Enfin examinons ma conduite par rapport à mon service; assurément, à moins que je ne fusse ou imbécile ou fol, instruit des plans de Dumouriez, je n'ai pas dû étendre mes entreprises au-delà de ce que j'avais entamé; et cependant j'ai conclu, depuis le 15 février, des marchés pour plus de dix mille mulets destinés au service de l'armée des Pyrénées et de celle du Var. J'en ai conclu un pour trois mille chevaux d'artillerie dans l'armée de la Moselle; un de deux mille pour l'armée des Côtes, un de plus de huit mille pour compléter le service de l'armée de la Moselle, des Ardennes et du Rhin ; et je suis occupé, depuis plus d'un mois, à procurer à la République l'éminent avantage d'avoir le service du pain de munition assuré dans toutes les armées, lequel service exige encore douze mille chevaux de plus; j'en avois déjà presque pris l'engagement.

Mais au moins, n'ai-je pas dû me charger, surtout dans la Belgique, de services extraordinaires très considérables, qui, ne pouvant être constatés que dans quelques mois, ne pouvoient m'être payés en cet instant? Cependant je puis prouver que, le 9 février, Dumouriez m'a requis de faire, pour le service de l'artillerie, une fourniture de deux mille chevaux que je n'étois pas tenu de faire, et que j'ai fait cette fourniture. Je puis prouver que le 7 mars, le commissaire-ordonnateur Petit-Jean a pris le parti de nous confier tous les services de l'armée, et qu'en conséquence nous avons fourni, en moins de vingt jours, quatre mille chevaux d'extraordinaire.

Enfin, au moins me serois-je empressé de me faire payer de ce qui m'étois dû pour tous ces nouveaux services entrepris : et je puis prouver qu'il y a plus de trois millions qui nous sont dûs depuis plus d'un mois, et pour lesquels je n'ai pas même fait encore de demande.

En voilà sans doute assez, s'il n'y en a pas plus qu'il n'en faut, pour établir mes droits à votre justice ; si vous ajoutez à tout cela qu'au moment où j'ai appris la défaite de Louvain, j'ai écrit à Dumouriez pour qu'il laissât mes préposés faire des réquisitions de toutes les voitures du pays, et de les amener de force ou de gré, vous ne pourrez conserver un seul doute à mon égard ; assurément s'il y a une preuve manifeste de mon ignorance sur les plans de Dumouriez, c'est l'envoi d'une pareille lettre, où, certes, j'étois bien éloigné et de son système et de ses vues.

Si tant de raisons si péremptoires vous convainquent, citoyens, que je ne puis, en aucune manière, être coupable de l'attentat horrible dont vous m'avez soupçonné, j'espère que vous voudrez bien me laisser continuer tranquillement et sans exiger que je me rende près de vous, le service important que je fais ; la nature de ce service est telle que je ne puis dérober et faire disparoître ce qui le constitue ; on n'escamote pas facilement huit à neuf mille chariots et environ trente à quarante mille chevaux ou mulets, surtout lorsque les uns et les autres sont une fois entre les mains des généraux ; de forts payemens, que les formes des comptabilités arrièrent toujours, vous répondent toujours de moi. J'ose dire que je vous ai prouvé que mes principes et ma conduite, depuis mon enfance, vous en répondroient aussi. Eh quoi ! parce que Dumouriez a cru devoir s'acquitter, envers moi, de mon activité par quelques éloges, dois-je être traduit et traité comme son complice ! Dumouriez, avec qui je n'avois aucune relation avant le 22 octobre dernier, que j'ai vu pour lors trois jours seulement, que j'ai revu dix-sept jours en novembre, où je ne crois pas l'avoir trouvé seul plus d'une seule fois, que j'ai revu pour la dernière fois en janvier et dont je n'ai plus entendu parler que par des gazettes.

D'ailleurs, citoyens, ce que je réclame de vous est autant votre intérêt que le mien ; ma première arrestation vous a déjà fait bien du tort; mais celle-ci vous en feroit un irréparable, parce qu'il n'y a plus un moment à perdre pour tout organiser. Vous ne vous êtes pas aperçu du désordre de vos charrois, ni dans la campagne de septembre, parce qu'elle a été très courte, ni dans la campagne d'hiver, parce que nous l'avons faite presque partout hors de notre territoire ; mais aujourd'hui que nous sommes revenus sur nos frontières et que nous sommes sûrs d'être obligés de tenir campagne au moins six mois, si l'organisation des charrois n'étoit pas parfaite, vous éprouveriez de grands embarras.

Au reste, citoyens, comme je ne doute pas que la Convention ne prenne à présent le parti sage d'établir un camp entre Paris et les frontières, vu les mesures que j'ai prises, je puis, sans compromettre le service des autres armées, fournir sous quatre jours, pour le camp, plus de trois mille chevaux ; je viens de donner des ordres pour qu'on se mit en état de vous les fournir si vous les requérez. J'espère, citoyens, que cette manière d'agir vous paroîtra aussi une réponse aux soupçons qui se sont élevés sur moi. Je m'adresse à des hommes trop éclairés, pour avoir besoin de leur faire sentir que, fournir en cet instant trois mille chevaux sous quatre jours pour le camp nouveau, sans déranger le service des armés, c'est rendre à la République un service important (1).

---

(1) Bibliothèque Nationale. — Catalogue de l'histoire de France, in-4° L b 41 n° 606.

La Convention, abandonnant l'accusation de trahison au comité de *Défense générale,* avait nommé une commission dite des *Charrois* pour examiner les marchés de la compagnie Masson-d'Espagnac; un rapport devait lui être présenté sur cette affaire. Le rapporteur était Dornier, député de la Haute-Saône. En attendant, la trésorerie nationale, au risque de désorganiser le service des armées, suspendait ses paiements à la compagnie. Cependant, à la suite d'un examen plus réfléchi, le comité des finances lui accordait 4,000,000 à titre provisoire; mais la remise de cette somme restait subordonnée à des conditions que la compagnie ne pouvait remplir. Ce n'était qu'avec les plus grandes peines que d'Espagnac était parvenu à se faire rendre justice; il avait même obtenu, à cette occasion, un vote de la Convention, reconnaissant « le zèle » avec lequel son service était fait.

Ayant triomphé au comité des *Finances*, d'Espagnac dût comparaître au comité de *Salut public*. La question à débattre portait sur une somme qui n'était pas moindre de 8,000,000. L'abbé proposa de s'en rapporter à l'arbitrage de Cambon lui-même, quoiqu'il fût son adversaire, ou de tout autre qui serait désigné. Sur le refus du comité, d'Espagnac fut amené à plaider sa cause et il ne lui fut pas difficile de la gagner. C'est alors, selon lui, que ses ennemis, « par une intrigue qu'on ne saurait qualifier, eurent l'art de faire transporter son affaire, par un nouveau comité dit *des Charrois*. » En présence de ce nouveau comité, les marchés de d'Espagnac furent annulés sans qu'on lui eût fait connaître les raisons de ce jugement et sans qu'il eût été entendu.

En exposant ces faits, dans une lettre aux représentants du peuple, d'Espagnac n'hésite pas à attribuer les persécutions dont il est victime à un complot organisé pour renverser son entreprise; il nomme hardiment les auteurs de ce complot : « Choiseau, entrepreneur de l'artillerie; plusieurs de ses amis, que les conspirateurs de la Vendée ont laissé dans Paris, parce qu'ils y occupent les premières places de la trésorerie; et Dornier, qui ne revient pas facilement d'une première idée et qui ne les comprend pas toutes. »

« ..... Mais il ne suffit pas à ma justification de vous avoir dévoilé ces trames, ajoute l'abbé; je ne puis, ni ne dois laisser impuni l'abus sacrilège que Dornier a fait du plus saint de vos emplois : celui de rapporteur. Il faut que je confonde ses assertions calomnieuses, et que je grave sur son front toutes les marques d'improbité dont il s'efforce vainement de flétrir le mien (1). » En terminant, l'abbé annonçait la réfutation prochaine du rapport de Dornier, qu'il qualifiait de « libelle. » Cette réfutation parut le 24 juillet. Le rapport visait deux points : 1° le fond des marchés que Dornier trouvait désastreux pour la République; 2° l'exécution de ces marchés qu'il jugeait nulle ou défectueuse.

« Comment se fait-il, répondait d'Espagnac à chaque objection, qu'on trouve mauvais dans mes marchés ce qui est copié mot pour mot dans les traités approuvés des autres fournisseurs? Comment se fait-il que mes marchés étant, selon vous, si avantageux, aucune autre compagnie n'ait voulu les consentir à de meilleures conditions ? » Quant à l'exécution, l'abbé s'autorisait péremptoirement des décrets de la Convention qui maintenaient ses marchés et des rapports des commissaires attestant que, « de toutes les administrations, la compagnie Masson était la seule qui fît journellement des efforts au-delà des conditions à elle imposées (1). » Cette affaire de fournitures avait pris, sous l'action des comités et des passions intéressées,

---

(1) Voir pièces justificatives.
(2) *Idem.*

une importance considérable ; mais on n'aurait pu prévoir qu'elle marquait la première étape de d'Espagnac vers l'échafaud. Bien des circonstances jusqu'ici inexpliquées ont pesé sur les jugements de l'histoire et sur la mémoire du condamné. Aussi, nous devons publier toutes les pièces du procès. Voici donc la dernière défense de l'abbé :

MES RÉPONSES A DORNIER.

Les objections du rapporteur portent, et sur le fonds des marchés que j'ai conclu, et l'exécution de ces marchés.

Sur le fonds des marchés qu'il trouve désastreux, il objecte :

1° Qu'après m'être fait payer très chèrement mes voitures et mes chevaux, j'ai fait encore payer les loyers ; qu'ainsi la République me paye un loyer de ce qui n'est pas à moi mais à elle.

A cela je répond d'abord, comme je l'ai déjà fait dans un placard, affiché partout : qu'il est vrai que la République me paye, à des prix convenus, les fournitures que je fais ; mais que ce qu'elle m'a donné pour ces fournitures, je la rembourse de cette manière :

Par un de mes traités, qui forme le quart de mes fournitures, je rends chaque mois un vingt-quatrième de ce que j'ai reçu, de sorte qu'au vingt-quatrième mois, époque à laquelle finit mon traité, la République est rentrée dans la totalité des sommes qu'elle m'a payées.

Par les autres traités je ne rembourse rien partiellement, mais à la fin des traités, non-seulement je rends à la République les voitures, ainsi que les chevaux ; mais je lui remets tout ce qu'il y a de différence entre ce qu'elle m'a donné, et ce que ses voitures et ses chevaux doivent être estimés.

Dans l'un et l'autre cas, la République ne fait donc qu'une avance, et elle n'y a d'autre droit que celui qu'un créancier a sur son gage. Dans l'un et l'autre cas, le loyer qui n'est qu'un forfait pour l'entretien et le remplacement m'est donc bien légitimement dû. C'est le prix des chances que je cours et que je supporte pour rétablir ce qui se détériore, ou remplacer ce qui se détruit.

Je demande ensuite au rapporteur pour quelle raison il

trouve mauvais dans mes marchés, ce qui fait la base de ceux de Choiseau et Lanchere, conclus avant les miens, et qu'il propose de conserver ? car mes marchés, à cet égard, sont copiés mot pour mot sur le leur.

2° *Que la clause par laquelle je dois payer à la fin du marché, la différence entre ce que j'auroi reçu pour le prix des voitures et des chevaux, et celui qu'ils seront estimés, est illusoire, absurde et inventée par moi.*

Inventée par moi ! non, c'est par un citoyen qu'on peut compter parmi les plus ardents patriotes, les hommes qui ont le plus d'esprit et ceux dont l'opinion s'est le moins prononcé en ma faveur, Hassenfratz.

Illusoire ! non, je démontre qu'à la fin de mon traité, la République a entre ses mains une valeur équivalente à moitié de celle qu'elle m'avance ; j'offre d'ailleurs à cet égard toute satisfaction.

Absurde ! non, car si la République veut annuler cette clause, je consens à une diminution de trente sols de loyer par chaque voiture, ce qui fait le huitième de leur prix.

3° *Que dans des cas de mort prévus ou de prise par l'ennemi, la République paye le montant des chevaux, et qu'il est physiquement démontré qu'un cheval ne peut mourir d'autre maladie que celle portée au traité.*

Je demande encore au rapporteur, pour qu'elle raison il trouve mauvais dans mes marchés, ce que contiennent, mot pour mot, ceux de Choiseau et Lanchere, qu'il propose de conserver, et ce que contient également mot pour mot l'article XII du traité qu'il propose de conclure avec les régisseurs qu'il veut mettre à ma place ; car tel est, mot pour mot, cet article vraiment curieux ; et comme si le rapporteur eût craint qu'on pût se méprendre sur le détail très exact qu'il donne des cas de remplacement, il a soin d'y ajouter : le tout conformément à l'article XIV du traité Masson, en date du 31 août.

Je demande ensuite à ce même rapporteur comment il ose marquer à votre improbation une pareille clause, lorsqu'il ne peut ignorer que toutes les voitures employées par réquisition, dans toutes les parties quelconques de la République, sont traitées plus avantageusement par deux lois en vigueur, l'une du 29 avril 1792, quatre mois avant mon premier traité, l'autre du 2 septembre, deux jours après ; car ces loix mettent formellement à la charge de la République, non-seulement les cas de force majeure, mais tous les cas quelconques de remplacement.

4° Que je reçois en sus du loyer, des rations de pain et de fourrages, de sorte que je ne suis tenu qu'au simple payement des employés et à l'entretien des équipages.

Je demande encore au rapporteur pour quelle raison il trouve mauvais, dans mes marchés, ce que contiennent, mot pour mot, non-seulement ceux de Choiseau et Lanchere, qu'il propose de conserver ; mais le traité qu'il propose de conclure avec ceux qu'il veut mettre à ma place ; et surtout, pour quelle raison il feint d'ignorer que ce qu'il improuve est encore accordé formellement par des loix des 29 avril et 2 septembre 1792 ?

5° Que j'ai mis dans la clause, qui concerne le compte de clerc à maître, une phrase insidieuse, d'après laquelle j'ai seul le droit de demander ce compte.

Je demande encore au rapporteur pour quelle raison il trouveroit mauvais dans mes marchés, ce que contiennent ceux de Choiseau et Lanchère, qu'il propose de conserver ?

Mais je lui demande ensuite comment il a la mauvaise foi de me faire une pareille objection, lorsqu'il y a trois mois entiers que je lui répète chaque jour que c'est par erreur que cette clause a été libellée comme elle l'est dans mes marchés ? Que la même objection m'ayant été faite au mois de février, par l'ancien comité des marchés, j'ai dès lors réparé cette erreur, par un écrit signé de moi, déposé tout à la fois, et chez le ministre, et dans le comité, lorsqu'il sait que cette erreur ne porte que sur les trois premiers marchés que j'ai conclus ; que c'est sur cette condition du compte de clerc à maître, que Julien a, le 17 février, fondé dans son rapport l'inutilité de toutes discussions, par rapport aux calculs faits alors contre mes marchés, et que c'est même sur cette condition, bien reconnue comme existante, que la discussion ayant été fermée le 1er mars, la Convention les a tous ratifiés.

6° Que mes payements sont stipulés en numéraire, et que je ne l'ai fait que pour avoir occasion de dégrader les assignats au point où ils le sont aujourd'hui.

Je demande encore au rapporteur pour quelle raison il

trouve mauvais dans mes marchés ce que contiennent, mot pour mot, ceux de Choiseau et Lanchere, qu'il propose de conserver?

J'observe ensuite que cette stipulation n'est pas de moi, mais de la trésorerie, qui, lors du mois de septembre, époque à laquelle j'ai conclu mes marchés, a pensé que l'argent tomberoit au pair, et que j'ai eu, sur cet objet, trois semaines de discussions avec le ministre : j'interpelle hautement Hassenfratz à ce sujet. Quant aux intentions criminelles que le rapporteur m'attribue, j'avoue qu'il faut tout mon respect pour l'Assemblée, pour que je contienne en cet instant mon indignation. Où donc ce rapporteur a-t-il vu, non pas une preuve, mais un seul indice de cette impudente calomnie ? Qu'il le produise. Je l'en défie : et je déduirois, moi, des preuves incontestables que, loin d'avoir partagé les coupables manœuvres par lesquelles on avilit notre monnoie, je me suis hautement declaré contre. Que plusieurs de vos collègues, non suspects, que Cambon entr'autres, dise s'il n'est pas vrai qu'il y a plus d'un mois que je l'ai provoqué sur cet objet? Que, dès cet époque, je lui ai proposé de prendre des mesures pour déjouer ces manœuvres infâmes, et que j'ai même offert d'employer, s'il le falloit, toute ma fortune.

7° *Que par un tableau exacte de toutes mes dépenses, on voit que je gagne plus de deux tiers de ce que je reçois.*

Ma réponse à cet article est : d'abord, que nous ne sommes point d'accord sur le montant de mes dépenses ; ensuite que le rapporteur fait toujours ses calculs dans la supposition que les dépenses se bornent à l'entretien tandis que j'ai à trouver sur la solde qui m'est accordée, non-seulement l'entretien, mais le remplacement, et surtout la perte qu'éprouvera la valeur de nos équipages à l'expiration du traité; puisqu'il ne nous restera pour lors que des chevaux dépéris et des charrettes delabrées, que le rapporteur lui-même ne croit pas devoir estimer au-dessus de la septième partie de l'avance qui m'est faite.

Enfin, que quels que soient les prétendus profits que je fasse, la République n'en peut être lésée, dès que par le compte de cierc à maître, elle peut toujours me ramener à des profits limités.

8° *Que lorsque j'ai commencé le service, il y avoit des*

compagnies existantes qui le faisoient à un prix moindre que le mien, et sans que la République eût fait aucune fourniture.

Comment le rapporteur ose-t-il avancer un fait aussi faux ! Lorsque j'ai commencé mon service, il n'y avoit de toutes les armées, que celle des Alpes, où ce service fût remis à une compagnie ; c'étoit celle de Coupery : or, la République avoit fait pour ce marché, toutes les fournitures, de la même manière qu'elle les fait dans le mien, et le prix en étoit bien plus élevé, par la raison que Coupery ne s'étoit engagé de prendre ses équipages à la fin du traité, que dans l'état où ils se trouveront, et non comme moi d'en payer le dépérissement.

9° Que, depuis ces mêmes marchés, Coupery, Jaume et Winter, ont traité à des prix tellement au-dessous des miens, que par le premier la République dépense 6,447,000 livres de moins ; par le second près de 22 millions, et par le troisième 106,128,000 livres.

Je n'entends rien aux calculs extravagants que le rapporteur fait à l'égard de Winter ; il est certain, je l'avoue, que cette compagnie a fait jusqu'à présent, son service de quinze à vingt pour cent de meilleur prix que moi ;

Il n'en est pas ainsi de Jaume : J'ai déclaré dans mon premier placard, que si la Convention vouloit réduire mes obligations à celles souscrites par cette compagnie, je réduirois mon prix à cinq pour cent au-dessous du sien. Eh bien ! je le déclare encore. Il vous est facile de me confondre. Acceptez.

Quant à Coupery, je ne feroi qu'une seule question au rapporteur : Le tableau comparatif qu'il présente, a, de son aveu, été copié sur l'original qu'il a trouvé dans le comité ; comment a-t-il pu voir cette pièce dans le comité, qui la recèle effectivement, sans y en avoir vu d'autres qui se trouvent au même dossier, et qui prouvent qu'ayant alors sommé Coupery de se soumettre pour le prix qu'il offroit aux mêmes conditions que j'avois acceptées, et pour le poids, et pour la différence exigible à la fin du traité, Coupery se rétracta sur le champ, ne voulut se soumettre à ces conditions qu'au prix porté dans mes marchés, et *conclut en effet à ce prix un marché*, dont il fait encore le service.

10° Que, par une clause extraordinaire, le marché du 19 février donne à la solde pour l'entretien, un effet retroactif de quatre mois, et que le service m'a été payé sur le champ comme supposant qu'il a été fait.

Ce fait est bien simple : Pache avoit écrit aux généraux à la fin d'octobre, pour qu'ils me fissent connoître ce qu'il falloit ajouter à mes marchés, afin que leur service fût complet; Dumouricz calcula qu'il lui falloit pour le parc de l'armée de Belgique 1,200 voitures de plus. Il m'en donna donc l'ordre le 23 octobre 1792, m'en fit passer marché le même jour par le commissaire-ordonnateur, et il écrivit à Pache pour qu'il ratifiât ce marché : Pache ne put le ratifier, parce que je fus dénoncé dans l'intervalle, et qu'un comité fut saisi de la connoissance de tous les marchés que j'avois fait; ce fut donc Beurnouville qui fut chargé de cette opération; opération qui ne consistoit pas, comme on voit, à faire un nouveau traité, mais à confirmer un traité fait.

Rien donc n'est, comme on voit, plus simple; mais ce qui ne l'est pas, c'est que le rapporteur, qui tient dans ses mains le marché du 19 février, n'ait pas vu que tout ce que je viens d'exposer y est relaté de la manière la moins équivoque.

Telles sont, citoyens, mes réponses aux objections faites par le rapporteur du comité sur les fonds de mes marchés; elles sont, je l'espère sans réplique; et j'aurois pu me dispenser d'en produire contre les huit premières, puisqu'ayant déjà formé l'objet d'une discussion au comité des marchés, elles ont été jugées par vous-mêmes ou fausses et absurdes, et que vous avez, en conséquence, le 1er mars, rendu le décret suivant :

« La Convention nationale, après avoir entendu le rapport de sa commission des marchés, sur celui passé le 31 août dernier et les supplémens audit marché passés les 27 et 29 septembre suivans, par le citoyen Servan, alors ministre de la guerre, et la compagnie Masson et d'Espagnac, pour le service des charrois dans les armées de la République, décrète que ledit marché et ses supplémens seront maintenus dans toutes les clauses et conditions qui y sont exprimées, sans y rien préjuger toutefois sur les articles 12, 13 et 14 du deuxième supplément relatif au service pour l'armée des Alpes, dont le citoyen Coupery se trouve chargé par un marché antérieur passé le 21 mai 1791. Enjoint, en conséquence, au ministre de la guerre de tenir la main à l'exécution des susdits marchés. »

Sur l'exécution de mes marchés, le rapporteur objecte :

1° Que quoique j'aie toujours été payé de mon service, il a presque toujours été nul,

Dans les Pyrénées, de mon aveu ;

Dans l'armée de Beurnonville et de Miranda, d'après la déposition faite par le commissaire Petit-Jean, lors de son interrogatoire au comité militaire ;

Et dans toutes les autres armées en général, d'après les procès-verbaux même de revue de la fin de décembre, puisqu'alors j'aurois dû avoir 13,305 chevaux, et que je n'en avois que 6,769, et d'après la déclaration faite par Ronssin, le 20 mai, que je n'avois encore de revues que pour un effectif de 500 chevaux.

Ma réponse à cet article est : pour l'armée des Pyrénées, qui si mon service n'a commencé dans cette armée qu'au mois de mars, c'est que je n'ai point voulu constituer la République en frais pour une armée qui n'existoit pas, et que, si l'on m'a payé ce service, c'est par compensation d'un autre que je faisois à l'armée de la Moselle, et que je faisois, dès le mois de novembre, sans avoir même de marché.

Pour l'armée de Beurnonville et de Miranda, que c'est à la fin de novembre que Petit-Jean a fait sa déclaration, c'est-à-dire lorsqu'il y avoit à peine un mois que j'étois en activité de service, et que certainement on ne peut appliquer à l'intervalle qui s'est écoulé depuis le 20 novembre jusqu'aujourd'hui une inculpation faite alors pour l'intervalle qui avoit précédé cette époque, qu'il est inconcevable que le rapporteur ait le front de m'opposer cette déclaration de Petit-Jean, qui ne porte évidemment que sur une époque inapplicable à mon service actuel, lorsqu'il a dans les mains une réponse de ce même Petit-Jean, en date du 18 mai, qui, avouant que nous faisons avec la plus grande distinction notre service, et même ceux auxquels nous ne sommes pas tenus, il dit : « Il est certain que de toutes les administrations, vous êtes la seule qui fassiez journellement des efforts au-delà des conditions qui vous sont imposées : Je vous remercie, au nom de l'armée, de vos soins continuels à faire le service des bataillons et du parc, celui extraordinaire des vivres, de l'artillerie et de l'ambulance. »

Pour les procès-verbaux de la fin de décembre, qu'il est bien extraordinaire que le rapporteur ose affirmer que je devois avoir fourni, lors de la fin de décembre, 13,305 chevaux, tandis que, par les deux seuls traités que j'avois signés pour lors, je ne devois encore à cette époque en avoir fourni que 5,325, savoir : 3,400 pour le traité du 31 août, et 1,925 pour celui du 27 septembre ; et que si ma livraison ne devoit être encore alors que de 5,325, il est évident que, de l'aveu même du rapporteur, ma fourniture étoit plus que complette :

Pour la déclaration faite par Ronssin, le 20 mai, qu'il est bien plus extraordinaire encore que le rapporteur ose, d'après cette prétendue déclaration, soutenir que je n'avois alors de revues que pour 500 chevaux, puisqu'un mois auparavant le 20 avril, le ministre avoit lui-même écrit au comité des finances, que j'avois dès lors des revues en règle, pour 17,300 chevaux, sans compter ceux de louage. Comment le rapporteur a-t-il pu préférer la déclaration verbale faite le 20 mai par l'adjoint du ministre, à celle faite officiellement, le 20 avril, par le ministre lui-même.

2° *Que mes fournitures sont médiocres, souvent détestables ;*

Que mes chevaux, reçus sans examen, sont presque tous mauvais ; que la plupart de ceux que j'ai achetés dans la Belgique sont des chevaux de réforme, ou achetés de quelques déserteurs ennemis.

Il est de notoriété publique que jamais on n'a fourni de plus beaux chevaux que ceux que j'ai fournis ; ils sont reçus avec la même précaution et la même rigueur que ceux de remonte ; au reste, un seul mot suffira pour démontrer que je ne puis, à cet égard, être confondu avec les fournisseurs ordinaires : mes fournitures faites, leur entretien est à ma charge. Il est donc de mon intérêt de faire d'excellentes fournitures, et il est évident que je ne puis jamais être tenté d'être fripon, parce que je ne puis pas l'être sans être dupe.

3° *Que l'on m'a passé, pour mon service, beaucoup plus de chevaux qu'il n'en falloit, et que la complaisance des minis-*

tres à cet égard est telle que l'on m'a donné plus de 4,000 mulets pour faire, dans l'armée du Var, le service que la compagnie Jaume faisoit avec 2,000.

Quel est l'homme honnête, en lisant cet article, qui pourra concevoir que c'est pour cette même armée que le comité des marchés lui-même vient, le 11 de ce mois, de faire décréter une levée nouvelle de 2,000 mulets, *afin*, dit le décret, *de renforcer le service de l'armée ?* Comment le rapporteur peut-il croire, que 2,000 mulets de Jaume aient pu faire le même service que 4,000 des miens qui portent le double ? et comment a-t-il la mauvaise foi de dire qu'on m'a donné, pour le service, 2,000 mulets de plus qu'il n'en falloit, lorsqu'il est obligé d'en demander lui-même 2,000 en sus ?

4° Que j'ai fait souvent mon service par des voitures de réquisition, mais que la plus grande partie n'a pas été payée, ou l'a été par la République, quoiqu'elles fissent partie du service qui m'est payé, puisque les commissaires de la Convention sont chaque jour obligés d'en faire payer, et que, de l'aveu d'un de ces commissaires, on en soldoit la plupart, dans la Belgique, en bons sur leurs impositions, ou on les vexoit tellement qu'ils abandonnoient ce qu'il leur étoit dû.

Je défie le rapporteur de produire des preuves de ce fait, pour aucune des voitures qui se sont attachées à mon service.

5° Que les livraisons de ces fournitures ont toujours été mal constatées, parce qu'elles l'ont été par le moyen facile des officiers municipaux ; que c'est ainsi que j'ai fait recevoir beaucoup de ces fournitures par Le Roux, officier municipal de Paris, et, sans doute, l'auteur de cette pétition contre-révolutionnaire improuvée par la Convention et par sa section même.

Il est aussi difficile de concevoir que le rapporteur se soit réellement mépris sur ce qu'il avance à cet égard, que de concevoir qu'il ait pu s'y méprendre : car ce seroit ou la plus étrange ineptie, ou la plus atroce duplicité. Le Roux est réellement un des commissaires des guerres employés à Paris ; et il n'y a pas un des procès-verbaux signés de lui qui ne commence par ces mots non équivoques : *Nous, commissaire des guerres employé dans la 17ᵉ division à Paris*

6° Enfin, qu'il y a dans ce service les dilapidations les

plus étonnantes, qu'ainsi l'on a distribué, en un seul jour, 25,000 rations pour 6,000 chevaux effectifs.

Je voudrois bien savoir si c'est sérieusement que le rapporteur me fait cette objection : elle seroit d'une bonhomie particulière ; en effet, à la charge de qui sont ces dilapidations ? A la mienne. S'il y a eu 20,000 rations de volées par mes préposés, il faut que j'en tienne compte à la République : toutes les dépenses de cette affaire ne consistent donc pas, comme le prétend le rapporteur, dans celles de l'entretien ; et s'il y en avoit beaucoup du genre de celles dont il est ici question, il est évident que ces bénéfices immenses, qu'on suppose, finiroient par se réduire à rien.

Quoi qu'il en soit, il est bon que le rapporteur apprenne que tout ce qui l'étonne ne peut étonner que lui ; que toute entreprise est un abonnement de gaspillage et de dilapidation ; c'est une opération par laquelle on charge un autre de courir les chances de ce genre que l'on craint de courir soi-même ; or comment peut-on reprocher que ces chances arrivent lorsqu'on les a jugé tellement nécessaires, que l'on a estimé ne pouvoir rien faire de mieux que de les abandonner.

Marc-René SAHUGUET ESPAGNAC (1).

En même temps que d'Espagnac prenait personnellement Dornier à partie, un employé des charrois publiait, sous le titre d'*Observations*, un mémoire raisonné et technique qui réduisait à néant les critiques du rapporteur contre la compagnie Masson, et les projets proposés à la Convention. Les *Observations* et les *Réponses* étaient sans réplique. Mais trop de convoitises déçues, trop de haines et d'amours-propres étaient en jeu pour s'incliner devant la justice et la raison. Les adversaires de d'Espagnac, ceux qui aspiraient à lui succéder dans son entreprise, se répandaient en propos odieux : on remit

---

(1) Bibliothèque Nationale. — Catalogue de l'histoire de France, in-4º L n 27 nº 7183.

sur le tapis les griefs politiques ; on reprocha à l'abbé ses profits usuraires, le peu de moralité de ses employés ; on l'accusa, d'autre part, de ne pas vouloir rendre ses comptes à la République. Le député Dornier, excité dans cette campagne par des blessures qui avaient atteint son orgueil, se fit l'instrument des animosités coalisées contre l'abbé. Dans une lettre rendue publique, le député de la Haute-Saône racontant avec naïveté qu'il « sortait de son village, » écrivit emphatiquement : « D'Espagnac aimerait mieux vivre en Turquie et vous faire écorcher vifs avec une étrille de fer, plutôt que de rendre un compte..... » et il ajoutait que d'Espagnac avait volé 24 ou 25,000,000 pour aller rejoindre son protecteur. C'était l'éternelle évocation du fantôme de la trahison. Dornier avait adressé sa lettre à ses concitoyens.

Le peuple de Paris put lire cette réponse de d'Espagnac placardée sur les murs :

Marc-René Sahuguet Espagnac à ses Concitoyens.

Citoyens,

Il n'est sortes d'infamies que l'on ne se permette, en ce moment, pour appeler sur moi votre indignation. On vous représente l'administration des charrois que j'ai créée comme un réceptacle d'aristocrates, d'émigrés et de fripons ; et l'on me dénonce, non-seulement comme ayant acquis, par cette entreprise, une fortune immense, mais comme ne cherchant qu'à différer l'exécution de la loi qui m'oblige d'en rendre compte et qui doit me constituer débiteur de sommes énormes envers la nation.

Il n'est pas inutile d'abord d'observer à mes concitoyens que, parmi ceux qui me dénoncent, il y a de vrais patriotes, tels que Dufourni, Raisson, Moenne et David, qui sont induits en erreur : mon compte le prouvera ; mais que l'on y voit aussi une foule de faux patriotes employés dans mon administration, qui en ont été chassés pour avoir été dénoncés eux-mêmes par leurs collègues comme des voleurs de fourrages, qui voudroient arrêter les yeux du public sur ma prétendue fortune, pour les détourner de dessus la leur, et em-

— 154 —

pêcher par leurs clameurs que mes comptes rendus ne fassent connoître leurs délapidations.

Je prie ensuite mes concitoyens de faire quelqu'attention aux réponses que voici :

Il n'y a jamais eu d'émigrés employés par mon administration.

S'il y a eu des aristocrates, ce n'est pas à nous qu'il faut s'en prendre, mais à ceux qui les ont masqués à nos yeux avec des certificats de civisme, car nous avons demandé ces certificats longtemps avant la loi ; nous les avons toujours, depuis, exigés ; et je puis prouver, par des pièces non équivoques, que mes préposés en chef ont toujours pris les plus minutieuses précautions pour n'être pas trompés sur le patriotisme d'aucun des employés.

S'il y a eu des fripons, on doit croire facilement que ce n'a pas été notre faute ; nous gérions cette affaire comme étant la nôtre, et ne pouvant être jamais que la nôtre ; nous avions donc intérêt d'en écarter les fripons : au reste, nous n'avons jamais cessé de demander qu'on aidât notre vigilance par des loix répressives ; et ce n'est qu'au mois de mai que la Convention a pu s'occuper d'un code pénal sur cet objet.

Ceux qui croient que j'ai acquis, par mon entreprise, une fortune immense, n'ont pas fait attention que le décret du 25 juillet, m'obligeant de compter de clerc à maître, et réduisant mes profits à dix pour cent, il faut que je rende compte, sol par sol, à la République, de toutes les sommes que j'ai reçues ; or, si quelqu'un veut se charger de rembourser aux intéressés dans cette affaire toutes les dépenses qu'on ne peut vérifier, et qu'ils ne peuvent dès lors répéter, j'ai pouvoir de céder tous leurs droits moyennant quatre pour cent net.

Ce n'est que par le résultat de mes comptes qu'on peut juger si je suis débiteur envers la nation ; tout ce que je puis assurer, c'est que, si je le suis, cette entreprise, que l'on supposoit me donner des profits immenses, nous constitue en des pertes énormes, puisque notre caisse est épuisée, et que les magasins et dépôts que nous avons remis provisoirement à la République sont encore redevables de près de 3,000,000 à plus de quatre mille pères de famille, ouvriers ou fournisseurs, qui nous ont fait l'avance de leurs salaires ou de leurs fonds.

Ce que je demande à mes concitoyens de ne pas perdre de vue, qu'éloigné de mes affaires en vertu des décrets de la

Convention, arrêté par ses ordres depuis huit mois, je n'ai pas eu, pendant plus de quinze jours, la liberté de gérer par moi-même cette administration ; que je n'ai rien signé ni rien ordonné ; que je n'ai reçu aucune somme, et n'ai disposé d'aucune ; que je n'ai pas donné six places, et que je les ai données à des patriotes renommés.

Je sais bien que je n'en suis pas moins responsable envers la nation de toutes les sommes que mes préposés ont reçues ; mais il est évident que je ne puis l'être de tout ce qu'on leur reproche ; ces reproches fussent-ils aussi vrais qu'ils sont faux. Les fautes doivent être personnelles comme les vertus.

P.-S. — Je ne m'attendois pas à être incarcéré de nouveau au moment où, d'accord avec les commissaires de la trésorerie nationale à l'audition de mes comptes, j'allois faire connoître au public que je n'étois réellement pas débiteur de la République, et que tout ce que l'on avoit avancé contre moi étoit pure calomnie. La Convention nationale et son comité de sûreté générale sont trop justes pour empêcher, par mon arrestation, la reddition de mes comptes et ma justification, surtout m'ayant mis sous la surveillance de deux citoyens qui ne me quittent pas, et ayant pris toutes les mesures de sûreté contre ma personne. L'intérêt de la République, celui de mes créanciers, demandent impérieusement que mes comptes soient rendus le plutôt possible ; et comme je suis responsable, ils ne peuvent être rendus qu'en ma présence (1).

VII

D'Espagnac vivait dans un état d'anxiété continuelle. Tantôt soumis à la surveillance de deux gardiens ; tantôt sous le coup d'un mandat d'arrêt ; aujourd'hui, libre par tolérance ; demain, se dérobant par la fuite aux rigueurs de la police, il était parvenu, depuis avril, à jouir d'une demi-liberté. Au mois

---

(1) Catalogue de l'histoire de France, in-f° n 27, n° 7182. — Bibliothèque Nationale.

d'août, l'abbé était en prison. Fut-il arrêté? Se constitua-t-il prisonnier? Nous ne saurions le dire. Sous les verroux, cité de nouveau à la barre, il ne désespérait pas. Comptant sur les nombreux amis qu'il avait su associer à sa fortune, il comptait aussi sur la séduction de sa parole pour obtenir justice.

Encouragé, du reste, par le succès qu'il avait obtenu dans une circonstance identique, il demanda encore à présenter sa défense à la barre. Cette demande fut rejetée (1), et le rapport sur les marchés, présenté à la Convention, ne souleva aucun débat. L'esprit qui présida à ce laborieux réquisitoire se trouve résumé tout entier dans quelques lignes qui en sont le préambule : « Il est des hommes, disait le rapporteur, qui traînent après eux de justes soupçons de méfiance. » Sous l'empire de cette méfiance, les actes de l'abbé d'Espagnac ont été analysés. Dans ce long document, aucun fait nouveau n'est relevé à la charge de l'abbé. C'est toujours la même accusation, répétée sous toutes les formes : les traités, selon le rapporteur, étaient onéreux pour la République et très avantageux pour les traitants; et puis, les fournisseurs avaient eu le tort grave de n'avoir pas rempli certaines conditions fort secondaires en se dispensant par exemple de faire vérifier leurs fournitures par des revues (2).

A ces différentes inculpations, l'abbé avait répondu : « Il est vrai que je me suis assujetti à des de revues; il est vrai que je devais justifier de mes livraisons par des procès-verbaux; il est vrai encore que je n'ai pas rempli toutes ces différentes formalités.....; mais que m'importe à moi, qu'importe à la République qu'elles aient été remplies ou non? Emporté par le torrent des circonstances les plus pres-

---

(1) *Moniteur*, 1793, 23 juillet, séance du 22.
(2) *Id.* id. 26 juillet.

santes, devais-je employer mon temps, mon zèle et mon civisme à mettre à couvert mes intérêts et à négliger ceux de la République? Et dépendait-il de moi de détourner les agents de la République, en leur faisant faire des revues, dresser des procès-verbaux, des besoins urgents de la République qui fixaient leurs regards inquiets et absorbaient leur temps et leurs facultés.

» J'ai fait le service de l'armée; vous n'avez reçu ni plaintes ni doléances. Vous devez donc me payer.

» Parmi les étranges reproches qu'on me fait depuis trois mois, pour avoir un prétexte de me chicaner sur ce qui m'est dû, je vous ai fait remarquer celui qui porte sur ce que je ne présente aucun procès-verbal de revue d'équipage. Je vous ai fait observer combien il était extraordinaire qu'on osât me faire un pareil reproche, lorsqu'il est constant que j'avais fourni, depuis le 26 octobre jusqu'aujourd'hui, deux cent soixante procès-verbaux de ce genre; et j'ai pris l'engagement de les déposer pour que chacun de vous pût les vérifier pièce à pièce. Voici l'état de ceux que je viens de remettre au comité de l'examen des marchés. Je vous prie de ne pas oublier, qu'en attendant que ces voitures fussent employées dans les armées, j'ai fait le service de toute la campagne d'hiver avec des voitures de louage; qu'indépendamment des voitures et des chevaux portés en cet état, j'ai, dans les environs de Paris, près de mille voitures et de quatre mille chevaux tout harnachés qui, depuis cinq semaines, n'attendent pour partir que l'instant où l'on voudra bien enfin me les payer; qu'indépendamment encore de tout cela, j'ai formé dans l'armée d'Italie, un service de plus de six mille mulets; dans celle des Pyrénées, un de huit mille; dans celle des Côtes et de l'Intérieur, un de..... chevaux, avec des voitures en proportion ; que, dans les huit mois que j'ai passés à réaliser de si grandes entreprises, j'ai eu des obstacles, des friponneries et une concurrence de tout genre à combattre. Et que depuis le mois d'avril, je n'existe que par la confiance que trente mille ouvriers ou négociants ont en moi, puisqu'il est dû à mon entreprise. Et j'espère alors que vous rendrez quelque justice, non-seulement à mon activité, mais aux talents de mes employés (1).

» Quant aux prétendus bénéfices réalisés, ajoutait l'abbé, ils ne pouvaient être valablement opposés comme une raison de ne pas payer les avances régulièrement faites par mes créanciers. Prenez à partie les ministres et les chefs d'armées; mais payez ceux que j'ai empruntés pour vous. » Et toujours apparaissait menaçante la réclamation des millions !...

La Convention était bien disposée à fermer la bouche à l'abbé en l'envoyant au tribunal révolutionnaire. Mais comment justifier cette mesure excessive ? Le motif fut trouvé. Un décret avait mis d'Espagnac en arrestation (2). Un second décret fut porté pour l'apurement de ses comptes (3). Pendant ce temps, il était vivement attaqué au club des Jacobins (4) et ses biens étaient frappés de séquestre (5). Enfin, un nouveau rapport s'élaborait à la Convention contre d'Espagnac, lorsque le rapporteur vint annoncer que l'abbé était traduit devant le tribunal révolutionnaire, ses papiers devaient être renvoyés à l'accusateur public (6).

---

(1) Placard. — Marc-René Sahuguet Espagnac à ses concitoyens (24 juillet 1793). — Papiers de famille.
(2) 9 août 1792.
(3) 6 octobre 1793. — Voir pièces justificatives.
(4) 20 novembre 1793.
(5) 5 mars 1794.
(6) 5 avril 1794.

Chapitre III

A L'ÉCHAFAUD

I

La Convention venait de voter une nouvelle hécatombe de représentants, sous l'inculpation de conspiration dite des *Indulgents* ou des *Étrangers*. Les rapporteurs des comités, Saint-Just et Amar avaient fait décréter la mise en accusation de Danton, Camille Desmoulins, Fabre d'Eglantine, Bazire, Julien de Toulouse, etc. : il ne fut pas difficile de comprendre d'Espagnac dans ces conspirations.

L'histoire a enregistré les incidents de ce procès célèbre. Aux questions d'usage sur son âge et son domicile, Danton fit cette fière réponse, que bientôt son nom « serait au Panthéon, et lui, dans le néant. » Camille Desmoulins répondit qu'il avait « trente-trois ans, l'âge du *sans-culotte* Jésus-Christ lorsqu'il mourut. » Nous nous bornerons à reproduire entièrement les détails qui concernent l'abbé d'Espagnac. Cependant, nous avons pensé qu'il y avait intérêt à connaître, autant que possible, les particularités inédites du drame sanglant dans lequel figuraient Danton et Desmoulins, et nous nous sommes appliqués à les metttre en lumière. C'est ainsi que nous publions la déposition de Bazire, d'où ressort, en toute évidence, la vénalité des membres de la Convention dont on vante encore l'austérité (1). Nous publions également, ci-après, les noms des jurés du jugement du 3 avril :

1re SECTION. — SALLE DE LA LIBERTÉ

AFFAIRE CHABOT, FABRE D'ÉGLANTINE, DANTON
ET AUTRES

L'an deuxième de la République française, une et indivisible, le 13 germinal (2 avril 1794), en vertu de l'ordonnance du citoyen président du Tribunal criminel extraordinaire et révolutionnaire établi au Palais, à Paris, par la loi du 10 mars 1793, sans aucun retard, sans aucun retour au Tribunal de cassation, nous, soussigné, huissier au Tribunal, demeurant à Paris,

Avons signifié :

1° Au citoyen Trinchard, demeurant à Paris, rue de la Monnaye, en son domicile, en parlant à lui ;

2° Au citoyen Renaudin, demeurant à Paris, rue Saint-Honoré, en son domicile, en parlant à lui :

3° Au citoyen Derboisseaux, demeurant à Paris, rue de la Fraternité, en son domicile, en parlant à lui ;

4° Au citoyen Laporte, demeurant à Paris, rue Saint-Thomas du Louvre, en son domicile, en parlant à lui ;

5° Au citoyen Gaulthier, demeurant à Paris, rue de Chartre, en son domicile, en parlant à lui :

6° Au citoyen Dix Aoust, demeurant à Paris, rue d'Orléans Saint-Honoré, en son domicile, en parlant à lui ;

7° Au citoyen Lamière, demeurant à Paris, rue Thibeautodet, en son domicile, en parlant à lui ;

8° Au citoyen Ganssy, demeurant à Paris, rue Geoffroy-Lasnier, en son domicile, en parlant à lui :

9° Au citoyen Sauvetty, demeurant à Paris, rue Croix-des-Petit-Champs, en son domicile, en parlant à lui :

---

(1) Voir pièces justificatives

10° Au citoyen Didier, demeurant à Paris, rue Saint-Honoré, en son domicile, en parlant à lui ;

11° Au citoyen Try, demeurant à Paris, rue Cloître-Saint-Germain-Lauxerrois, en son domicile, en parlant à lui ;

12° Au citoyen Ropuis-le-Brun, demeurant à Paris, au Louvre, en son domicile, en parlant à lui ;

13° Au citoyen Gravier, demeurant à Paris, rue Saint-Honoré, en son domicile, en parlant à lui.

Les citoyens sus-nommés composant le juré de jugement qui doit donner sa déclaration, d'après les débats qui auront lieu, sur l'acte d'accusation dressé contre les nommés Chabot, Fabre d'Eglantine, Danton et autres, sur les questions qui leur seront soumises par ledit Tribunal; en conséquence, qu'ils aient à se trouver demain, huit heures du matin, dans le lieu à ce destiné, audit Tribunal *séant au palais, où siégeait ci-devant le Tribunal de Cassation*. Et pour qu'ils n'en ignorent, nous leur avons, en leurs domiciles, et parlant comme dessus, laissé à chacun copie par extrait de ladite ordonnance, ainsi que du présent.

BOUCHEY.

Enregistré gratis à Paris, le 12 germinal, l'an second de la République une et indivisible.

Signé : BUEW (1).

Art. 17. Titre II de la loi sur l'institution du juré.

Tout juré qui ne sera pas rendu sur la sommation qui lui en aura été faite sera condamné en 50 livres d'amende et privé du droit d'éligibilité et de suffrage pendant deux ans. Sont exceptés de la présente disposition ceux qui prouveraient être retenus par cause de maladie grave.

La convocation du jury est à la date du 2 avril. La veille, d'Espagnac avait subi l'interrogatoire préparatoire; nous reproduisons :

..... Nous, Gabriel Deliège, juge au Tribunal révolutionnaire établi à Paris (loi du 10 mars 1793), sans aucun recours

---

(1) Archives nationales. W 342, n° 648.

au Tribunal de cassation, et encore en vertu des pouvoirs délégués par la loi du 5 avril, assisté d'Anne Ducromy, greffier du Tribunal, en l'une des salles de l'auditoire du palais, en présence de l'accusateur public.

..... Avons fait amener de la maison d'arrêt un autre prévenu auquel nous avons demandé ses noms, prénoms, âge, profession, demeure.

A répondu se nommer Marc-René Sahuguet Espagnac, ci-devant abbé, rue de l'Université, près de la ci-devant Barrière, section des Invalides, né à Brive, département de la Corrèze.

D. S'il a conspiré contre la République,

R. Non, jamais.

D. S'il a un défenseur,

R. Qu'il a fait choix du citoyen La Fleutrie.

A signé : M.-R. SAHUGUET ESPAGNAC (1).

Le lendemain de cet interrogatoire, les accusés comparaissaient devant le Tribunal révolutionnaire.

Pour retracer fidèlement la physionomie des débats, nous avons pu prendre des extraits dans un recueil très rare et peu connu, portant le titre suivant : *Bulletin du Tribunal révolutionnaire établi par la loi du 10 mars 1793 pour juger sans appel les conspirateurs.*

> Celui qui met un frein à la fureur des flots
> Sait aussi des méchants arrêter les complots (2).

Ce « bulletin » était imprimé dans le local du Tribunal et se vendait à la porte.

---

(1) Archives nationales. — Affaire Danton, Chabot, etc., etc., n° 3, 12e liasse.

(2) Bibliothèque du Louvre, n°s 16 à 26. La bibliothèque a été brûlée par les insurgés de la Commune ; je ne sais s'il existe un autre exemplaire de ce journal.

Les accusés comparurent le 13 germinal (3 avril 1794) devant le Tribunal siégeant dans la salle de la Liberté. Chabot avait essayé de s'empoisonner; vaincu par la douleur, il avoua sa tentative et accepta des soins qui le rendirent à la vie. Fabre d'Eglantine était malade; on le porta sur un fauteuil. Le président Hermann et Fouquier Tinville, au lieu de tirer les jurés au sort, firent un choix et prirent ceux qu'ils appelaient *les solides*.

Le chef du jury était Trinchard. On fit l'appel des noms dans l'ordre suivant :

1° François Chabot;
2° Claude Bazire;
3° Philippe-François Fabre d'Eglantine;
4° Jean-François Lacroix;
5° Georges-Jacques Danton;
6° Jacques Delaunay;
7° Marie-Jean-Hérault Séchelles;
8° Benoist-Camille Desmoulins;
9° André-Marie Gusmann;
10° J.-Frédéric Deideriksen;
11° Pierre Phélippeaux;
12° Marie Sahuguet d'Espagnac, âgé de 41 ans, natif de Prye *(sic* pour Brive), département de la Corrèze, ex-abbé, fournisseur des armées de la République, domicilié à Paris, rue de l'Université;
13° Sigismond-Junior Frey;
14° Emmanuel Frey;
15° François Westermann.

Le greffier donna lecture du rapport fait par Amar, membre du comité de sûreté générale et de salut public, comme commencement d'acte d'accusation contre quelques-uns des co-accusés.

Le rapporteur, après avoir rendu grâce « au puissant génie de la liberté qui dévoile toutes les trames et complots ourdis contre la patrie, qui fait triompher la République des machinations infernales dirigées de toutes parts contre elle, pour saper ses fondements et la replonger dans le néant, » continue en ces termes :

« Nos ennemis extérieurs, bien persuadés de l'inutilité de leurs efforts à force ouverte, ont recours aux armes des lâches; je veux dire aux moyens de séduction et de corruption. »

Le rapport énumère les chefs d'accusations dirigés contre Chabot, Fabre, Delaunay, Bazire, Julien de Toulouse, Camille Desmoulins. Les quatre premiers sont accusés d'avoir fabriqué un faux décret favorable aux compagnies.

Julien de Toulouse, les frères Frey étaient leurs complices avec Hérault de Séchelles; Camille Desmoulins les secondait.

« ..... D'Espagnac, poursuit le rapporteur, ne pouvant plus tromper comme membre du clergé, n'en fut pas moins tenté de figurer dans la Révolution et d'y faire fructifier ses revenus.

» D'accord avec les généraux traîtres à la patrie, avec les administrations infidèles (*sic*), avec les puissances étrangères dont il était l'agent le plus actif, il demande à fournir les armées de la République; se présente au comité des marchés, où il s'était ménagé d'avance des créatures; sa proposition est favorablement accueillie, son marché conclu et ses fournitures faites, plutôt pour son avantage que pour celui de nos troupes, puisqu'il est prouvé qu'elles n'ont cessé d'être dans le plus grand dénuement, du moment où d'Espagnac a commencé ses livraisons pour le compte de la République. »

On appelle les témoins :

1er TÉMOIN. — Pierre-Joseph *Cambon*, député à la Convention, membre du comité des finances, dépose de plusieurs faits; il dit :

..... Dumouriez avait tiré une traite de 100,000 écus sur Masson, et d'Espagnac, cité à la barre, reçut ordre de ne plus accepter les traites d'un général...., il feignit d'approuver les ordres qui lui furent notifiés et se retira.....

..... Je dois dire au Tribunal, ajoute Cambon, que d'Espagnac avait acheté beaucoup d'effets des compagnies ; qu'il avait fait les spéculations les plus étendues sur ces effets et se proposait de gagner des sommes énormes, mais que ces prétentions, portées devant les tribunaux, ont été proscrites.

La Compagnie des Indes et la Compagnie d'escompte furent supprimées.

..... Je ne puis dissimuler au Tribunal (c'est toujours Cambon qui parle) que d'Espagnac avait fait avec l'ancien gouvernement un marché des plus onéreux pour l'Etat et très avantageux pour les fournisseurs : Il s'agissait de savoir s'il importait à la Convention de continuer ce marché pour le compte de la nation ou de l'annuler. Julien en demanda fortement la ratification, et moi je le combattis de toutes mes forces..... Je me plaignis des importunités journalières du co-accusé d'Espagnac, qui sans cesse obsédait le comité de salut public, pour en obtenir des fonds sous différents prétextes. Tantôt il venait solliciter en personne le paiement de ses fournitures ; tantôt il nous envoyait des créanciers vrais et simulés, et c'est ainsi qu'il est parvenu à nous arracher environ un million provisoirement.

La déposition du témoin finie, la discussion s'est engagée avec les accusés par lui désignés.

Fabre explique l'affaire du décret.

Bazire prétend avoir feint de s'associer à Julien et à Delaunay pour les dénoncer (1).

Hérault se défend d'avoir connu les intrigues.

Delaunay, accusé d'avoir fabriqué le faux décret, oppose une dénégation formelle.

Le président interroge d'Espagnac :

D. D'Espagnac, avant l'arrestation de Julien, n'avez-vous

---

(1) Voir pièces justificatives.

pas eu des entretiens avec Ozenne chargé de cette arrestation, et ne lui avez-vous pas conseillé de faciliter son évasion ?

R. J'ai eu l'occasion de voir Ozenne et de lui parler de Julien qu'il devait arrêter ; mais loin de lui conseiller de trahir ses devoirs, je n'avais été le trouver que pour le prévenir de remplir sa mission le soir, parce qu'il trouverait en ce moment Julien réuni à ses complices, et en arrêterait plusieurs au lieu d'un seul.

D. Vous blessez tout à la fois la vérité et la vraisemblance, et vous aurez de la peine à concilier votre réponse avec cette amitié que vous témoignez à Julien, tant de vive voix que par écrit.

R. Je ne me défends pas d'avoir eu de l'amitié pour Julien, tant que je l'ai cru irréprochable ; mais dès le moment que j'ai cru voir en lui l'ennemi de son pays, je me suis fait un devoir de le dénoncer, de le poursuivre, lui et ses adhérents, comme des coupables ; et c'était le sujet de ma démarche auprès d'Ozenne.

D. Ne vous êtes-vous pas annoncé le créancier de la République pour une somme de quatre millions, et n'avez-vous pas promis à la Compagnie des Indes de les livrer pour faire de l'agiotage, si vous parveniez à vous les faire adjuger ?

R. J'avoue avoir rendu quelques services à la Compagnie des Indes et lui en avoir promis de nouveaux ; mais ce n'a jamais été pour favoriser l'agiotage.

D. Il serait facile de produire des témoignages capables de vous confondre sur vos opinions contre-révolutionnaires ; mais nous pouvons abandonner ces moyens. Vos propres écrits viennent vous déceler. Voici ce que vous écriviez le 9 avril 1793 à Julien, de Toulouse :

« Cher ami, je n'ai encore rien fait pour vous ; et cependant je n'ai pas oublié toutes les obligations que je vous ai. Vous auriez de la peine à vous faire une juste idée des sacrifices que j'ai faits pour *nombre de scélérats qui siègent à côté de vous et qui ne m'ont pas tenu parole.* Je n'ai pu vous voir sans vous aimer, sans vous estimer. J'ai admiré votre perspicacité, vos talents en tout genre. Si je ne suis pas septembrisé, je vous ferai légataire de plusieurs sommes que j'ai su soustraire à l'avidité nationale. »

D. Tels étaient vos sentiments pour les représentants du peuple, que vous les transformiez en âmes vénales, dans le dessein d'avilir la représentation nationale et de la rendre suspecte à ses mandataires ; et vos écrits tombaient entre les mains des surveillants du gouvernement. C'est ainsi que, par votre opulence dangereuse, vous cherchiez à corrompre tout, à faire confirmer un marché onéreux à la République, à légitimer, à faire accepter des fournitures absolument défectueuses, à vous emparer en quelque façon de l'âme d'un traître, en vous le conciliant par une basse adulation.

R. Au moment où j'ai osé fournir la République, il fallait être doué d'une grande confiance. Je ne me suis jamais mis, ni trouvé dans le cas d'acheter le suffrage d'aucun représentant, pour l'admission ou le rejet d'aucune de nos fournitures ; et lorsque je me permettais de dire : « J'ai eu affaire à des gens qui ne m'ont pas tenu parole, » je voulais parler de certains représentants que je croyais avoir eu le bonheur de convaincre de la légitimité de mes réclamations, qui m'avaient fait espérer une prompte justice, et me la laissaient attendre depuis longtemps.

Le témoin Cambon demande la parole pour éclairer le Tribunal sur les rapports intimes de Julien avec l'accusé d'Espagnac :

Julien, dit le témoin, ressemblait fort à un intrigant. Il avait le talent de s'introduire dans tous les comités..... il s'était fait nommer commissaire de l'examen des marchés, et dans son rapport fait à la Convention sur le marché d'Espagnac, nous avons été tous scandalisés de ses efforts pour blanchir ce fournisseur infidèle. Il n'a pas rougi de solliciter en faveur de d'Espagnac le paiement de quatre millions réclamés par ce dernier.

L'accusateur public refuse de faire citer les témoins invoqués par Lacroix.

Danton et Lacroix demandent à continuer leur défense, lorsque l'accusateur public, conformément au décret qui veut que le jury soit consulté s'il est suffisamment éclairé quand une affaire a duré plus de trois jours, a invité les jurés à faire leur déclaration à cet égard.

Ils ont demandé à rentrer dans leur chambre pour délibérer.

Alors, les accusés et principalement Lacroix et Danton ont crié à l'injustice et à la tyrannie : « Nous allons être jugés sans être entendus, ont-ils dit. Point de délibération, ont-ils ajouté ; nous avons assez vécu pour nous endormir dans le sein de la gloire ; que l'on nous conduise à l'échafaud. »

Ces sorties indécentes ont déterminé le Tribunal à faire retirer les accusés. Le jury, de retour, s'est déclaré suffisamment instruit. Les questions ont été posées, et, d'après la déclaration *unanime* du jury, il est intervenu le jugement suivant :

« D'après la déclaration du jury portant :

» 1° Qu'il a existé une conspiration tendant à rétablir la monarchie, à détruire la représentation nationale et le gouvernement républicain ;

» 2° Que les dits Lacroix, Danton, Hérault, Philippeaux, Westermann et Desmoulins sont convaincus d'avoir trempé dans cette conspiration ;

» 3° Qu'il a existé une conspiration tendant à diffamer et avilir la représentation nationale et à détruire par la corruption le gouvernement républicain ;

» Que les dits Fabre, Chabot, Delaunay sont convaincus d'avoir trafiqué de leurs opinions comme représentants du peuple ;

» 4° Que le dit Bazire est complice des dits Delaunay, Chabot, en ayant gardé le silence, soit sur les révélations qui lui ont été faites, soit sur les propositions intéressées qui lui ont été faites ;

» 5° Que les dits d'Espagnac, Junior et Emmanuel Frey, Gusmann et Deideriksen, sont convaincus d'avoir trempé dans cette conspiration ;

» 6° Que Louis-Marie Luillier n'est pas convaincu d'avoir trempé dans cette conspiration ;

» Le Tribunal faisant droit sur les réquisitions de l'accusateur public, condamne Fabre d'Eglantine, Lacroix, Danton, Delaunay, Camille Desmoulins, Phélippeaux, Hérault Séchelles, Chabot, Bazire, Sahuguet d'Espagnac, Gusmann, Deideriksen et les frères Frey, à la peine de mort, conformément à la loi du 23 ventôse dernier, dont il a été fait lecture,

laquelle est ainsi conçue : « Sont déclarés traîtres à la patrie
» et seront punis comme tels, ceux qui seront convaincus
» d'avoir, de quelque manière que ce soit, favorisé dans la
» République le plan de corruption des citoyens, de subver-
» sion des pouvoirs et d'esprit public ; d'avoir excité des in-
» quiétudes, à dessein d'empêcher l'arrivage des denrées à
» Paris ; d'avoir donné asile aux émigrés : ceux qui auront
» tenté d'ouvrir les prisons ; ceux qui auront tenté d'intro-
» duire des armes dans Paris dans le dessein d'assassiner le
» peuple et de détruire la liberté ; ceux qui auront tenté
» d'ébranler ou d'altérer la forme du gouvernement républi-
» cain ; et à l'article 7 (section V, titre Ier, 2° partie du C. P.),
» ainsi conçu : Tout membre de la législation qui sera con-
» vaincu d'avoir trafiqué de ses opinions, sera puni de
» mort... Déclare les biens desdits condamnés acquis à la
» République, conformément à l'article 11, titre II, loi du 10
» mars 1793. »

« Ordonne qu'à la diligence de l'accusateur public, le présent jugement sera mis à exécution dans les vingt-quatre heures, sur la place de la Révolution, à Paris, imprimé et affiché dans toute la République. »

II

Les condamnés furent exécutés le jour même de leur condamnation, à cinq heures et demie du soir, sur la place de la Révolution. Ils moururent tous avec courage.

Nous ne discuterons pas le verdict du Tribunal révolutionnaire. Mais, après les jugements aveugles et passionnés qui ont noirci la mémoire de l'abbé d'Espagnac, nous essayerons d'apprécier ce personnage, avec calme et impartialité. Né dans une condition privilégiée ; doué d'un esprit supérieur, qui fut développé par des études sérieuses ; dirigé vers une carrière honorée, dont ses parents lui rendaient l'accès facile ; élevé, jeune encore, aux dignités de l'Eglise : tel était l'abbé d'Espagnac au début de la Révolution.

Il se trouva emporté, comme tant d'autres membres de la noblesse et du clergé, dans le tourbillon des idées nouvelles, et arriva, par des capitulations successives, à ce point où il semblait avoir oublié son caractère religieux et la tradition de son origine. Du jour où, créancier de la République, il réclama ce qui lui était dû; du jour où il eût payé les services qui lui avaient été promis par les membres de la Convention..... Dès ce jour, son sort était décidé. Remarquons-le bien : l'abbé d'Espagnac a été poursuivi pour agiotage, pour abus dans le commerce des fournitures; mais est-ce pour ces méfaits qu'il a été condamné?... Non! — On l'a condamné comme « accusé d'avoir cherché à avilir la représentation nationale et à renverser le gouvernement; accusé de conspirer avec les *Etrangers*, les *Indulgents*, les *Corrompus*. » Etait-il coupable? — Oui, répondrons-nous sans hésiter : l'abbé conspirait. Il conspirait, comme tous les honnêtes gens. Mais il serait injuste d'attribuer, comme on a voulu le faire, les actions de l'abbé, à de misérables mobiles d'ambition de fortune ou de plaisirs : plus avouables étaient ses visées. Il n'était pas un agioteur vulgaire; il fut un conspirateur, dans toute l'acception de ce mot, la plus haute, la plus criminelle. Il mit au service d'un parti son courage, son imagination ardente et le génie aventureux qu'il avait reçu de la nature. Convaincu de l'impossibilité de maintenir la couronne sur la tête de Louis XVI et de ses héritiers directs, mais dévoué au principe monarchique, il s'était fait le partisan de d'Orléans. C'est pour exercer une influence sur le peuple, en faveur de ce prince, qu'il suivait assiduement les assemblées populaires et qu'il se fit nommer président d'un club; c'est pour disposer de l'irrésistible puissance des millions et des armées, que l'abbé se jeta dans les entreprises, se fit banquier, commissionnaire, fournisseur; et, ne reculant devant aucun dégoût, aucun danger, accepta pour associés des étrangers tarés, des comptables infidèles, finalement son valet de chambre Masson; trafiqua des votes de la Convention et joua vaillamment sa vie. Il perdit la partie et suivit de près, sur l'échafaud, le prince auquel il s'était dévoué. Quelle gloire lui eût acquis le succès aux yeux de l'histoire!

Oui, l'abbé d'Espagnac conspirait, à une époque où tout le monde tramait des complots. Il avait pour complices Dumouriez, Danton, les *Modérés* de la Convention, les *Corrompus*. Aux uns il distribuait de l'argent (1); les autres, moins accessibles, il les endormait par des promesses. C'est ainsi qu'il annonçait hautement que son héritage reviendrait aux Jacobins, espérant, par ces moyens, assurer sa sécurité et arriver à son but. Insensé! Il ne comprenait pas que ses adhérents auraient un jour intérêt à le faire mourir, pour échapper à l'infamie dont il aurait pu les couvrir. Les persécutions qui le menèrent à l'échafaud furent réellement l'œuvre de ceux dont il avait acheté les services. Ni Malus, ni Petit-Jean, ni Masson, ses associés, ne passèrent devant le Tribunal révolutionnaire; il vécurent riches, et l'abbé mourut pauvre. Ses biens, vendus, suffirent à peine à désintéresser ses créanciers (2). Il est vrai, que sous le Consulat, une liquidation, ordonnée par l'Etat, porta à deux millions les sommes dues aux héritiers d'Espagnac; et déjà, ne l'oublions pas, le gouvernement avait payé plus d'un million.

Cependant tous ceux sur lesquels l'abbé avait le droit de compter ne se montrèrent pas ingrats. Quelques amis dévoués le soutinrent de leurs secours dans la prison. Ils avaient d'abord facilité son évasion; l'abbé s'était échappé du Luxembourg. Malheureusement, il fut reconnu et repris au moment où il franchissait la

---

(1) Voir pièces justificatives.
(2) *Idem.*

porte. Mais ces tentatives infructueuses ne découragèrent pas les hardis conspirateurs. Ils étaient parvenus à faire disparaître les papiers de d'Espagnac sur le bureau du redoutable Fouquier Tinville. Comme s'il était besoin de papiers pour être condamné devant le Tribunal révolutionnaire ! Enfin, ils avaient organisé, dans la prison même, un plan formidable pour délivrer les détenus et renverser la Convention. Un général aimé des soldats et du peuple, Arthur Dillon, alors enfermé au Luxembourg, devait se mettre à la tête des troupes et diriger le mouvement. On s'était assuré des dispositions des régiments et de plusieurs sections. Des chefs de l'armée avaient promis leur concours. Ce plan, connu sous le nom de *Conspiration des prisons*, avorta malheureusement. Une circonstance particulière nous a mis à même d'en connaître les détails qui se rapportent directement à notre sujet.

Il y avait alors, dans le province du Bas-Limousin, un général renvoyé de l'armée des Pyrénées pour cause de noblesse. Le général Sahuguet, parent de l'abbé d'Espagnac et compagnon d'armes d'Arthur Dillon, se cachait aux environs de Brive, pour échapper à la hache révolutionnaire. Mais, du fond de sa retraite, il se tenait prêt à agir avec ceux qui travaillaient à renverser le gouvernement odieux de la Terreur.

A la date de février 1794, Sahuguet reçut secrètement un billet de Dillon et de d'Espagnac. Il était mandé en toute hâte à Paris, pour coopérer à un mouvement dirigé contre Robespierre (1).

M. de Sahuguet partit aussitôt. Un double motif l'engageait à prendre part à cette conjuration : le

---

(1) Ce billet a été conservé pendant de longues années par Mme de Sahuguet, ma grand'mère. Je l'ai eu sous les yeux; malheureusement je n'ai pu le retrouver dans les papiers de famille. Je me propose de publier la biographie du général de Sahuguet.

désir de sauver son parent d'Espagnac et de délivrer le pays de la faction sanguinaire qui s'était imposée à la Convention et à la France. On sait comment l'indiscrétion d'un prisonnier amena la découverte et l'avortement du complot des prisons; on sait les nombreuses victimes qui expièrent la faute de s'y être associées. Sahuguet assista à toutes les péripéties de ce drame, où, suivant l'expression de M. Thiers, « le talent, le courage, le patriotisme, la jeunesse se trouvaient réunis dans un nouvel holocauste, comme dans celui des Girondins. » Attendant le signal de la conspiration, Sahuguet était témoin des débats du Tribunal révolutionnaire, et faisait cause commune avec le peuple qui applaudissait aux récriminations véhémentes des accusés. Il se trouva encore sur le chemin de la fatale charrette pour adresser un dernier adieu à son cousin (1). Enfin, il s'éloigna avec horreur de la capitale, où Robespierre avait fondé la dictature de l'échafaud.

Ainsi, selon les paroles prêtées à Cambon : « L'administration des finances se glorifiait de solder les comptes de la République d'un coup de guillotine..... La République battait monnaie sur la place de la Révolution. »

Ainsi se trouvèrent réalisés les sinistres évènements prévus par Mirabeau dans sa lettre au roi en 1789 : « Nulle loi ne pouvant faire pendre d'Espagnac, on l'attacha au pilori où la fureur du peuple le mit en pièces. »

Dès le 1ᵉʳ avril, le prisonnier ne gardait plus d'espoir. A la veille d'être conduit au Tribunal révolutionnaire, il adressa à sa mère la lettre suivante :

---

(1) Plusieurs années après 1794, le portrait de l'abbé d'Espagnac fut remis à sa famille par une dame. Ce portrait a été peint pendant les derniers temps de la détention de l'abbé; l'ensemble de la physionomie dénote les douleurs et les tristesses de la prison.

Maman (1), au moment où vous recevrez cette lettre, il y aura vraisemblablement déjà quelque temps que je n'existerai plus : mes ennemis ont triomphé ; ils sont enfin parvenus à m'impliquer dans une affaire où, avec de l'audace, il leur sera facile de me perdre.

Je suis résigné, et soyez persuadée que vous n'aurez point à rougir de moi dans la manière dont je subirai mon sort. Je ne veux point quitter la vie, sans avoir le plaisir de vous entretenir encore un instant de mes tendres et respectueux sentiments pour vous, et vous recommande le seul être qui ait eu le courage de me voir et de me procurer tous les adoucissements possibles, depuis l'instant où l'on m'a détenu. Cet être aussi recommandable par son esprit, que par sa figure et son cœur, vous remettra, j'espère, lui-même cette lettre, car je ne crois pas qu'il habite jamais une terre souillée de mon sang ; son intention est d'aller vous rejoindre ; recevez-là, je vous en prie, comme un second moi-même, elle et son aimable enfant : elle a tout ce qu'il faut pour être aimée de vous. Seule, depuis six mois, elle est pour moi la famille, je n'ai point entendu parler des autres ; elle vous mettra au fait de tout ce qui me concerne. *Je meurs content, parce que je suis assuré que vous ne pouvez plus manquer de rien;* on me rendra sans doute justice un jour ; je vous charge, ainsi que mon amie, de vous occuper à venger ma mémoire; jamais il n'exista personne de plus loyal et de plus désintéressé que moi. On a terni ma réputation sous des rapports qui ne convinrent jamais ni à ma conduite, ni à mon caractère : faites-moi rendre, après ma mort, la justice qu'on n'a pas voulu me rendre pendant ma vie; ne m'oubliez pas auprès de mon oncle et de ma tante ; remerciez-les bien de toutes les bontés qu'ils ont eues pour moi, et ne m'oubliez pas non plus auprès de mon cousin (2) : je meurs innocent ; je meurs le plus tendre des fils : vingt ans plus tôt ou plus tard, peu importe sous le rapport simple de la vie : mais sous les rapports aimables qui devaient me tenir auprès de vous, j'avoue que j'y ai de grands regrets. Adieu, maman, adieu ! J'ai chargé mon

---

(1) Le dépôt de l'original de cette lettre a été fait chez Morin, notaire à Paris, le 18 germinal an VII (7 avril 1799).

(2) Le général Sahuguet.

oncle de s'occuper du sort de mon valet de chambre et de votre Julie ; j'espère que vous vous entendrez l'un et l'autre pour qu'ils soient à jamais indépendants de tout le monde.

Je ne vous parle pas de mon frère, ces détails affligeraient votre cœur. Je n'ai pas reçu un seule lettre de votre aîné et de son fils, depuis qu'ils sont partis pour Gênes; je n'ai pas reçu un mot de Charles depuis le mois d'août ; il a cru devoir garder entre ses mains tout ce que je lui avais confié, je ne puis l'empêcher d'être mon héritier sur cet objet; je souhaite que cela lui profite ; si j'eusse cru que je fusse dans le cas de lui faire un pareil reproche, je lui eusse dit, comme dans la comédie de l'*Ecole des Pères* : « Acceptez, ne dérobez pas (1). » Je n'ai pas besoin de vous recommander Henrion, mon procureur fondé, n'oubliez jamais toutes les obligations que je lui ai, il s'expose pour moi, depuis six mois, avec le courage que j'aurais dû trouver dans un des miens (2).

Etienne Honoré n'a aucun tort; je l'ai toujours tenu éloigné pour qu'il ne fût pas enveloppé dans mon malheur, car il avait été dénoncé.

Je ne crois pas que la femme de Charles, si elle eût été instruite, eût partagé les torts de son mari, elle est trop vertueuse pour cela, mais elle s'est laissée entraîner par ses sentiments; elle m'a fait une bien sensible peine.

Pardonnez-leur à tous ; cette révolution a changé toutes les têtes et beaucoup de cœurs, l'intérêt les a aveuglés, ils ne sont coupables que des choses attachées malheureusement à l'humanité.

Adieu, on est bavard quand c'est la dernière fois qu'on entretient ce qu'on aime ; excusez tous ces détails : c'est la dernière fois que ma main doit tracer des caractères pour vous, et j'ai bien de la peine à penser qu'il faut finir !

Je ne vous nomme pas dans cette lettre la personne qui en est l'objet principal, car il faut songer à tout ; si par hasard cette lettre tombait entre les mains de quelqu'un, je pour-

---

(1) L'abbé était injuste : ses frères avaient dû fuir pour échapper à la mort. Charles rendit compte des dépôts qui lui avaient été confiés.

(2) Henrion, recommandé par l'abbé, a toujours été considéré dans la famille comme son dénonciateur et l'auteur de sa mort.

rais compromettre cet être adorable ; je ne veux pas risquer un pareil accident : si elle ne peut, par quelque évènement, vous porter elle-même ces dernières expressions de mes sentiments, elle se fera connaître à vous. Julie la connaît ; elle aura d'ailleurs dans ses mains, des preuves que c'est elle seule que je désigne ici. Adieu ! de tous vos fils le plus tendre et le plus respectueux (1).

Signé : MARC-RENÉ D'ESPAGNAC.

Dieu nous garde d'essayer d'analyser les pensées d'un mourant. Elles furent l'expression suprême du sentiment filial et de la reconnaissance. En même temps que cette lettre, la malheureuse mère reçut une miniature représentant son fils pendant les derniers jours de sa vie. L'abbé, dans ce portrait, a posé à travers les grilles de la prison. Les traits portent naturellement l'empreinte des souffrances d'une captivité de huit mois. Mais on retrouve dans cette image éteinte les caractères qui animaient sa physionomie. Du reste, nous avons à notre disposition un médaillon reproduisant la ressemblance exacte de d'Espagnac aux jours de sa prospérité (2). L'abbé est vêtu de l'habit violet que portaient les ecclésiastiques, avec la cravate blanche et le jabot. Dans l'encadrement de la dentelle et de la coiffure poudrée, la tête de d'Espagnac se détache fine et hautaine. Le front est large ;

---

(1) A côté est écrit : « A Paris, le 1er avril 1794. » Au bas de la première page est encore écrit : « Suzanne, Elisabeth d'Espagnac, née Beyer, demeurant à Bruxelle, rue Neuve, maison attenante à celle du sr Denis, Joseph Yernau, auditeur des comptes et conservateur des forêts du Brabant. »

Il est ainsi à l'original de ladite lettre dûment certifiée véritable. Signé, paraphé, timbré, enregistré et déposé pour minute à Morin, l'un des notaires à Paris soussigné, par acte du 18 germinal an VII de la République. — Aussi dûment enregistré par Dastier le 19 germinal an VII (Rayé quatre mots nuls). — Signé : MORIN-THORNE.

(2) Donné par d'Espagnac à son cousin le général Sahuguet.

l'œil fendu en amande (comme on a dit longtemps), à fleur de tête, caressant, rayonne bleu sous les sourcils noirs; le nez, légèrement recourbé, se détache en découpant une ligne hardie sur le visage dessiné en ovale irrégulier; le menton forme une base un peu accusée, mais il n'empêche pas le relief de la bouche qui, avec les yeux, constitue le caractère essentiel du portrait; la lèvre supérieure s'abaisse en pénétrant l'inférieure par le milieu et en la relevant par les côtés, ce qui estompe sur les deux coins un rictus irritant de malice et de haute intelligence. L'abbé était blond, de haute taille; à l'imagination aventureuse. A la ferme volonté du baron d'Espagnac, son père, il joignait, par sa mère, la douceur et la sensibilité qui se retrouvent dans sa dernière lettre.

L'abbé écrivait à sa mère : « Je vous charge de venger ma mémoire..., on a terni ma réputation...; faites-moi rendre justice après ma mort... » — Hélas! que pouvait cette pauvre mère? Réfugiée en Belgique, séparée de ses enfants, elle ne tarda pas à succomber aux angoisses et aux regrets. Ce que la mère n'a pu faire, nous l'avons essayé, pour exécuter le dernier vœu d'un supplicié.

Certes, l'abbé d'Espagnac ne fut pas exempt d'écarts regrettables, — mais on peut dire qu'il a été victime de son temps. Un demi-siècle plus tôt ou plus tard, en dehors des funestes évènements qui ont imposé leur fatale influence aux âmes les mieux trempées, d'Espagnac eût, sans doute, su mériter estime et considération comme ecclésiastique, littérateur ou homme d'Etat. En 1773, il fut guillotiné.

PIÈCES JUSTIFICATIVES

Pièce n° 1

ÉLOGE DE NICOLAS DE CATINAT

MARÉCHAL DE FRANCE

DISCOURS QUI A OBTENU LE SECOND ACCESSIT AU JUGEMENT DE L'ACADÉMIE
FRANÇAISE EN 1775 *

> ... *Quo non justior alter.*
> ... *Nec Bello major et armis.*
> ÆNEID.

Concini n'était plus ; Louis régnait et la France, étonnée de porter encore des chaînes, semblait plus occupée de les agiter que de les rompre. Un homme parut... assis sur le trône à côté de son maître, tantôt apaisant l'Etat pour troubler les autres nations, tantôt troublant les autres nations pour apaiser l'Etat ; il foule aux pieds les intrigues des princes et le pouvoir des grands, contient les efforts des huguenots, brise les fureurs du peuple, imprime au gouvernement un caractère fier comme lui, et subjuguant tout par ses efforts ou par ses armes, soudoie contre l'Autriche le Nord et le Midi, donne à l'un des moyens, à l'autre des ressources, à l'Europe entière des lois, des fers, et le système encore permanent d'un équilibre politique entre les puissances. Tout se prépare et se développe pour ordonner un siècle nouveau. Turenne montre

---

* Paris, Demonville, libraire de l'Académie française, rue Saint-Severin, aux armes de Dombes.

déjà ce qu'il est ; Luxembourg et Condé ce qu'ils doivent être et Catinat paraît au monde, quand Richelieu vient d'établir ses principes pour le gouverner, et Descartes les siens pour l'instruire.

L'éducation de Catinat ne fut point celle d'un homme qu'on destine, dès sa naissance, exclusivement à un état, et qu'on rend pour la vie inhabile à tout autre. Quinze enfants, dignes des soins d'un père vertueux, les partagèrent avec lui. Seul d'abord, il semblait ne pouvoir jamais y répondre ; des passions fougueuses annonçaient même un enfant à étouffer plutôt qu'à instruire ; mais sous ces dehors révoltants, la nature n'affectait de cacher le grand homme que pour étonner davantage par le sepectacle qu'elle en voulait donner ; et celui que sa famille aurait presque alors rougi d'avouer, était celui-là même dont la nation devait attendre un jour et son bonheur et sa gloire. Tel et plus emporté peut-être, Duguesclin fit verser sur son berceau autant de larmes qu'on en devait verser sur sa tombe.

Elève de son propre génie, Catinat sentit bientôt la nécessité de porter vers l'étude un feu qu'il ne pouvait éteindre. La philosophie lui apprit des mots qui commençaient à signifier des choses ; la morale lui fit apprécier des choses qui n'étaient déjà plus que des mots ; la littérature intéressa son goût : son siècle mieux que tout l'instruisit. Au milieu des dissentions, frappé des malheurs de l'Etat, il prit des leçons de sagesse et d'humanité.

Jours déplorables ! où la monarchie s'ébranle jusques dans ses fondements : ce ne sont plus que cabales et que troubles. Au dehors, Cromwel et l'Espagne : au dedans, la Fronde ; une reine plus affable, mais aussi faible que Médicis, et soumise comme elle à des favoris, ou plus heureux ou plus grands ; un ministre rendu nécessaire par les maux même dont il est cause, qui ne ménage pas assez d'illustres coupables, ou se presse trop de s'en venger ; des princes qui défendent tour à tour l'autorité légitime et celle qui ne l'est pas, pour laisser à de vils courtisans le droit de mépriser l'un et l'autre ; des grands qu'il faut acheter ou punir : un peuple toujours léger, quoique extrême dans ses fureurs, qui ne sait prendre un milieu entre aimer et haïr, qui s'oppose à une guerre juste et habilement combinée, et court se déchirer dans des factions dont l'horreur n'a pu faire encore oublier le ridicule ; des magistrats aussi faibles qu'audacieux, qui proscrivent celui qui les a soutenus et soutiennent celui qu'ils ont proscrit, qui ferment le trésor public quand il faut chasser l'ennemi de l'Etat, l'ouvrent quand ils veulent l'y appeler, et, n'agissant que dans l'esprit d'accorder l'autorité royale avec les discordes civiles, se servent pour les faire naître du pouvoir établi dans leurs mains pour les étouffer.

Cependant au sein même de ce corps tumultueux pour lequel il était destiné, Catinat, moins par goût que par soumission, s'occupait sans relâche des moyens de s'y distinguer. Il exerçait déjà la profession d'avocat ; profession si noble en elle-même, où l'homme placé entre le magistrat et le peuple, sans se trouver comme le juge, dans la nécessité de nuire, peut se borner au pouvoir de faire le bien. Catinat, malgré ses talents, ne s'écarta jamais des vrais principes de son état. On ne le vit point, orateur mercenaire, mettre un impôt sur ses succès, peser au poids de l'or les injures comme les louanges, marchander impudemment la diffamation de ses clients ; et s'abandonnant au délire d'une éloquence vénale, consacrer dans des libelles insultants le déshonneur d'une famille, l'opprobre des mœurs, ces détails scandaleux qui avilissent une cause sans la défendre, et surtout ces railleries amères qui rendent au moins ridicules ceux qu'on ne peut rendre criminels. Mais il ne se montra dans le sanctuaire de la Justice que pour faire regretter de si rares vertus : assez malheureux pour perdre, au milieu des applaudissements, une cause dont le succès lui paraissait établi sur les plus solides raisons, il renonça pour jamais à la magistrature, non par dépit, mais par la crainte d'être un jour l'auteur des mêmes maux dont il était en ce moment la victime. Il s'élança bientôt vers la carrière où la gloire appelait son génie, semblable à ces Romains orateurs et guerriers qui, portant dans les camps cette âme fière qu'ils avaient nourrie au barreau, allaient triompher par la force des armes, comme ils avaient triomphé par la force du langage et du raisonnement.

Entré au service sans protecteur, sans fortune, dans un grade inférieur, et, ce qu'on aura peine à croire de nos jours, âgé de vingt-trois ans, Catinat trouva les moyens de s'y avancer : belle leçon pour ces hommes qui, toujours plus pressés d'acquérir les honneurs que les talents militaires, ne peuvent se croire assez jeunes pour étudier un art qu'ils n'apprennent jamais ! Déjà son âme respire les combats ; mais la France est encore désarmée. Mazarin, en nous laissant Colbert, semble vouloir, par le bien qu'il doit causer après sa mort, réparer le mal qu'il a causé pendant sa vie. Louis, devenu son maître, moins jaloux d'agrandir sa puissance, ne songe qu'à la faire respecter. Tout conspire avec ses projets : l'Europe en ce moment ne présente aucun souverain qu'il ait à redouter. Rome et l'Espagne s'humilient : également enchaîné par les traités où il a donné la loi et ceux où il l'a reçue, l'empereur se soutient par les secours de la France. La Haye les demande. Le duc de Bragance les obtient pour assurer sa couronne, et Londres, réduite en cendres, ne peut s'occuper que de Ruyter, de la peste et de son roi. L'orage s'élève ; la paix des Pyrénées devient le prétexte d'une guerre qu'il ne fallait pas entreprendre, ou qu'il eût fallu continuer.

Catinat vole, impatient, sur les pas de son souverain. C'est dans la Flandre qu'il obtient ses premières distinctions militaires ; Louis, témoin de sa valeur, l'a jugé digne du corps dans lequel il forme ses héros (1) : il l'y place lui-même ; il veut que cette récompense lui soit décernée par honneur sur la brèche encore sanglante où il s'est signalé ; et Catinat n'en croit pouvoir obtenir de plus belle que celle d'être compté parmi ces guerriers qui lui donnent sans cesse l'exemple d'en mériter.

De nouveaux traités suscitent de nouvelles dissentions : Louis, humilié dans la Hollande par des ennemis vaincus, se voit contraint d'abandonner de vastes provinces aussi promptement qu'il les avait envahies ; et la valeur de ses armées immenses ne peut réparer la faute qu'il a faite de s'assurer toutes ces places, plus difficiles à conserver qu'à soumettre, où se consumaient sans agir ses forces imprudemment dispersées.

La guerre passe en un instant du Rhin aux rives de la Saône ; Catinat suit encore l'ambition de son roi. A Besançon, à Dole, à Saint-Etienne, partout il reçoit de sa bouche même les éloges dus à sa valeur. Plaines de Senef, vous l'admirâtes aussi, lorsque couvert de sang et de poussière, char-

---

(1) Le régiment des Gardes.

geant, l'épée à la main, des ennemis presque victorieux, et ramenant ses soldats épuisés à trois attaques toujours moins décisives, toujours plus meurtrières, il ranimait dans la mêlée sa vigueur qu'épuisaient ses blessures.

Je ne le suivrai pas dans les expéditions habiles où Condé, par deux seuls campements, arrête le succès de l'ennemi, ses ravages, nos fautes, nos pertes et nos craintes. Je laisse à d'autres le soin de le peindre parcourant l'Alsace en philosophe et en guerrier, étudiant sur ces campagnes désolées les positions, les mouvements divers par lesquels Turenne triomphant s'était fait admirer de ses ennemis comme de ses concitoyens, méditant également les principes sublimes, quoique différents, et du grand homme que la France allait perdre et de celui que naguères elle avait perdu, et apprenant d'eux ces dernières et si belles leçons de l'art terrible où il devait dans peu se montrer lui-même un si grand maître.

Une armée s'avance entre la Sambre et la Meuse; il en est nommé major général, et la sagesse avec laquelle il remplit ses fonctions a déjà fait naître l'idée de le fixer dans le régiment des gardes en cette qualité; mais cette place, dont les détails minutieux semblent exiger plus de patience que de lumières, ne convenait point à un homme fait pour commander. L'aversion de son colonel le servit mieux alors que la bienveillance de son roi : « Sire, dit-il, Catinat est propre à » être ministre, général, ambassadeur, chancelier, tout, » excepté major d'un régiment. » S'il paraît surprenant qu'un roi puisse apprendre d'un courtisan une vérité, et une vérité surtout qui rend justice à son ennemi, il ne l'est pas moins que de pareilles antipathies tournent ainsi au plus grand bien de l'Etat.

Le monarque multiplie alors vainement les difficultés pour éprouver le génie du Catinat; l'art de les surmonter, l'art plus difficile encore de commander, l'est moins sans doute pour un homme qui trouva si facile celui d'obéir. Sévère sans aigreur, humain sans ostentation, n'ayant pour le service ni cette inflexibilité qui décourage, ni cette facilité qui amollit, il porte également partout la prévoyance, l'habileté, la force, la probité même qui n'accompagne pas toujours le génie. La cour déjà s'applaudit de son choix; il semble à la rapidité avec laquelle on le présente à toutes les places, qu'on veut moins faire l'essai des vertus qu'en offrir l'exemple. Ainsi Dunkerque apprend de lui qu'un commandant peut se faire craindre sans se faire haïr ; Mons, qu'il peut conserver en même temps sans se compromettre avec ses inférieurs cette douceur qui fait pardonner l'autorité, et avec ses égaux cette sagesse, cette intelligence qui la fait respecter. Ici, c'est une troupe indisciplinée qu'il fait concilier avec une nation jalouse et superstitieuse, arrêtant, non par une fermeté mal entendue, mais par des occupations, par des amusements, la licence et le désordre des uns, et faisant respecter par sa soumission à leurs usages, les mœurs et les goûts des autres. Là, ce sont des rebelles désespérés, préférant de vendre chèrement leur vie à la honte de la perdre sous le fer d'un bourreau, des rebelles qu'il arrache de leurs montagnes escarpées, et ses combinaisons sont si justes, qu'il a marqué l'instant où ils sont à ses pieds.

Ailleurs, il n'affecte aucun des dehors du commandement. Entré dans la ville, à pied, enveloppé de son manteau, le plaisir d'y briller le flatte moins que celui d'épargner aux habitants les frais d'une réception inutile : ce sont des ennemis, mais ce n'est point à ses yeux une raison d'en devenir le tyran ; il aime mieux chercher dans son économie que dans le sang des peuples des ressources à la médiocrité de sa fortune, et se refusant à ces impositions justes, ou que l'usage a consacrées comme telles, et à ces vexations odieuses que la cupidité déguisa sous le nom d'un traitement, il a le mérite trop rare dans tous les siècles de mépriser les richesses, sans faire parade de sa pauvreté.

Cependant, Louis, entouré de héros et d'esclaves, cite les rois à son tribunal : ambitionnant tout à la fois de les juger, de les faire et de les vaincre, et arrachant par des arrêts ce qui venait d'échapper à la force de ses armes, abaisse plus l'Europe en deux ans de paix qu'il ne l'avait fait en deux ans de guerre. On se hâte, on s'assemble ; Léopold a terminé le congrès d'Eperies. Guillaume, usurpateur tranquille, est assuré des trésors de la Haye, de la faiblesse de Jacques, de la haine des Anglais contre la France : à peine nous reste-t-il un allié ; mais Louis est seul contre l'Europe et ne s'en étonne pas. L'Allemagne devient pour un instant le théâtre de la guerre et des exploits de Catinat.

Déjà, malgré la saison, Philisbourg est investi ; les opérations lui sont confiées, Vauban est son adjoint : Catinat et

Vauban ! Quels noms pour les ennemis ! Liés par leur caractère, par leurs vertus et plus encore par leur zèle pour le service de l'Etat, l'un combine, l'autre agit : rivaux unis dans l'art des sièges et des combats, tous deux flattés de commander ensemble, tous deux dignes de se remplacer. Le droit d'ordonner les travaux n'est point à leurs yeux un prétexte pour n'en point partager les périls. Douze grenadiers marchent à un poste avancé, ils hésitent ; Catinat se met à leur tête, charge les Impériaux et les force. Ils reviennent, ils s'acharnent ; le poste est repris ; le Français repoussé, tout fuit. Catinat rallie ses troupes, se précipite à travers l'ennemi, le chasse encore, le poursuit jusques dans ses retranchements ; mais il est frappé lui-même ; il tombe. On s'alarme : bientôt la consternation fait place à la joie ; la balle amortie n'a point eu d'effet ; on accourt malgré le général ; on s'empresse ; chacun s'arrache, en pleurant, l'armure qui l'a conservé, et Philisbourg qui admira tant de grands hommes, étonné d'en trouver un aussi unanimement adoré, s'applaudit au milieu de ses ruines de ne l'y pas voir enseveli.

Cette conquête assurée, Louvois l'a choisi pour lever des contributions, ou plutôt pour *piller*, *massacrer*, exercer dans le pays de Limbourg les mêmes horreurs que celles dont on conserve encore le souvenir dans le Palatinat. Sans vouloir ici flétrir la mémoire du ministre qui eut le malheur de donner de pareils ordres, osons louer le général qui eut le courage de désobéir par respect pour l'humanité, gloire qui manque à Turenne. « Si c'eût été tout autre général, disaient les ennemis dans leurs écrits, le pays aurait été brûlé. »

L'orage s'étend et se communique. La Savoie seconde la haine de l'Autriche ; mais la France a pour elle Catinat. En vain Staffarde prête à Victor une position redoutable : ni les marais qui la couvrent, ni les fossés qui la défendent ne sont assez profonds pour arrêter l'impétuosité des Français. L'ennemi renversé trouve partout Catinat, la défaite et la mort.

Victor a déjà rassemblé ses forces, honteux, à la fois, de sa défaite et fier des secours de l'Espagne. Mais ses efforts ne peuvent ravir à Catinat la gloire de poursuivre ses succès. Le Piémont subit des lois ; Suze ouvre ses portes et, à son exemple, les autres places se hâtent de prévenir par leur soumission les malheurs qu'entraînerait une vaine résistance.

A peine se permet-il le repos que prescrivent l'usage et la saison ; l'ennemi sommeille encore dans ses retraites où le retient un hiver rigoureux ; lui, bravant cet obstacle, a déjà commencé les plus brillantes opérations. Voyez comme tout est en mouvement : Veillane est aux abois, Montalban, Villefranche, San-Ospitio tombent devant lui ; Nice elle-même, encore fière d'avoir vu se briser devant elle les forces du plus brave Ottoman, défendue par des troupes d'élite, par cette position que lui donnent la mer et ses rocs escarpés, et plus encore peut-être par l'idée qu'on n'avait pu la prendre. Nice en cinq jours, accablée sans ressource, éprouve aussi qu'on ne peut lui résister.

Vous le peindrai-je à la tête des troupes fatiguées, ayant à combattre à la fois les préjugés du ministre, les intrigues d'un subalterne, les armées réunies des deux alliés, les difficultés du sol partout bizarre et montagneux : et cependant toujours tranquille, infatigable, il prévoit tout, calcule tout, ses dispositions sont infaillibles, ses combinaisons étendues ; il prend une ville, assiège l'autre ; rassure celle-ci, donne ses ordres pour investir celle-là ; il trompe un général, et c'est Eugène. Il le repousse, passe une rivière malgré ses efforts, et campe tranquillement. Saluces est couvert, Pignerol est défendu, l'ennemi s'ébranle en vain. Porté sur différentes colonnes, prêt à s'emparer des hauteurs, Catinat le voit, l'observe, le devine, accourt, fond sur ces colonnes, renverse la première, rompt la seconde, tombe sur les autres, les charge, les force, les dissipe toutes en un instant. A peine Victor a-t-il joint ses quartiers, Catinat l'y suit, assure Suze, ouvre la Savoie, et par cette promptitude inouïe de courage et de résolution, rendant inutiles des secours formidables, enchaîne deux armées, décide la campagne et contraint l'ennemi de lui céder le terrain et ses subsistances.

Au milieu de ces succès, il est le seul qui ose prévoir des revers. Louvois n'était plus ; ce visir ambitieux, dont on ne saurait dire ni trop de mal, ni trop de bien, qui, parvenu d'abord à obtenir les places sans les avoir méritées, donna le rare exemple ensuite d'en mériter plus qu'il n'en avait obtenues ; qui prompt à concevoir, hardi dans l'exécution, vaste dans ses projets, étonnant dans les détails, enchaîna tout par la sublimité de son génie, et n'aura jamais de rivaux que ceux qu'il a créés lui-même ; mais qui se faisant haïr autant qu'admirer, moins haut dans ses sentiments que dans ses manières, ne posséda l'art de connaître les grands hommes que pour les humilier, et fut aussi vil en protégeant Catinat pour avoir souffert ses hauteurs, qu'en persécutant Turenne pour y avoir résisté ; qui, moins occupé et plus maître de la France que de lui-même, ne fut ni l'homme des peuples, ni celui du roi ; qui, moitié courtisan, moitié despote, le fatiguant alternativement de ses adulations et de ses outrages, sut auprès de lui se rendre nécessaire à force d'injustice, partagea trente années de faveurs entre le soin de flatter et de nuire, de ruiner l'Etat pour désoler l'Europe, et de désoler l'Europe pour se soutenir dans l'Etat.

L'incapacité devient alors un titre pour le ministère ; l'art de gouverner les hommes n'est plus que l'art de se laisser gouverner soi-même, et de se soumettre à apprendre ce qu'on devrait savoir d'un roi présomptueux qui ne le sait pas. La France ouvre les yeux ; la France, qui désira pendant la vie de Louvois, qu'il ne fût jamais né, regrette après sa mort qu'il n'ait pas vécu plus longtemps.

Les généraux essuient de la cour les mêmes duretés, et n'ont pas les mêmes ressources à attendre. Catinat n'y trouve que des cabales et des contradictions. On veut qu'il fasse la paix, et on laisse aux ennemis toute la supériorité pour continuer la guerre. On craint avec raison le nombre de leurs troupes, et on diminue les siennes. On lui donne l'ordre, mais non les moyens d'attaquer ; et à peine a-t-il ceux de se défendre. Cependant il obéit sans murmurer, et dans la nécessité de hasarder une campagne périlleuse, il trouve l'occasion d'acquérir une gloire nouvelle. Jusqu'à présent on l'a vu s'élancer avec la rapidité du vainqueur de Rocroi ; ici, c'est la sage lenteur de Turenne. Ce sont des combinaisons de marches, contre-marches, par lesquelles il sait à propos tomber sur des partis ennemis ou secourir les siens, rassurer ses communications ou inquiéter les leurs, gagner du temps ou leur en faire perdre, multiplier, sans se commettre, de petits avantages, suspendre les alarmes d'une province entière par sa vigilance, les projets de Victor par son activité, et obliger encore ce prince, dont les armées semblaient devoir engloutir le royaume, d'évacuer avec beaucoup de pertes un pays sans défense, où il avait conquis quelques villages.

Laissons crier ces courtisans qui, dans leurs censures, aussi peu fondées que leurs haines, prennent toujours les connaissances qu'ils ont pour celles qu'ils devraient avoir. Trop illustré déjà pour ne pas mériter et leur estime et leur envie, il est assez grand pour mépriser l'une et l'autre. Tandis qu'ils forment de lâches complots contre lui, il s'occupe à porter aux pieds du trône, avec la franchise et la fermeté d'un homme qui ne demande rien pour soi, tous les besoins de son armée. Il s'explique hautement sur cette ordonnance injuste qui diminuait alors la solde en campagne, comme si le sang des citoyens avait moins de valeur dans le moment où ils s'empressent de le répandre ; sur ces pensions dont on n'use pas assez comme justice et dont on abuse trop souvent comme grâces ; sur cet état d'avilissement où la cour, au milieu des honneurs, délaisse le guerrier à peine connu d'elle sous ses drapeaux et oublié dès qu'il n'y est plus : contraint de consumer ce qui lui reste, à solliciter vainement l'indemnité de ce qu'il a perdu ; qui, forcé même quelquefois d'abandonner à des usuriers avides les marques de sa dignité, pour échapper un moment aux horreurs de la misère, voit des tyrans subalternes s'engraisser de sa substance ou en nourrir ces Laïs effrontées dont on met les prostitutions à un plus haut prix que ses exploits.

Quelle dut être la surprise de Catinat de se voir traversé par celui même qui aurait dû rougir de n'être pas le premier à le seconder ? Il était loin de croire que ce fût un crime de négliger ces ménagements injurieux pour les rois mêmes, dont la nécessité n'était établie que par la vanité des ministres ; il s'occupait alors à diriger les travaux qui devaient arrêter les efforts des ennemis. Barbezieux crut se venger en l'obligeant à les suspendre. N'était-ce pas bien faire l'éloge d'un citoyen, que de prétendre le punir en lui ôtant les moyens d'être utile ?

Louis, pour cette fois, n'épousa point la querelle de son ministre ; il éleva de lui-même alors Catinat au grade de maréchal de France, et ne put s'empêcher de s'écrier, en annonçant le choix qu'il venait de faire : « Pour celui-ci, c'est bien la vertu couronnée. »

Il ne manquait à ce grand homme que de trouver dans le monarque autant de connaissance que de bonne volonté ; mais toujours forcé de négocier ou de combattre avec Victor ou avec lui, il se voyait contraint d'assujettir ses mouvements et aux idées sans expérience de l'un dont il dépendait et aux manœuvres savantes de l'autre qui ne dépendait de rien. Que d'une position aussi bizarre il naisse le projet hardi de défendre deux provinces, faire lever un siège, un blocus et tout à la fois livrer une bataille, c'est là sans doute le chef-d'œuvre de l'art ; mais qu'on ose de si grandes choses et qu'on n'ait à se représenter qu'une armée assemblée à la hâte, arrêtée par les fatigues d'une marche longue et pénible, obligée même de conquérir ses subsistances ; des soldats sans vêtements, créanciers de l'Etat, qui semblait ignorer leurs services, et trouvait sans cesse un prétexte à des murmures qu'on n'avait pas le droit de réprimer ; qu'on n'ait à se représenter que des recrues sans ordre, les hôpitaux mal pourvus, les places dégradées, les magasins ruinés et l'industrie du ministre aussi ridicule dans ses moyens que faible et mal entendue ; voilà le génie, voilà de ces actions indépendantes du caprice des rois et de la fortune qui distingueront toujours Catinat des plus grands généraux !

C'en est fait, Victor et ses alliés ne reparaîtront plus devant leur vainqueur ; la Marsaille a vu se briser devant Catinat leurs efforts impuissants, et, malgré les entraves et le peu de secours qu'on lui donne, une place inutile est tout ce que peuvent conquérir en deux campagnes Eugène, Caprara, Leganès, Victor et quatre armées.

Des succès, point de fautes, un général partout maître des obstacles comme des moyens, des hommes comme de la fortune, tel est le tableau que nous a présenté jusqu'ici la vie militaire de Catinat ; mais on ne le connaîtrait point si l'on ignorait que ses vertus guerrières y sont bien au-dessus de ses talents, et que, seul encore, il n'a pas fait regretter en lui quelques-unes de ces qualités qui caractérisent le sage en réunissant toutes celles qui distinguent le héros. Que ne puis-je emprunter la voix la plus éloquente des peuples dont il avait si souvent triomphé. Je bénirais comme eux cette bonté avec laquelle il lève les contributions plus modérément peut-être qu'on n'exige des citoyens les plus simples impôts ; cette attention si nécessaire à maintenir dans nos armées la discipline, l'union, la probité, les mœurs et qui donne à penser de lui seul, parmi les modernes, ce qu'on a dit de Caton seul de l'antiquité : « Il ne lui suffisait pas que ses soldats fussent braves, il voulait qu'ils fussent honnêtes gens. » Je bénirais comme eux cette humanité qui le porte à défendre contre ses propres soldats ce qui n'est point remparts ou ennemis armés, qui le rend partout l'idole de ceux dont il devrait être le fléau et, laissant voir en lui moins le conquérant que le protecteur de l'Italie, inspire aux Piémontais rassurés la confiance d'approcher de son camp et de tracer même des sillons jusqu'aux pieds de ses retranchements.

Il est à regretter, sans doute, que ce héros modeste ait pris le soin de se dérober à la postérité (1) ; mais il n'a pu nous échapper tout entier ; une foule de traits vivent encore, dont un seul suffirait à son éloge. Philosophe à la tête des armées, partout il fait pour la vertu ce que les autres ne font que pour la gloire. Que ces hommes titrés ne prétendent point par leur crédit arracher son suffrage : Catinat ne connaît de distinctions que les talents. De là cette impartialité courageuse qui le décide à préférer un particulier qui mérite à un concurrent illustre qui ne présente que son nom ; de là cette vigilance sévère à ne se permettre dans son choix pas même la moindre affection et qui ne laisse jamais discerner ni ceux qu'il aime, ni ceux qui l'ont outragé.

Ce n'est point un crime à ses yeux d'être au nombre de ces derniers. Indifférent sans orgueil, il les employa sans ressentiment, il apprend leurs succès sans chagrin, répare leurs fautes sans humeur ; plus généreux encore, il rend justice à leurs talents d'aussi bonne foi qu'il oublie leurs injures.

L'intérêt ne souille point son âme : son traitement est fort au-dessous de son état. Un particulier de nos jours le croirait à peine au-dessus du sien ; si cependant, loin d'en solliciter l'augmentation, il n'ose même importuner la cour sur ce qui lui est dû, dans la crainte d'obtenir plus difficilement et les grâces qu'il demande pour les guerriers et ce qu'on leur doit. Pauvre, mais content de son sort, n'étendant jamais ses désirs au-delà de ses besoins, mais ne prenant pas pour ses besoins tous les objets de nos désirs, le sacrifice qu'il fait lui tient lieu de jouissance. Le monarque est surpris d'entendre un homme qui parle toujours des autres et ne parle jamais de soi ; mais plus surpris de le voir refuser de nouveaux bienfaits, lui témoigner qu'il *songe encore à mériter ceux*

---

(1) Il brûla tous ses mémoires avant de mourir.

dont il se croit comblé : « Voilà, dit-il, le premier homme du royaume qui m'ait tenu ce langage. »

Eh! qu'eût-il pensé, s'il l'eût suivi sur le champ de bataille? Quel autre y vit-on prendre comme lui le soin de ménager le sang de ses soldats? Mais pour quel autre aussi leur a-t-on vu cet enthousiasme qui les en rend prodigues? Dans ces moments qui précèdent l'action où tout n'est qu'embarras et confusion, ses ordres respirent l'enjouement; dans ceux qui la suivent, où tout n'est qu'ivresse, on admire sa tranquillité ; les blessés reçoivent ses premiers soins, il parcourt le camp, remercie tous ces braves guerriers. A Staffarde, ils le prient de prendre part à leurs amusements, il l'accepte ; la boule à la main, se mêle à leurs jeux, et l'on ne saurait déterminer ce qui fait le plus son éloge ou de leur confiance à lui offrir ou de sa bonhomie à l'accepter.

Simplicité si noble qui se répand sur toutes ses actions, qu'il porte dans ses mœurs et jusques dans ses vêtements, sans affectation, sans fard, par goût, non par orgueil : qui, dans ces instants de représentation nécessaire où le comble du faste serait de n'en point avoir, lui fait faire, pour n'être pas remarqué ce que les autres font pour l'être : simplicité qu'il conserve au sein des dignités, comme sa modestie au milieu de sa gloire; cette modestie qui semble être aux grands talents ce que la pudeur est à la beauté. Triomphe-t-il ? A l'entendre, *il a moins de part à la victoire qu'un simple soldat.* Rend-il compte d'une journée ? Le subalterne est étonné d'y réveiller l'attention d'un roi : l'officier, d'y avoir l'honneur des attaques et des dispositions; le public, de ne pas l'y voir. Quelqu'un demandait, en écoutant une de ses relations : « M. Catinat était-il à cette bataille ? »

Ainsi se trahissent elles-mêmes toutes ses vertus, et tandis qu'il s'efforce de les cacher à ses contemporains, ceux-ci les consignent à la postérité. A Rome, des pontifes lui donnent le surnom de *Prudent ;* ses soldats, celui de *Penseur ;* ceux d'Eugène, celui d'*Invincible ;* Bayle lui donne le surnom de *Savant ;* la cour même, celui de *Vertueux.*

A tous ces titres, l'Europe entière allait bientôt ajouter celui de *Pacificateur.* Louis sentait la nécessité de finir une guerre dans laquelle un ministre absolu l'avait engagé par humeur et qu'il continuait par vanité ; et le monarque, enfin, persuadé qu'il lui serait impossible de rompre la grande alliance, songeait au moins à la désunir. De tous les souverains que l'intérêt ou la haine avaient rassemblé contre lui, Victor était celui que l'intérêt pouvait le plus promptement en détacher. Homme singulier, plutôt que grand homme; politique profond, despote, esclave de quiconque voulait l'acheter ; mettant également à l'enchère sa parole et son sang, et prodigue de l'un comme de l'autre ; qui, plus inconstant encore que malheureux, appelait tous les étrangers dans ses Etats et n'y en pouvait souffrir aucuns : guerrier d'ailleurs habile et vigilant qui, comme Guillaume, était lui-même le chef de ses armées et semblait destiné comme lui à se montrer toujours un homme de courage, à toujours se battre et à toujours être battu. Catinat, depuis longtemps, essayait de traiter avec lui. Naturellement doux et insinuant, connaissant les hommes, instruit des affaires de l'Europe, fait à tous égards pour le séduire, mais sans autorité comme sans moyens. Catinat jusqu'alors avait eu le désir plutôt que le pouvoir d'être utile. A peine est-il armé de la confiance de son maître, que tout prend une face nouvelle. Il remue les puissances intéressées au repos de l'Italie ; il achète les unes, il intimide les autres, fait sentir à toutes l'avantage de la neutralité, flatte Venise par la gloire de préparer la paix de l'Europe, excite Rome par l'espoir de ne plus payer à l'empereur des subsides aussi onéreux que des contributions. En vain l'Espagne courroucée réveille la haine de Victor contre la France; en vain Léopold ordonne à ses émissaires, à quelque prix que ce soit, de traverser nos négociations. Catinat combat leurs intrigues; il entre avec Victor dans les raisons de ce perfide empressement, il lui rappelle ces desseins formés par eux de sacrifier à la France le premier acte de leurs engagements, la clef de ses Etats. Il lui met sous les yeux les conditions odieuses que ces mêmes Espagnols venaient d'imposer à ses exploits, et lui fait voir comment cinq ans de fidélité ne lui avaient encore valu que la triste prérogative d'acheter de ses troupes et de ses richesses des promesses qu'on ne tenait pas. Il découvre ensuite les secrets de cette ligue chancelante ; il montre la Suède, moins ardente, refusant déjà des secours; La Haye, négociant toujours en secret, prête à s'échapper ; Guillaume changeant de système, sans changer de principes, recherchant alors la paix pour régner tranquillement sur l'Angleterre, comme il avait jadis allumé la guerre pour dominer plus facilement en Hollande; l'Espagne, acharnée, mais sans force, et obligée de vendre le droit de vexer une partie de ses sujets (1) pour conserver l'autre; Vienne épuisée par le Levant, n'ayant de soutien contre l'Ottoman redoutable que cette nation (2) sans ressource, enchaînée par sa propre liberté, ou cette autre (3) plus barbare encore, qui depuis neuf cents ans s'occupait uniquement à traîner sur le trône ou sur l'échafaud des imposteurs aussi vils que ses tyrans. Il descend ensuite dans les détails, les développe, balance les offres des puissances intéressées, lui propose la restitution de ses Etats, les honneurs des têtes couronnées, la main d'Adelaïde pour l'héritier du trône, et arrache, malgré les alliés, un traité qui devenait le mobile de tous les autres, mais qui, comme tous les autres, devait malheureusement trop peu durer.

Célèbre par ses victoires, auteur du seul de tous les traités auxquels la France avait applaudi, il ne restait à un homme vain que d'accourir, au milieu des acclamations, pour mendier les éloges de la capitale. Catinat vint se confondre dans la foule; ses vœux se bornent à jouir d'une vie simple et retirée; mais il la goûte à peine, et déjà sont formés les orages qui doivent en troubler le calme et les plaisirs.

Charles II meurt : l'Europe se déchire; toutes les puissances, aveuglées par la passion, se heurtent, s'entraînent mutuellement contre leurs intérêts et contre leurs principes. Il semble voir des voyageurs qui, se traînant avec peine dans un chemin étroit, environné d'abîmes, s'efforceraient, au lieu de se soutenir, de s'y précipiter les uns sur les autres. Eugène a pénétré dans l'Italie. On vole à Saint-Gratien, on trouve Catinat absorbé dans la douleur. La mort d'un frère, son plus tendre ami, venait de l'arracher à ses plaisirs champêtres, pour lesquels il avait tout quitté. Peut-être son cœur s'abandonnera-t-il d'abord à l'espoir de trouver du soulagement à ses peines dans le plaisir de servir encore sa patrie. Ah! il ne pressentait pas les dégoûts qui l'attendaient.

---

(1) L'Espagne était si indigente, qu'elle fut obligée de vendre les vice-royautés du Mexique et du Pérou.

(2) La Pologne.

(3) La Russie.

Il arrive à l'armée, et le génie d'Eugène est le moindre obstacle qu'il y rencontre : partout des entraves, partout des citoyens plus dangereux que l'ennemi. Victor trahissant déjà ses deux gendres qu'il défendait; Vaudemont joignant l'obstination d'un homme qui ne savait rien à la témérité d'un homme qui croyait tout savoir ; Tessé, plus instruit, approuvant en secret les démarches de son général, mais cherchant à les décrier et à les faire échouer et par l'envie de se ménager un parti puissant à la cour et par l'espérance de le remplacer ; des officiers généraux avides de petits commandements, murmurant contre les projets dont ils n'étaient point les auteurs ; des entrepreneurs négligents, autorisés dans leur inexactitude par celle d'un ministre (1) qui ne mettait pas plus d'importance à fournir une armée nombreuse qu'à pourvoir une communauté, et prouvait par son activité stérile qu'on peut avoir de bonnes intentions, beaucoup de zèle et ne savoir jamais quel parti prendre ; Eugène possédant, avec l'avantage de commander des troupes aguerries, *celui de connaître et les mouvements de notre armée et la force des détachements qui en sortaient, et leur objet et les desseins qui dans le conseil avaient été formés.* Pour lui, revêtu de l'autorité sans pouvoir, il se voyait obligé pour agir d'attendre à deux cents lieues les décisions d'une cour irrésolue et de sacrifier perpétuellement l'occasion au courrier et ses vues à l'obéissance.

Je ne chercherai point à dissimuler la faute qu'il commit. Qu'un homme est grand qui, dans le cours de sa vie, ne peut s'en reprocher qu'une ! et si légère et qu'il répara si bien. N'attendez point, qu'empressé de prévenir les clameurs de ses envieux, il aille fatiguer la cour de ses plaintes et de ses excuses ; il ne les prévient que par un aveu plus humble peut-être qu'ils ne l'eussent eux-mêmes exigé. Incroyable modestie ! Autrefois, après ses triomphes, il fallait dans ses relations deviner qu'il avait vaincu. Aujourd'hui, s'il n'était démenti par le témoignage de ses envieux, on soupçonnerait qu'on a pu le vaincre : « Sans la valeur des troupes, mandait-il à la cour, je ne sais ce que cela serait devenu. »

Mais cet homme si modeste quand il ne s'agit que de lui,

---

(1) Chamaillard.

quelle mâle fierté, quelle hardiesse ne montre-t-il pas quand il s'agit de l'Etat? « Il y a ici un traître, » dit-il en entrant au conseil de guerrre, et ils n'y étaient que trois.

Cependant une si étonnante fermeté dans Catinat surprend moins encore que la manière odieuse dont ses ennemis s'acharnèrent alors à le persécuter. L'œil de ce grand homme pour ces hommes vils était aussi importun que leur conscience. Ils parvinrent à s'en délivrer ; et le monarque, ajoutant l'insulte à la disgrâce, envoya son favori pour donner des ordres et des dégoûts au général et à l'armée. Peuples, soldats, tout s'indigne, la cour elle-même rougit de son choix. Catinat seul n'en est point ému et, sacrifiant sans regret ces droits spécieux dont les héros même se montrent si jaloux, plus grand encore que le dictateur (1) dont il est l'image, il donne à l'univers le spectacle nouveau d'un grand homme qui sait obéir à un courtisan indigne de commander : que dis-je, obéir? Content de ne pas nuire, tout autre eût laissé sous les pas de son rival les épines qui s'y rencontraient d'elles-mêmes ; ce n'est pas assez pour Catinat, il faut que sa main les écarte : excès de générosité auquel on ne croirait pas si l'on n'en avait pour garant celui qui nous en donne l'exemple : « J'étouffe, mandait-il à sa famille, la disgrâce où j'ai le malheur d'être tombé, pour avoir l'esprit plus libre dans l'exécution des ordres de M. Villeroy. Oui, poursuivait-il, je me mettrai tout entier pour l'aider. Les méchants seraient outrés s'ils savaient jusqu'où va mon intérieur à ce sujet. »

Qu'avez-vous donc prétendu, détracteurs insensés? Catinat, dans ce rang où vous avec cru l'humilier, est plus grand qu'il ne l'était dans celui dont vos cabales l'ont fait descendre ; on rejette ses avis, il offre son bras. Que lui importent ses jours, s'il peut par sa valeur sauver à Villeroy la honte que lui prépare son imprudence? Malgré ses blessures, il ramène deux fois à la charge ses troupes épouvantées ; mais c'est en vain. Le général, déconcerté, ne donne plus d'ordres ; des flots de sang inondent les retranchements : l'armée entière y serait ensevelie, Catinat prévient la déroute, et le même jour, dans le même héros, le soldat respecte son père, Villeroy son appui, Eugène son maître, et la France son libérateur.

---

(1) Fabius.

Mais comment reconnaître ce héros, qu'un peuple eût traîné lui-même sur un char de triomphe, dans un coupable obligé de venir aux pieds du trône se justifier ? On ne le reconnaît qu'à la grandeur d'âme avec laquelle il vient se défendre. Il se rend à la cour, expose sa conduite, donne ses projets, ne se plaint de personne et ne demande rien. Louis se voit forcé d'estimer un homme que par sa faiblesse il n'osait déjà plus aimer. Il s'étonne, un roi devrait-il s'étonner ? que la calomnie ait osé travestir à ses yeux sous la forme d'un insensé ce sage Catinat dont il admire les conseils. Il songe à le rendre à ces contrées qu'il a si bien défendues ; mais l'envie, les yeux toujours ouverts sur les grands hommes, indifférente à ce que la patrie attend de leurs services, se tourmente sans cesse, ingénieuse à les persécuter ; et ces courtisans, qui, sous le prétexte d'inutilité, venaient d'enlever Catinat au pays qu'il connaissait le mieux, parviennent à démontrer que l'intérêt public l'appelait dans un autre qu'il ne connaissait pas. Catinat leur montre assez par son refus qu'il craint d'obtenir le commandement plus qu'ils n'appréhendent eux-mêmes de l'en voir revêtu, et le monarque, par la manière dont il répond à ses excuses, déclare que Catinat, de tous ses sujets, est celui qu'il en croit le plus digne : « Allez, lui dit-il, votre présence suffira. »

Il part : mais ni la fortune, ni le ministre, ni le roi même ne secondent ses efforts. Désespéré d'être inutile (et c'était le seul chagrin qui pût entrer dans son âme), il sollicite son rappel ; il l'obtient ; on lui demande le mot de l'ordre, il nomme *Paris et Saint-Gratien*. Il y vole, et y trouve enfin cette tranquillité dont il aurait joui toute sa vie s'il n'eût préféré l'intérêt de l'Etat au soin de son bonheur. Louis se flattait en vain de le retenir à la cour par ses dignités et ses prérogatives, au-dessus desquelles l'ambition ne voit plus rien ; il se trompait ; il fallait, pour le retenir, le rendre utile ; mais de quel usage eût été pour Catinat une stérile décoration (1) ? Il ne voulait ni écarter la foule ni l'éblouir ; et comment aurait-il pu servir l'Etat dans le conseil ? Comment lui-même eût-il pu se résoudre à y entrer, dans ces jours de calamités où l'on ne vit jamais s'élever tant de ces adula-

---

(1) Le cordon bleu.

teurs serviles, que les rois accueillent et que les peuples rejettent, semblables à ces monts infructueux qui touchent le ciel et pèsent sur la terre ? Il eût fallu commencer par sévir contre de vils traitants, et ils avaient déjà l'art d'étayer leurs déprédations par leurs alliances avec les premières familles du royaume ; trouver dans le conseil des citoyens animés d'un zèle semblable au sien, et il n'y avait guère que des courtisans ; se concerter avec des ministres, capables de tout oser et de tout dire, à peine l'étaient-ils de penser ; mettre à la tête des armées ces exilés respectables, dont le seul tort était de n'avoir su qu'illustrer la nation par leurs triomphes, et l'intrigue y portait des favoris dont le seul mérite était de l'avoir avilie par leurs défaites : il eût fallu changer le conseil ou changer Catinat.

Etranges contradictions ! On voulait malgré lui l'accabler d'honneurs et l'on ne songeait pas à rétablir, au moins dans sa médiocrité, sa fortune épuisée au service. On prétendait le fixer à la cour, et l'on souffrait que, pour fuir la misère, il courut s'ensevelir dans un village. Déjà les plaisirs, qui accompagnent la vertu bienfaisante, y fixent leur séjour avec lui ; et tandis que la France entière gémit désolée sous les fléaux qui la tourmentent, Saint Gratien est l'asile du bonheur et de la tranquillité. La fortune de Catinat est médiocre, mais il sait donner. Ses vassaux ne sont point nombreux, mais ils sont tous contents ; par lui la concorde règne dans les familles ; par lui les amants jeunes et timides s'unissent et apprennent qu'être heureux est un devoir. Souvent Catinat préside à leurs jeux innocents, comme ferait un père. Par ses soins ils deviennent utiles ; c'est une école d'exercice et de vertu où le mérite a toujours son prix, mais où ce prix est disputé sans envie et où les éloges du maître, ses regards même flattent plus que des récompenses.

Au temple, confondu parmi eux, il n'a point de place distinguée. On voit Catinat et on demande où est le seigneur de Saint-Gratien. Il n'y vient point chercher ces honneurs qu'un noble orgueilleux veut partager avec le prêtre qui les donne et le Dieu qui les reçoit ; il les refuse, il ne s'en croit pas digne, et de nos jours des histrions importunent Thémis de leurs cris pour les obtenir.

Du sein de la capitale, on accourt à Saint-Gratien pour voir le dieu tutélaire de ce village. Autour d'une table frugale, il rassemble ses amis, et il en compte autant qu'il connaît de gens de bien. Sa bonté prévient leurs demandes comme autrefois sa reconnaissance prévenait les services. Un jour, cependant, comme Titus, il s'oublie ; un d'eux lui demande un bienfait : « Ce jour-ci, dit-il, est bien malheureux pour moi : comment n'ai-je pas songé à vous l'offrir ? »

Ainsi, entre ses amis, sa famille et l'étude, Catinat partage le temps qui lui reste à vivre, méditant beaucoup, parlant peu, sans passions, sans désirs, sans autres moments d'impatience que ceux des malheurs de l'Etat. Mais ce grand homme touche au terme de sa carrière, et le sort, qui s'acharne à le persécuter, ne doit pas même lui laisser la consolation de jeter ses derniers regards sur la patrie heureuse. Tout se confond : les saisons, d'accord pour ainsi dire avec nos ennemis, augmentent nos maux. La famine achève de détruire ce que la guerre avait respecté. La cour suit en vain la désolation de la campagne. L'héritier du trône n'est plus ; le duc de Bourgogne, sa femme, son fils, tous ses enfants, entraînés avec lui, tombent les uns sur les autres ; le dernier, au berceau, conserve à peine un souffle de vie. Louis lui-même n'apercevant autour de lui que ses ministres indécis, ses ambassadeurs humiliés, ses généraux déconcertés, des courtisans muets, un peuple gémissant ou révolté, Louis sent son trône s'écrouler, son corps se dissoudre, et semble ne traîner les restes de son existence que pour fixer malgré lui ses yeux mourants sur tant de malheurs ; on eût dit même que la mort les retenait sur les bords de sa tombe pour lui donner tous ces spectacles avant de l'y précipiter.

Catinat pleura sur la France, quand sa famille pleurait déjà sur lui. En vain les médecins, par les secrets de leur art, voudraient prolonger des jours si chers à l'Etat. La religion et la philosophie lui avaient appris à ne pas craindre la mort. Ces moments de crise la lui faisaient désirer. Il importait peu à ce grand homme de trouver des remèdes à ses maux, quand il songeait qu'on n'en pouvait trouver à ceux de sa patrie ; et il aima mieux pour jamais fermer les yeux à la lumière que de les rouvrir encore pour voir les Français plus malheureux. Ainsi, nous devions trouver l'époque de nos revers à la mort de cet homme dont la naissance nous présente celle de nos succès. Ainsi, nous perdions avec notre gloire ce philosophe citoyen, dont, dont on respectera le nom tant qu'on prononcera celui de la vertu ; que la Grèce eût compté parmi ses sages et Rome parmi ses héros ; opposé parmi les nôtres à Luxembourg, comme Turenne l'était à Condé, et assez grand, en effet, pour se montrer à la fois, avec autant de talent, le rival de l'un par son esprit et l'émule de l'autre par son cœur. Turenne, toutefois, jeta plus d'éclat sur sa vie publique ; mais Catinat en répandit davantage sur sa vie privée : parvenus tous deux à être de grands hommes dans les positions différentes où la nature les avait placés, et qui formaient à tous deux des obstacles pour le devenir ; Turenne, parce que ses parents étaient riches, Catinat, parce que les siens étaient pauvres : l'un eut la gloire d'ajouter à l'illustration de ses ancêtres, l'autre eut celle de se créer lui-même ; le premier eut plus de peine à se maintenir dans le commandement, le second en eut plus à y parvenir ; tous deux l'occupèrent sans l'avoir désiré, tous deux s'y distinguèrent sans se faire valoir : le héros de l'Allemagne avec plus de réputation, parce qu'on lui laissa plus d'occasions, plus de pouvoir et plus de moyens ; celui de l'Italie avec autant de mérite, quoi qu'il n'eût rien de tout cela. Aussi modestes, aussi prudents, aussi désintéressés, également aimés des soldats, haïs de la cour, estimés de leurs rois, craints et admirés de leurs ennemis ; on peut dire avec raison, qu'il eût fallu de la part de Catinat plus d'actions militaires pour paraître au-dessus de Turenne, et de Turenne moins de faiblesses, moins de fautes, plus de fermeté dans le caractère pour être mis au-dessus de Catinat.

PIÈCE N° 2

PANÉGYRIQUE DE SAINT LOUIS [*]

Scientia et sapientia data sunt ei.
Il a reçu en partage le génie et la vertu.
PARALIPOMÈNE, livre II, v, 12.

C'est une belle et auguste institution que celle des éloges consacrés à la mémoire des grands hommes! Les grands hommes sont si rares et ils nous sont si promptement ravis. Ces tributs d'éloges trompent le temps et la mort et fixent sous nos yeux ce qu'ils eurent de plus noble et de plus grand, leur génie et leur vertu ; ainsi tout citoyen doit voir avec transport le retour de cette solennité, de ces hommages sans cesse renouvelés, semblables au feu de ces lampes sacrées qui veillent dans les temples sur la cendre des saints, des héros ou des rois. Aucune éloquence n'a pu suffire encore, il est vrai, au vaste sujet qu'on y traite ; les uns ont dignement célébré les vertus militaires de saint Louis ; d'autres ses vertus pacifiques ; ceux-ci son amour pour son peuple ; ceux-là son zèle pour la religion ; aucun n'a montré à la fois saint Louis tout entier, mais chacune de ces qualités a suffi pour échauffer le génie et pour faire la réputation de l'orateur ; et voilà peut-être le plus bel éloge de ce grand roi. L'exemple de ceux qui

---

[*] Panégyrique de saint Louis prononcé devant l'Académie française, le 25 août 1777, par l'abbé d'Espagnac. — La jeunesse de l'abbé d'Espagnac, qui n'a que vingt-quatre ans, demande de l'indulgence. — Note du manuscrit.

m'ont précédé m'avertit de ne pas essayer vainement de soulever ce poids immense de gloire et de vertu. Je me bornerai donc à quelques parties de ce sujet inépuisable moins approfondies et non moins intéressantes ; je considèrerai l'administration de saint Louis créée par son génie ; l'administration de saint Louis dirigée par ses vertus et consacrée par la religion. Je sens qu'en me renfermant dans cet objet, je me prive de ces traits éclatants, de ces grands mouvements qu'inspirent à l'orateur des qualités plus brillantes ; mais je me rassure en songeant que je parle devant des sages qui, ne se bornant pas à cultiver les richesses de la langue, s'occupent des grandes vues de la politique, de la morale et de la législation ; et si je ne suis pas digne de mon sujet, je sens que mon sujet est digne d'eux.

PREMIÈRE PARTIE.

Quelle était la France, Messieurs, avant que saint Louis montât sur le trône ? C'était, depuis l'avènement des Capétiens à la couronne, un assemblage monstrueux de membres informes qui ne tenaient ni à un chef, ni entre eux ; l'élévation de Hugues n'était qu'un pacte entre ce vassal plus riche et d'autres vassaux aussi puissants ; d'un côté pour qu'ils soutinssent son autorité, de l'autre pour qu'il reconnût leur indépendance. L'anarchie pour lors avait pris la forme d'un gouvernement ; les souverains qui eussent dû seuls en préparer une autre, Robert, Henri, plus faits pour être placés, l'un dans un cloître, l'autre dans un champ clos que sur le trône, n'avaient, au contraire, par leurs faiblesses, qu'enhardi la féodalité ; et la nation, depuis un siècle, accablée sous le joug d'une noblesse qui osait tout, tendait inutilement ses bras vers des rois qui ne pouvaient rien.

En vain, Louis-le-Gros avait réuni aux cités le droit de commune ; en vain, Philippe-Auguste avait réuni les plus grands fiefs à la couronne. Nos rois avaient donné plus d'ascendant à leur autorité, ils n'étaient pas les maîtres des alliances, et elle pouvait toujours leur être ravie ; mais cette autorité n'était pas moins méprisée, pas moins limitée de toutes parts ; il leur devenait impossible de l'étendre ; sans force pour faire adopter des lois dans leurs domaines, sans pouvoir pour en donner ailleurs ; leurs ordonnances n'étaient encore pour leurs vassaux que des conseils, pour ceux de la couronne que des traités ; là même où ils étaient les plus puissants, ils n'étaient que suzerains et sans autres ressources que le service précaire qu'une noblesse ombrageuse acquittait avec tiédeur et qu'elle abandonnait à son gré, même s'en voyant les maîtres ils en dépendaient encore ; également dans l'impuissance de former des entreprises ou de les exécuter, il n'y avait aucune proportion entre la promptitude avec laquelle ils pouvaient être attaqués et celle avec laquelle ils devaient se défendre ; et l'Etat le plus borné leur présentait les inconvénients que présente l'Etat le plus étendu.

Le gouvernement avait pris plus de corps, mais il n'était ni mieux constitué, ni plus sain. Le peuple n'était encore compté pour rien. Les seigneurs n'étaient que des brigands. Toute la France était en friche, en cendre ou en feu. Les arts utiles étaient négligés pour ceux qui ne pouvaient être que dangereux. Le commerce était devenu une espèce de contrebande, la justice un impôt et les tribunaux servaient de douane pour le percevoir. Les rapines et la fraude étaient mises en principes, les vexations en tout genre réduites en système, et tout ce que la cupidité, ce que le caprice avait pu concevoir reconnu comme des droits.

Il fallait changer les usages et les hommes ; on venait de leur défendre d'empoisonner les puits et les fontaines, d'exterminer les troupeaux, d'arracher les vignes, d'incendier les maisons ; et les hommes, sans connaissance des choses qui tenaient le plus à leur besoin, ne sachant que piller et se battre, joignant même à la férocité de leur siècle les vices d'un siècle éclairé, présentaient dans leurs mœurs ce qui les déshonore le plus, ce qui s'allie le moins, l'ignorance et la corruption.

Et les usages, telle était leur bizarrerie, qu'ils laissaient la force et le hasard décider de tout ; qu'ils donnaient un prix aux préjugés les plus absurdes et n'en donnaient point à leur vie ; qu'ils élevaient aux emplois civils les plus distingués ce sexe que la nature, plus sage, destine à gouverner nos foyers; et appelaient pour présider aux combats, pour allumer la foudre entre les mains des hommes le ministère de paix, le sacerdoce, qui fut toujours choisi pour l'éteindre dans celles de la Divinité.

En un mot, il fallait ou tout créer ou, ce qui est plus difficile encore, tout réformer ; et, au milieu de tant de désordres avec si peu de moyens, contre tant d'obstacles, quel était notre espoir : un enfant !

Du moins, si cet enfant trouvait un royaume sans trouble et des sujets soumis ; mais ce royaume n'est qu'un champ de bataille, une conspiration formidable en a rassemblé tous les peuples, et jamais conspiration ne porta de caractère plus effrayant ; ce n'est pas en secret qu'elle s'est tramée, mais elle vient d'éclater sous les yeux de Louis VIII, sur le théâtre même de sa victoire, lorsqu'il avait encore les armes à la main. Il ne s'agit plus de faire reculer le monarque dans les limites prescrites à ses ancêtres, il s'agit de le détrôner, et déjà Coucy, proclamé d'un commun accord, a porté des mains téméraires sur les ornements de la royauté ; ce n'est plus l'association de quelques seigneurs faibles ou pauvres, qu'il est facile de ramener avec des menaces ou de l'or ; c'est une ligue de tout ce qu'il y a de plus grand, de plus riche, de plus redoutable, de plus cher à la couronne et à la nation.

C'est Philippe de Bourgogne, oncle du roi, un de ces hommes séduisants, faits pour subjuguer la multitude et fixer la fortune, et d'autant plus à craindre qu'exclu de la régence malgré son droit et les vœux de la nation, même en attaquant il avait l'air de se défendre et pouvait être usurpateur sans paraître injuste. C'est Thibault, comte de Champagne, pour qui nul crime ne paraissait étrange et nul engagement n'était sacré ; si puissant, que Louis VIII n'aurait osé le punir d'avoir insulté sa femme et de l'avoir trahi ; si audacieux, que l'amour seul de Blanche était la condition de tous ses traités. C'est Raymond, comte de Toulouse, marchant à la tête d'une nation persécutée qui ne voyait devant elle que la victoire ou les échafauds, et, lui-même n'ayant d'autre alternative que de servir ou de régner. C'est Isabelle, comtesse de la Marche, fille, veuve et mère des rois ennemis de la France, nourrissant sa haine de l'indignation où elle était d'être devenue, par un second mariage, la sujette d'une reine qu'elle daignait auparavant tout au plus traiter d'égale ; espèce de monstre acharné à perdre Louis, que l'histoire nous représente dans ses emportements distribuant d'une main à des scélérats les poisons qu'elle avait préparés, de l'autre, armant ses enfants et son époux du fer dont elle devait les égorger et s'égorger elle-même, si sa rage ou leur fureur ne réussissait pas. C'est Henri III, roi d'Angleterre, qui, placé sur le même trône, de la même manière, dans les mêmes circonstances, après les mêmes persécutions que Charles II, fut précisément à Louis IX ce que le célèbre proscrit de Cromwel fut à Louis XIV ; qui, comme Charles II, indigne de la couronne, dès qu'il l'eut obtenue, trouva, sans avoir de grandes passions, le secret de se faire haïr, et, sans avoir de vices, celui de se faire mépriser ; mais qui pour lors, digne encore et de ses sujets et de ses ennemis, accourait impatient de recouvrer les riches provinces dont Jean-Sans-Terre s'était ignominieusement vu dépouiller, et, secondé d'une nation entière qui, rougissant d'avoir appelé un Français sur son trône, s'élevait de toute sa hauteur pour nous écraser, comme si elle eût cru devoir punir le fils de l'inconséquence qu'elle avait eu de se livrer au père.

Grand Dieu ! As-tu résolu d'anéantir la France ! Voudrais-tu donc exterminer un peuple que tu appelas le premier à la religion sainte ? Non, non, les vertus de Blanche ne seront pas sans récompense ; tu répandras tes bénédictions sur elle, comme tu l'as fait de nos jours et dans les mêmes conjonctures sur cette grande princesse à qui nous devons notre auguste reine ? Sans doute, tu ne laissas tant d'obstacles se rassembler autour de cet enfant, que pour manifester ton pouvoir ? Pourquoi ces ligues ? Pourquoi ces séditions ? *Quare fremuerunt* ? Et qu'ont voulu dans leurs projets tous ces peuples insensés, *et populi meditati sunt inania* : ils s'applaudissaient de la faiblesse de cet enfant ; mais cet enfant, à son âge, va devenir le modèle des héros ; ils fondaient leur espoir sur son inexpérience, mais à son âge même, il va devenir le modèle des sages. Son premier soin pour les combattre est de se rendre indépendant de ses vassaux. Au lieu de ces cohortes informes rendues toujours trop tard sous les drapeaux et aussi dangereuses alors que les ennemis, il appelle autour du trône, il y attache par des bienfaits cette noblesse indigente et nombreuse que nos rois jusqu'alors semblaient devoir oublier d'accueillir. Qu'ils s'avancent à présent ces feudataires audacieux, Raymond, Henri, Thibault et leurs forces innombrables : avec cette armée toujours prête à le défendre, saint Louis n'a qu'à se montrer et il les terrasse, *et tanquam vas figuli confringet eos*, et il les brise en un instant comme un vase d'argile. Mais, assez grand déjà pour concevoir qu'il ne suffit pas d'arrêter les ravages de la rébellion, qu'il faut lui ôter les moyens d'en faire de nouveaux, il ne se contente pas d'opposer une digue à ce torrent impétueux, il remonte jusqu'à sa source, soit pour jeter d'espace en espace des obstacles qui brisent ses flots, soit pour détourner les fleuves immenses qui venaient en grossir le cours. Déjà, il a fait dépendre de son consentement la validité des mariages, et il n'a plus à craindre de ses vassaux puissants ni les alliances qu'ils contractaient entre eux pour balancer l'autorité royale, ni celles qu'ils formaient avec les ennemis pour troubler le repos de l'Etat. Déjà, il les a contraints d'abandonner toutes les possessions qu'ils avaient en Angleterre, et ils ne trouvent plus dans les devoirs de la vassalité une raison pour défendre contre lui cette fière rivale, et cette rivale ne trouve plus dans ceux de sa suzeraineté, un prétexte pour leur donner un asile.

Bientôt, ses efforts tombent sur les baronnies elles-mêmes. Depuis longtemps ces souverainetés formidables intimidaient l'ambition de nos rois ; mais depuis qu'elles avaient usurpé l'exécution des partages, auxquels les fiefs dans les successions étaient assujettis, comme elles avaient un moyen toujours subsistant d'agrandir et de conserver leur puissance, les affaiblir devenait pour ces rois de jour en jour un objet aussi difficile qu'important. Trop pénétrant pour ne pas en sentir la nécessité, trop courageux pour ne pas l'entreprendre, saint Louis soumet les baronnies au partage, comme les terres d'un ordre inférieur, il en confère le titre aux portions demembrées, il le confère même aux plus simples seigneuries et fait disparaître les distinctions à force de les multiplier ; ainsi, sans ressources au dedans, sans secours au dehors, les feudataires n'osent plus se mesurer avec le monarque, et la force publique ramassée autour de lui s'y maintient immobile.

Si saint Louis eût eu l'imprudence de son âge et l'inexpérience de son rang, pressé de tourmenter ses vassaux, il eût cru sans doute manquer à l'occasion s'il n'eût pas arraché pour lors à main armée la souveraineté de leurs justices ; mais ce grand homme, au-dessus de ses pareils, comme de son siècle, sentait bien qu'il était plus sage quelquefois d'inviter que de contraindre et de conduire les hommes que de leur commander. Qu'il est beau de le voir, la force en main, attaquer les justices de ces tyrans avec autant de ménagement que s'il était le plus faible ; les obliger de s'en désaisir eux-mêmes et les enchaîner à ce projet par l'idée de leur bonheur et de leur repos. S'il veut détruire la jurisprudence, il ne la réforme pas ; il cherche à nous en détacher en faisant traduire le plus beau code de la législation romaine et en nous faisant connaître la grossièreté de nos usages par la sagesse et la profondeur de ces lois. S'il veut changer la procédure, il ne fait qu'en substituer dans ses tribunaux une plus juste, plus raisonnable, plus sûre, plus propre à faire discerner le vrai d'avec le faux : on ne descend plus dans le sanctuaire de la justice comme dans une arène. S'il veut faire adopter aux barons la forme des appels qui doivent attirer à lui toutes les juridictions, il ne les propose ni comme loi, ni comme exemple, il tâche seulement de les leur rendre nécessaires et d'écarter tout ce qui dans cet établissement avait pu jusqu'alors choquer leur vanité ; ainsi, pour faire voir que la gradation des appels entre les justices souveraines n'est point pour elles une flétrissure, il commence par les établir dans les siennes ; ainsi, pour leur persuader que la révision d'une sentence rendue par un juge noble n'est point pour lui un affront, il veut que tous les juges dont on appelle dans ses tribunaux soient armés chevaliers.

O vous, génies ambitieux qui eûtes comme lui cette noblesse orgueilleuse à soumettre : vous qui, dans vos systèmes dangereux, essayâtes en vain de la dompter, l'un en l'attirant à la cour pour la détruire, l'autre en l'éloignant pour l'humilier ! Richelieu, franchis les échafauds dont je te vois entouré, viens apprendre qu'on peut maîtriser les hommes sans en répandre le sang ; et toi, Louis XI, qu'on peut les gouverner sans les avilir. Voyez le monarque qui n'emploie d'autres moyens que la raison, le désintéressement, l'adresse, la patience. Il était à peine le maître de la jurisprudence de ses domaines, et voilà déjà qu'il embrasse celle de tout son royaume, et voilà déjà qu'il est regardé comme le dépositaire des coutumes, comme le seul à qui il appartient de punir ceux qui, dans leurs terres, négligeraient de les faire observer. Il pouvait à peine attendre de ses vassaux les plus simples devoirs, et voilà déjà que tout plie, tout marche à sa volonté. Des baillifs sont institués pour recevoir les appels de toutes les justices, et l'on ne murmure point. Il attribue les délits privilégiés à ses tribunaux pour dégrader ceux des barons, et l'on ne murmure point. Il multiplie des lettres de sauvegarde pour limiter la souveraineté des seigneurs, et l'on ne murmure point. L'enthousiasme qu'inspirent la sagesse et le désintéressement de ce grand prince a changé tous les esprits ; les seigneurs ne sont plus jaloux que d'obéir ; la plupart même, plus instruits des besoins de l'Etat, semblent regretter que le monarque ait autant de modération ; ils sentent avec raison que les coutumes, nées du caprice, au sein de l'anarchie, ont moins besoin de protection et de stabilité que de réforme, et que même réformées, même devenues stables, elles ne suffisent plus à un Etat dont toutes les parties tendent à se ruiner : en un mot, qu'il faut des lois.

Pour accréditer cette opinion naissante, saint Louis, en hasardant des lois générales, met autant de discrétion et de ménagement à les promulguer qu'il en avait mis pour attirer à lui toutes les juridictions ; il ne proscrit que des abus ; tout ce qu'il propose ne tend qu'au bien commun. Les premières lois qu'il porte frappent les deux classes d'hommes également voués à la haine publique, les Juifs et les Traitants ; tous deux aussi à charge au prince qu'aux particuliers ; tous deux dans leurs systèmes avides hâtant chaque jour la ruine de l'Etat : les Traitants par leurs concussions, les Juifs par leurs usures ; les premiers, moins dangereux peut-être, parce que la haute noblesse n'ayant point encore mis à l'enchère et son alliance et la faveur de ses maîtres, ils ne pouvaient sous doyer le crédit et trouvaient plus difficilement les moyens de désarmer l'administration ; les seconds, d'autant plus funestes que, tyrans du commerce et maîtres, par conséquent, de l'argent de presque tout le royaume, ils n'étaient plus simplement la ressource d'une jeunesse perdue de débauches, mais le besoin perpétuel de tous les ordres de citoyens ; d'autant plus funestes qu'ayant trouvé depuis peu les moyens de transporter et de maintenir partout leurs possessions sans en laisser traces nulle part, ils pouvaient piller le peuple impunément, aux yeux même du prince, également dans l'impuissance, quoiqu'armé de son pouvoir et des lois, de le secourir et de le venger.

Il s'attache ensuite à rendre moins fréquentes ces actions que prescrit un usage sans raison, où l'on court au danger pour un faux honneur et où l'on en triomphe sans gloire : usage absurde qui oppose même de nos jours au pouvoir du souverain un pouvoir plus grand, celui de l'opinion, mais bien plus absurde dans ces siècles féroces où l'on appelait aux armes des enfants, des femmes, des frères ; où les pontifes ne trouvaient point d'asile aux pieds des autels, où l'infirme jusqu'alors, avait su fléchir la mort, où le vieillard qui avait arrêté le temps n'en trouvait pas même un sur son lit de douleur ; dans ces siècles féroces où, par une bizarrerie plus étrange encore, les joûtes meurtrières étaient devenues les spectacles de la nation, et où, les spectacles ouverts en tout temps, au moindre prétexte, souvent par les ordres du monarque, toujours sous la sauvegerde des lois, avaient leur code, un appareil de cérémonies, et quel appareil ! celui que l'allégresse inventa pour les fêtes publiques ; et quelles cérémonies ! les plus augustes de celles que la religion s'était réservées.

Ainsi, le premier usage qu'il fait de ce nouveau pouvoir tend à le faire aimer ; s'il le rend redoutable, ce n'est que pour les abus contre lesquels la nation implore à grands cris sa sévérité.

Avec une conduite aussi sage, avec des principes aussi désintéressés, saint Louis, ne crains plus que ta nation veuille te disputer la puissance législative ; déjà même, elle s'empresse de la porter dans tes mains. Les complots cessent, les haines s'éteignent, le courage cesse d'être dangereux ; on ne voit plus qu'un gouvernement, qu'une autorité, qu'un roi, qu'un peuple ; partout la même ambition, partout la même volonté : dans les grands celles de plaire, dans les petits celle d'être utiles, dans tous celle d'obéir ; et le régime féodal, comme l'homme expirant, ramasse inutilement vers lui les restes de ses forces.

Dans ces circonstances, qu'attendez-vous de ce grand homme ? Que pour donner plus de force aux lois, il donne plus d'étendue à son pouvoir ! Non, saint Louis a trop de pénétration pour ne pas être effrayé de celui qu'il a déjà entre les mains. Dans les gouvernements où il subsiste un corps permanent dépositaire des lois, dans lequel, toujours ramenées et toujours réchauffées comme le sang dans le cœur humain, elles prennent sans cesse une nouvelle vie, on peut se rassurer et sur les tyrans, parce qu'il leur oppose une barrière qu'il n'osent franchir, et sur les princes faibles, parce qu'il y a toujours un glaive suspendu sur la tête de leur ministre. Mais dans un gouvernement où, déjà maître de toutes les forces, saint Louis voyait la nation inconséquente abandonner à la couronne sans nulle condition toute la puissance législative, qui le rassurait sur les abus que ses successeurs en pouvaient faire ? Qui lui répondait que tous, aussi sages que le monarque qui nous gouverne, au lieu des ministres éclairés qu'il associe à sa confiance, ils n'appelleraient pas autour d'eux de ces hommes au cœur et au front d'airain, dont l'élévation est une calamité publique, qui n'ont d'autre mérite que celui de savoir flatter les passions et de gager chèrement ceux qui l'entourent; qui, moins connus dans le sanctuaire de la justice et de l'administration que dans ces temples consacrés aux idoles du jour, viennent sans cesse, pour s'y faire absoudre, apporter en offrandes une partie de leurs concessions et abjurer ces sentiments d'humanité qui doivent être en politique la religion des ministres ? Qui lui répondait que ces ministres ne remettant eux-mêmes les rênes du gouvernement qu'à des subalternes dignes d'eux, l'autorité ne serait pas la proie du plus offrant, et qu'ainsi la nation, abandonnée à des femmes sans pudeur ou à des parvenus sans talents, la nation ne gémirait pas sous une autorité aussi monstrueuse, aussi barbare, plus humiliante que celle dont le régime féodal avait conçu 'idée ?

Qu'attendez-vous donc de ce grand homme ? O Français, que votre admiration se réveille ! C'est peu pour lui d'avoir créé des pouvoirs intermédiaires qui limitent le sien ; c'est peu de s'être soumis dans ses tribunaux comme les plus simples sujets à des formalités qui le gênent; c'est peu même d'avoir enlevé de ses archives le dépôt des lois pour le remettre entre les mains de la nation : il sent que les lois n'obtiennent jamais chez les peuples un culte plus durable que quand il est consacré par leur concours ; que la puissance qui les établit n'a jamais plus d'empire sur eux que quand ils la partagent : il la leur rend.

Oui, Messieurs, saint Louis rend à sa nation la puissance de créer ses lois; non cette puissance inutile accordée sous es Valois à des diètes de représentations et que nos rois maginèrent, sons doute, comme les fêtes politiques de l'ancienne Rome où l'on permettait aux esclaves de revêtir, pendant quelques jours, des habits de leurs maîtres pour leur faire oublier dans un instant d'ivresse toutes les vexations de l'année. Les assemblées auxquelles il confie sa puissance sont réellement composées des trois ordres de l'Etat. Si le peuple n'y paraît pas d'abord avec autant de solennité qu'il y parut depuis, ce n'est pas qu'il en soit exclu ; c'est que saint Louis ne l'y introduit pas pour être l'instrument passager de son avidité, mais qu'il l'y appelle pour lui assurer le droit imprescriptible qu'il a d'intervenir aux délibérations ; c'est qu'il sent la nécessité d'apprivoiser l'orgueil des grands et de les habituer insensiblement à voir assis auprès d'eux les hommes que naguère ils foulaient à leurs pieds.

Ouvrez-vous donc à nos yeux, assemblées majestueuses, et laissez-nous voir cet édifice superbe qui eût sans doute résisté aux ravages du temps, même aux faiblesses des princes, si ce grand homme, lorsqu'il en posa les fondements, avait trouvé sous sa main tous les matériaux que demandait son génie. Son premier soin n'est pas de donner un corps à la puissance judiciaire, mais de la distribuer si sagement entre les autres pouvoirs, qu'avantageuse à tous, elle ne puisse pour aucun devenir redoutable. Dans cette vue, il en donne au pouvoir exécutif plutôt la pompe que l'autorité. Le monarque dépositaire de ce pouvoir est le chef de tous les tribunaux, mais il n'en est pas le maître, il en est l'âme ; il s'y porte accusateur de tous les délits, mais il n'en peut être juge. Dans cette vue, il en confère la puissance au corps législatif, mais il la soumet aux formes établies et, dès lors, elle ne peut être arbitraire ; mais il la répartit entre les trois ordres de l'Etat qui la composent et elle ne peut être oppressée par aucun en particulier.

De là, sa vue se porte sur la convocation des Etats. Si le corps législatif ne pouvait s'assembler qu'au gré de la puissance exécutrice, l'Etat, au refus du monarque, tomberait dans l'anarchie ou sous le despotisme. Saint Louis lui donne le droit de s'assembler de lui-même à des époques réglées, et, par là, la nation n'a rien à craindre des irrésolutions du prince ; mais si la puissance exécutrice n'avait pas le droit de proroger les assemblées quand il lui plaît, ou de les dissoudre, on pourrait impunément attenter contre elle ; saint Louis conserve le droit entre ses mains et, par là, met le prince à couvert de l'ambition du corps législatif ; ainsi, ces deux pouvoirs, contenus naturellement, marchent au même but sans se nuire ; chacun trouve en lui-même autant de ressources qu'il lui en faut pour être indépendant de l'autre ; aucun n'en trouve assez pour s'en rendre le maître. Ne craignez pas, toutefois, que les lois meurent parce que le pouvoir qui les fait exécuter survit à celui qui les fait naître ; l'intervalle où le corps législatif demeure en repos est trop court pour que l'autre abuse de son autorité, et, si le monarque a la faiblesse de profiter de ce sommeil pour attenter aux lois, il n'aura pas le temps de les enfreindre. Un monarque d'ailleurs succombe rarement à de pareilles faiblesses, quand elles ne sont dangereuses que pour les agents de son pouvoir, et dans le gouvernement elles ne le deviennent que pour eux ; car si nul tribunal n'a le droit d'interroger le souverain sur sa conduite, si le dépôt exécutif entre ses mains est inébranlable et sacré, il n'en est pas de même pour ceux auxquels il le confie : tous, quels qu'ils soient, en sont comptables à la patrie, et leur administration expirée, tout citoyen, pendant quarante jours, a droit de les appeler en jugement Et observez, Messieurs, la sagesse de cette institution, observez que ce n'est point au tribunal secret d'une cour vendue à leurs prévarications que saint Louis les força à comparaître, mais dans les lieux mêmes de leur gestion, en présence des peuples qu'ils ont opprimés et devant leurs successeurs qui, surveillés eux-mêmes par des juges qu'ils ne connaissent pas, attendent leur réputation de la vérité de ce jugement.

Eh ! d'ailleurs, pour nous rassurer, jetons les yeux sur cette foule de règlements sages qu'il accumule autour de sa constitution pour la mettre à l'abri de pareils fléaux : Il ne lui suffit pas d'avoir forcé l'homme public de rendre raison des injustices qu'il commet pendant son administration ; il veut lui ôter jusqu'aux moyens de les commettre : Il l'isole, il le sépare de ses parents comme de ses amis et ne l'entoure que de la justice ; il veut qu'il n'y soit que pour ainsi dire campé, et que toutes les juridictions soient pour lui comme des régions étrangères qu'il doit successivement parcourir ; il ordonne même que celles où il a la moindre possession lui soient fermées, et, par une précaution plus sage encore, ni lui, ni sa famille, pendant ce pèlerinage, n'a dans aucune la liberté d'acquérir ; il ne veut point que le conseil, comme autrefois, ne s'occupe que des besoins politiques du prince, il ne veut point qu'il soit seulement composé de ministres courtisans qui ont les préjugés, les passions de leurs maîtres et les leurs plus souvent pernicieuses; il veut que ce conseil l'aide désormais dans la plus belle fonction de la royauté, celle de défendre les lois, et qu'au milieu de ces hommes créés à la hâte par l'intrigue des cours, il y siège pour l'éclairer un corps de magistrats, de ces magistrats qui, semblables à la loi, ne savent ni flatter, ni se taire, et d'autant plus fidèles à la vérité qu'inaccessibles à la séduction, on ne peut acheter leur silence. Bien plus, saint Louis craint que le monarque, malgré sa vigilance, ne puisse répondre à la loi de tous les délits; il craint qu'en amenant les coupables devant elle, trop prompt à s'attendrir, il ne s'abandonne à cette pitié bien excusable, sans doute (car dans l'âme d'un prince, comme dans celle d'un père, le premier sentiment doit être de pardonner), mais, pitié dangereuse, plus funeste à l'Etat que l'excessive rigueur, et qui suspend le règne de la justice. Saint Louis choisit dans ses tribunaux des hommes qui, sans outrager les citoyens par la tyrannie sourde des délations, surprennent le malfaiteur et le présentent à l'œil vengeur des lois, et qui, ne remplissant les utiles fonctions qu'au nom du prince, lui laissent la gloire d'avoir surveillé le crime et lui évitent ce qui doit révolter le souverain, la douleur de le poursuivre et de dénoncer.

Mais ce n'est pas assez pour le sublime législateur d'avoir fondé une constitution nouvelle, et son génie ne se reposera pas qu'il n'ait créé des lois aussi invariables pour assurer la liberté des citoyens et leur prospérité.

Le premier caractère qu'il leur imprime est celui d'uniformité. A ce mot, vous ne vous représentez pas sans doute, Messieurs, le projet insidieux d'un prince comme Louis XI, qui voulait simplifier les formalités pour violer les règles plus facilement et qui demandait que l'Etat n'eût qu'une seule loi, comme le successeur de Tibère demandait que Rome n'eût qu'une seule tête. Saint Louis veut rendre les lois uniformes pour réunir toutes les parties de son royaume, divisées par des coutumes grossières, mais non pour y confondre tous les Etats, et, en renversant les barrières que les législations bizarres avaient posées entre chaque cité, il respecte celles que les législations de tous les temps ont heureusement mises entre chaque ordre de citoyens. Saint Louis veut rendre les lois uniformes pour détruire les vices de notre jurisprudence, non pour ôter des formalités, parce que les formalités contre lesquelles on s'élève de nos jours avec tant d'injustice, et qui cependant sont peut-être la seule portion de notre ancienne liberté que nos ancêtres n'aient point aliénée, et qui cependant sont la seule distinction à laquelle la plupart des gouvernements de l'Europe, presque confondus avec ceux de l'Asie, peuvent encore se reconnaître ; les formalités, en détournant les corps aveugles d'une justice militaire, dédommagent bien le citoyen des peines qu'elles lui coûtent, par la sûreté qu'elles procurent à son honneur, à sa vie, à sa fortune et à sa liberté.

Ah ! que ne puis-je vous donner l'idée de ce code sublime ! Que ne puis-je vous détailler toutes les lois dignes du siècle le plus éclairé ! Dans les lois pénales, rien de si sage. Il forme trois classes différentes des délits qui attaquent le repos, les mœurs ou la sûreté publique, et gradue en proportion les peines qu'il leur inflige. Il ne permet plus que les supplices s'emparent de l'accusé au moment où le remords qui l'arrête sollicite sa grâce ; le crime fût-il même commencé, si c'est la première fois qu'on appelle le coupable en justice, il ne permet plus que, par une impatience féroce, les lois se hâtent de le punir, comme s'il les avait déjà violées ; il veut qu'elles le suivent pas à pas dans sa marche, et, selon que le crime est commencé, commis ou réitéré, qu'elles décernent une amende, une flétrissure ou la mort. Pour mettre la dernière main à ce chef-d'œuvre de législation criminelle, il lui restitue ces deux principes également essentiels : que l'intention ne peut être punie comme un crime, et que le crime lui-même ne peut l'être sur la déposition d'un seul témoin ; principes bien simples, sans doute, mais perdus pour l'univers depuis que des tyrans sous le nom d'empereurs les avaient effacés de toutes les législations ; principes que le siècle même de Charlemagne n'avait pas aperçus, tant il est vrai que l'ignorance peut étouffer dans l'homme les premiers cris de sa raison, comme la servitude lui fait oublier ses droits.

Dans les lois civiles, quelle profondeur ! La noblesse, enchaînée par les préjugés, ne peut commercer pour accroître ses biens, il faut donc qu'elle ne puisse être dépouillée de ceux qu'elle a acquis ; saint Louis les conserve par ce droit qui prévient la dissipation en les perpétuant dans les familles et par cet autre qui les répare en permettant de les répandre dans des mains étrangères.

Voyez avec quelle sagesse il pourvoit à l'administration des tutelles. Le même intérêt qui prépose le plus proche héritier à la conservation des biens peut lui suggérer d'attenter à la vie du pupille. Saint Louis lui enlève la garde du pupille et ne lui laisse que celle des biens.

Voyez avec quelle tendre prévoyance il pourvoit aux donations. Ce sexe que l'on corrompt par des hommages publics, ce sexe trouvait alors les époux barbares et les lois insensibles à ses maux ; elles se taisaient à ses cris et ne demandaient compte à leurs oppresseurs que des jours de leurs victimes. Si saint Louis eût permis aux femmes de disposer de leur patrimoine, elles eussent pu l'abandonner, trompées par les premières complaisances ou forcées par un pouvoir tyrannique ; il ne le leur permet qu'au moment de la mort. Par là, les libéralités de ce sexe timide et sensible ne sont plus l'effet de la crainte ou de la séduction ; par là, du moins, sa loi est humaine ; du moins, l'épouse chérie peut se consoler des rigueurs du ciel qui lui refuse d'être mère, et si elle n'a pas la satisfaction de donner à l'époux fidèle des gages de sa tendresse, elle a du moins celle de pouvoir lui en laisser de sa reconnaissance. Ainsi, toutes ses lois sont personnelles à son peuple ; toutes sont relatives à ses mœurs ou à ses inclinations, ou à la nature, ou au principe de son gouvernement. Si quelques-unes, au premier coup-d'œil, nous semblent ordonnées moins sagement, ne nous hâtons pas de les condamner. Sans doute, ces lois nous paraîtraient dignes de lui si, nous transportant près de lui au moment créateur, nous pouvions pénétrer le secret de ses pensées. N'arrache-t-il pas entièrement aux barons le droit de se liguer entre eux pour venger leurs querelles ? C'est qu'il prévoit que le droit ne peut plus être dangereux et que, par le système de sa nouvelle constitution, il doit de lui-même s'abolir. Arme-t-il les lois de toute leur sévérité contre les Albigeois ? C'est qu'il croit avec raison ne mettre jamais assez d'intervalle entre ses peuples et une erreur qui, séduisant les uns et révoltant les autres, pourrait les soulever tous et réduire l'Etat et la religion à pleurer leurs défaites et leurs triomphes.

Ne disons donc plus que saint Louis, dans ses établissements, a moins voulu poser des principes que corriger des abus. Quelle législation nous présente un édifice plus noble, plus vaste et plus régulier ? Même à présent, qu'il est presque détruit, nous le contemplons avec l'intérêt et l'admiration qu'inspirent les temples augustes qui, dégradés par l'injure des ans, frappent encore par la majesté de leurs débris. Interrogeons même les monuments de nos législations modernes, et nous verrons que c'est dans ces ruines que nos plus grands génies les ont étudiés, et nous verrons que les beautés qu'ils ont su copier de ces formes antiques sont encore celles qui nous pénètrent de l'étonnement le plus religieux. Dis-nous, illustre L'Hôpital, qui t'a donné l'idée de cet édit si sage qui transporte les châtiments dans les lieux mêmes des attentats ? Qui t'a donné l'idée de cet autre plus sage encore qui défend contre l'avidité des marâtres les enfants d'une première épouse ? Et nous-mêmes, Messieurs, n'est-ce pas dans les établissements de saint Louis que nous avons puisé la plupart des institutions qui distinguent notre jurisprudence ? N'est-ce pas dans ces établissements que nous avons puisé les grands principes de l'économie politique : que, dans le commerce, il faut des canaux toujours ouverts, une communication prompte, une liberté absolue ; que, dans l'agriculture, il faut donner de l'aisance au cultivateur, rendre sacrés les instruments de ses travaux, protéger ses possessions contre les exactions arbitraires, rompre toutes les entraves qui enchaînent l'industrie et anéantissent la liberté ; cette liberté précieuse qui, assurant aux richesses de la terre leur valeur, facilite leur écoulement dans les jours d'abondance, soutient l'abondance dans ceux de disette et de stérilité et répond en tout temps au propriétaire de ses avances, à l'artisan du salaire honnête, au souverain d'un impôt qui n'est point onéreux, à la nation d'un échange égal, toujours avantageux, de ses productions.

N'est-ce pas dans ces établissements que nos fiers voisins ont puisé cette procédure sublime dont ils se glorifient tant, car la procédure de saint Louis met en tout temps les magistrats sous l'œil de la nation et ne leur permet pas d'infliger aucunes peines, même pécuniaires, qu'elles ne soient authentiquement prononcées. Ce n'est point à leur gré, ce n'est point pour satisfaire les vengeances des hommes en crédit que les prisons se remplissent : la loi seule dispose de la liberté ; elle élargit le citoyen dès qu'il offre de se justifier ; loin de fermer l'accès auprès de l'accusé à ceux qui veulent ou le consoler ou l'instruire, elle les appelle de tous côtés pour former comme un rempart autour de lui ; elle ne fait point de perquisitions à son insu et n'admet aucun des témoins opposés sans recevoir en même temps ceux qu'il présente en sa faveur : procédure, en un mot, simple mais sublime, généreuse mais inflexible, par laquelle on ne peut espérer ni trouver d'impunité; où les châtiments, en glaçant de terreur, attestent tout à la fois la sainteté, la vigilance et l'irrévocabilité de la loi; qui montre qu'elle veut punir et non pas tourmenter; que c'est l'exemple et non le sang qu'elle demande ; que ce n'est pas la vengeance mais la justice qu'elle annonce !

Il suffirait à la gloire d'un autre d'avoir su créer un tel gouvernement. Mais pour contempler la sienne dans tout son éclat, il faut le suivre dans l'étendue de sa carrière ; et, après avoir admiré le génie législateur, on aime à voir se développer l'administration du roi vertueux : c'est la seconde partie.

SECONDE PARTIE.

Un homme, souvent aux pieds des autels ; sans cesse entouré de personnages pieux ; macérant son corps par les jeûnes et les pénitences les plus austères ; en un mot, remplissant ses journées des pratiques de la dévotion la plus simple ; ce n'est pas là sans doute, Messieurs, celui que vous vous êtes représenté dans le législateur que je vous ai peint et celui que vous attendez dans le roi que je vous annonce. L'esprit du monde ne saurait se persuader que le génie puisse sans s'abaisser descendre ainsi dans les détails de la piété. Telle est cependant la route que saint Louis a suivie, et, je ne crains pas de le dire, c'était la seule qui pouvait le conduire sûrement à une sage administration. En effet, qu'est-ce qu'il importe le plus au peuple ? C'est qu'il existe un frein pour les passions des rois, parce que les passions les rendent la proie de tout ce qui les entoure et qu'un roi qui n'est point à lui ne peut appartenir à son peuple. Mais quel frein opposer aux passions des rois ! Passions despotes ! Quel frein ? La religion, Messieurs, les préceptes de la religion, les pratiques de la religion. On a vu les plus grands souverains, même ceux dont la philosophie s'honore, s'oublier quelquefois dans la dissipation et laisser leurs âmes s'ouvrir à la vengeance ou à la volupté. Saint Louis, rempli de religion, est en tout temps maître de lui-même, et la renommée n'est pas obligée de s'interrompre en publiant sa gloire.

Que la volupté tende ses pièges autour de lui, jamais il ne s'y laissera surprendre. Il n'élève point d'idoles au milieu de son peuple, de ces idoles insatiables comme celles que dépeint l'Ecriture, dont on ne peut apaiser ni la soif ni la faim. Il ne convoque pas les princes, les ministres, les satrapes, les généraux, les juges et tous les grands pour les faire prosterner devant elles et les adorer, *prosternite vos et adorate statuam quam feci*, et il ne fait point de son palais un lieu de rapines et de prostitution, en portant le décret qu'on ne peut s'élever dans les places et obtenir justice qu'en tombant aux pieds de l'idole, qu'on ne peut qu'à ce prix vivre dans la faveur : *Si quis autem prostratus non adoraverit, moriatur*. La cour de ce prince est l'école des mœurs. On n'y est point réduit à rougir d'être honnête homme. L'on peut s'y montrer vertueux impunément. Qu'une bourgeoisie mutinée se soulève et l'outrage et que des hommes toujours avides de tourmenter la nation lui crient qu'il est de son intérêt et de sa gloire de se venger : Son intérêt et sa gloire! En connaît-il d'autre que le bien de ses sujets! Ils n'ont offensé que moi, dit-il, je leur pardonne. Que les courtisans, pour qui l'application des princes est une infortune, cherchent à le distraire de ses devoirs! ne craignez pas qu'il s'en écarte. Le temps d'un roi, dit-il, est précieux, il le doit tout entier à sa nation. Ainsi, par les soins de la religion, s'élève sans obstacles l'édifice de son gouvernement. Mais cette religion ne va-t-elle pas retarder l'essor de son génie et lui demander des sacrifices, par lesquels elle renversera d'une main ce qu'elle avait édifié de l'autre? Non, Messieurs, si la religion dans le cœur de saint Louis règne dans toute sa pureté, elle y règne aussi dans toute sa sagesse et dans toute sa grandeur ; et si elle lui donne toutes les vertus qui lui sont nécessaires, elle sait aussi les maintenir dans un parfait équilibre.

Innocent lui demande une entrevue ? Chrétien soumis et plein de vénération pour le vicaire de Jésus-Christ, saint Louis le voit, se prosterne et reçoit humblement sa bénédiction. Mais qu'Innocent ose prélever en France un tribut pour faire la guerre à l'empereur ? Monarque trop sensé pour souffrir que les souverains pontifes disposent comme autrefois des biens de son Eglise comme d'une propriété, il arrête les exacteurs, les dépouille et les chasse de son royaume. Mais que Rome, prêtant la main à des vassaux rebelles, le menace de ses foudres, s'il prend les armes pour les réduire ? Monarque assez sage pour mépriser les foudres quand il ne les voit allumées que par les passions, il n'en rassemble pas moins ses troupes et s'avance contre les vassaux. Chrétien dévoué aux intérêts de la religion, il soutient les immunités de son clergé, il défend ses privilèges, il étend sa protection sur toute la hiérarchie ecclésiastique. Mais que les prélats, pour des contestations temporelles, frappent d'anathème les officiers royaux? Monarque attentif à soutenir leur ambition, il les poursuit et les contraint de lever leurs censures. Mais que d'autres viennent le prier de prononcer une peine civile contre des citoyens rebelles à leurs corrections spirituelles? Monarque trop juste pour servir leur ressentiment : Prélats, leur dit-il, je ne le puis. Le seul droit dont je veux faire usage est de laisser chacun dans le sien.

Chrétien charitable, dévoré par le zèle de la maison de Dieu, il fonde des hôpitaux, il élève des temples, il dote des monastères, il verse ses trésors dans le sein des pauvres; mais sa bienfaisance est éclairée et, monarque instruit, il ne croit pas avec son siècle superstitieux que ce soit une raison pour se livrer impunément à tous les crimes. Gardez-vous de le penser, dit-il à Thibault : on ne rachète pas ses péchés en dotant les églises et en faisant l'aumône aux pauvres. Le sage doit faire en cette vie, comme l'exécuteur de testament, qui, avant de les soulager, répare les torts que le testateur a faits.

O vous, qui, par des interprétations fausses, calomniez la soumission de saint Louis à l'Eglise! Si vous fûtes assez aveugles pour ne pas apercevoir la chaîne qui liait à la religion toutes les parties de son administration, venez ici déposer vos préjugés. Et vous, censeurs non moins injustes, qui reprochez à saint Louis d'avoir prodigué son temps à des exercices de piété et à qui je pourrai répondre ce qu'il répondait lui-même à ses courtisans : Si je l'avais perdu dans les plaisirs, vous ne murmureriez pas! Venez l'observer et le suivre dans cette administration, voyez-le rendre les chemins sûrs et commodes, en pratiquer de nouveaux, construire des ports, créer une marine, fortifier les villes, y établir une police, partout corriger les abus, réparer les désordres, encourager l'industrie ; venez et reconnaissez qu'on peut être en même temps saint et grand roi ; et que, si on ne peut jamais se rendre plus agréable à la divinité que lorsqu'on est utile aux hommes, on ne peut jamais être plus utile aux hommes que lorsqu'on a commencé par se rendre agréable à la divinité.

Qu'exige de lui le rang qu'il occupe? C'est de préposer des agents fidèles et généreux à l'exercice de son autorité. Souvent, hélas ! à voir ceux qu'y préposent les souverains, on dirait qu'ils ont à punir leur peuple ! A voir ceux que choisit saint Louis, on dirait qu'il a toujours à le récompenser. Quelle tâche lui impose-t-il encore? De montrer une justice exacte et inaltérable et, s'en écarta-t-il jamais? Ecoutez ce qu'il dit aux magistrats : Conservez mes droits sans porter préjudice à ceux de mes sujets, rendez la justice au pauvre comme au riche ; mais tenez-vous du côté du pauvre plutôt que du côté du riche, jusqu'à ce que vous soyez sûrs de la vérité et, dans le doute, croyez plutôt à l'innocence et penchez toujours pour la liberté. Tous les grands du royaume, fatigués des vexations du clergé, se sont ligués contre lui : saint Louis se met à leur tête. Au même instant, Rome persécute le clergé : saint Louis vole à son secours et le protège, innocent, avec le même zèle qu'il venait de le poursuivre, coupable. Citoyens opprimés, ne craignez pas sous le règne de ce prince de réclamer ses tribunaux : Ecoutez ce qu'il dit au comte d'Anjou : Croyez-vous, parce que vous êtes mon frère, être au-dessus des lois ?

Qu'attend de lui son peuple? Il en attend le bonheur et, comme la paix seule peut le donner, le zèle de saint Louis ne sera pas moins généreux et, fait pour l'obtenir par amour de l'humanité, ce que les autres font par faiblesse pour la conserver. Pour avoir la paix, il paya deux vassaux rebelles, quoiqu'il pût les vaincre. Il fait à Henri le sacrifice de cinq provinces entières, quoiqu'il l'ait vaincu. Ses droits sont-ils évidents? Pour avoir la paix, il les restreint. Sont-ils douteux ? Il les sacrifie. Maintenir la paix, voilà son ambition, voilà le but de ses travaux, et c'est là même un de ces traits de génie que peut nous présenter la vie seule de saint Louis. Tous les hommes qui ont voulu réformer les mœurs d'un peuple ou changer la constitution d'un gouvernement, Alfred et Charlemagne eux-mêmes, ont provoqué des guerres, comme les moyens les plus propres à faire oublier les anciens droits et en faire adopter de nouveaux. Ainsi, leur cœur s'est tu devant leur génie et ils n'ont pu préparer le bonheur des générations futures qu'aux dépens de leurs contemporains. Lui se fait un principe d'en préserver sa nation et, si l'on voit quelques guerres agiter le règne de ce prince, elles sont justes, indispensables même ; et ce ne sont pas de ces guerres de caprice ou de précaution que les passions et la politique adoptent, mais qu'elles ne légitiment pas. Qu'ai-je dit ? Quels murmures s'élèvent autour de moi ! Je l'entends, siècle frivole et hardi : tu t'irrites déjà de me voir dépouiller les guerres sacrées des motifs humains qui les justifiaient à tes yeux. Tu voudrais qu'adulateur servile de tes opinions, je m'écriasse avec toi que les guerres sont le chef-d'œuvre de la politique humaine ; que par elles saint Louis transporta sur une terre étrangère des ennemis domestiques dont les dissensions, dont les haines, dont l'inquiétude, dont les hostilités l'arrêtaient dans tous ses mouvements ; que par elles il consuma leurs fortunes et les forçant d'aliéner ces biens immenses qui les rendaient si puissants, il s'assura des moyens prompts et faciles de les ramener à la dépendance du trône et de l'Etat. Mais, que m'importent les censures ? J'ai pour moi la vérité, je ne me rétracte point.

Oui, Messieurs, saint Louis ne suivit pas les vues de la politique lorsqu'il prit la croix ; ces vues ne convenaient ni à ses principes, ni à la situation où il se trouvait : à ses principes, parce que les obstacles que nos rois avaient rencontrés jusqu'alors pour étouffer des dissensions domestiques ne leur donnaient pas le droit de les porter chez les nations étrangères et, qu'à ses yeux, les anciens ravages exercés par les Sarrazins sur notre continent n'étaient pas des titres pour les attaquer ; à la situation où il se trouvait, parce qu'alors il était maître des alliances ; alors il avait soumis les baronnies aux lois de partage et il n'avait plus rien à craindre de toutes les fortunes qui ne pouvaient se réunir et devaient d'elles-mêmes se diviser ; parce qu'alors, il avait dans ses mains toute la force publique et même les parties les plus essentielles du pouvoir législatif. Ainsi, tout était tranquille, tout était soumis et il eût été aussi barbare qu'injuste de suivre ce système insensé. Et, en effet, il entrait si peu dans les desseins de ce grand prince de chercher à ruiner ses vassaux par les apprêts dispendieux de guerres lointaines, que, dans la dernière, il fit presque à lui seul tous les frais, et que, dans toutes deux, son premier soin fut de garantir les croisés pendant trois ans des poursuites de leurs créanciers, pour leur laisser le temps d'acquitter leurs dettes, sans être forcés comme auparavant d'aliéner à vil prix leurs possessions.

Osons donc louer les croisades de saint Louis de ce qu'elles ne furent pas commandées par les motifs politiques qu'on leur suppose. Prenez garde, Messieurs, je dis les croisades de saint Louis, car si j'avais à parler de celles où Philippe-Auguste se précipite par envie d'étendre sa domination; Richard, par un amour insatiable de gloire; Frédéric, par la crainte de Rome et par complaisance pour elle; les nobles de toute la chrétienté, par l'inquiétude qui tourmentait l'Europe, ou par cette manie aveugle d'aller délivrer les esclaves, tandis qu'ils refusaient à leurs concitoyens l'apparence même de leur liberté; ou par ce zèle inconséquent et ridicule d'aller transplanter la foi chez les Sarrazins, tandis qu'au sein de leur patrie, pour en éloigner le juif, ils le dépouillaient de tout, dès qu'il l'avait embrassée. Si j'avais, dis-je, à parler de ces guerres, sans doute je préférerais de les voir formées par la politique, plutôt que par ces passions insensées. Mais la conduite de saint Louis démontre qu'il n'y fut entraîné par aucune de ces passions. Ce n'est point par une dévotion malentendue : rappelez-vous ce qu'il a dit à Thibault, de ne pas croire acquitter ses péchés en dotant des églises et en faisant l'aumône aux pauvres. Ce n'est point par envie d'étendre sa domination : il a refusé le royaume de Sicile pour son frère; il a refusé l'Empire pour lui-même. Ce n'est point par la soif de la gloire : sa première démarche en Palestine est de sommer le Soudan pour savoir s'il aime mieux traiter; ce n'est point par cupidité : qui montra plus de désintéressement que saint Louis? Son abord en Egypte est marqué par une victoire : il en remet le butin à la disposition de ses prélats et de ses barons et ne se réserve rien pour lui. Ce n'est point par crainte pour la cour de Rome : vous voyez comme il lui résiste, comme malgré ses anathèmes il l'arrête dans ses usurpations. Ce n'est point par complaisance pour elle; il n'en eût jamais qui pût lui coûter un remords. Jamais il n'épouse ni les haines, ni les ressentiments de cette puissance, et quoiqu'Innocent le presse de se croiser contre Frédéric, on ne le vit jamais balancer un instant. Si même jusqu'alors saint Louis n'eût que langui sur le trône, on pourrait soupçonner qu'il aurait voulu racheter son opprobre; mais quel prince s'était rendu plus digne encore de sa nation ? Mais quel prince avait reçu de toutes les autres des marques plus distinguées de vénération ? Des pontifes, des empereurs, des rois étaient venus déposer à son tribunal et leurs différends et leurs animosités, et il était à la fois le médiateur, l'arbitre, l'oracle, j'ai presque dit le souverain de l'Europe.

Quel était donc le motif de saint Louis ? L'amour de son peuple. Soixante mille Français gémissaient dans les cachots de la Syrie, il les entend, son cœur s'émeut, et la religion, de concert avec l'humanité, lui commande de tout sacrifier pour voler à leur secours. Et cet amour pour son peuple, voyez comme il maîtrise son cœur. Faut-il défendre ce peuple ? Rien ne l'effraye, rien ne l'arrête : ni l'aspect de la mort, ni celui des fers bien plus terrible pour un roi. On l'exige pour ôtage, la paix ne se donne qu'à ce prix ; il n'hésite pas : « Mes amis, dit-il à ses barons qui le retiennent, je vous en » conjure, accordez-moi la grâce de me laisser sacrifier pour » le salut de mon peuple ; ou je ramènerai avec moi ces braves » gens, ou je mourrai prisonnier avec eux. » Cessons donc, orateurs chrétiens, de prêter aux croisades des motifs d'utilité que le philosophe lui-même, s'il était de bonne foi, rougirait d'alléguer. Elles furent justes, il suffit : attachons-nous à cette idée, comme à celle qui les rend dignes du héros qui les a faites et de la religion qui les a conseillées ; et surtout ne craignons pas d'attribuer à cette religion ce qui doit être à nos yeux un de ses plus beaux triomphes. Car, si c'est elle qui persuade à un roi d'abandonner un trône brillant où il fait les délices de ses sujets, de s'arracher aux douceurs de la paix dont il jouit, de fermer l'oreille aux cris d'une mère et d'une cour désolée, de s'engager pour des expéditions d'un succès incertain, dans des régions dont il est séparé par de vastes mers et où le climat, les hommes, le sol, tout est funeste ; si c'est la religion qui persuade à ce roi de s'y porter à tout, sans craindre ni les dangers, ni les fatigues, ni l'esclavage, ni la mort, et cela, pour délivrer une partie de son peuple, cette religion est bien grande, et c'est un de ces prodiges qu'il appartient à elle seule d'opérer. Il en est d'aussi beaux et qu'elle opère encore, car s'il ne faut pas les rapporter à la religion comme son ouvrage, il faut donc dire que celui qui en donne le spectacle est au-dessus de l'humanité.

Quel est ce prince que ses ennemis conjurent de ne pas s'éloigner d'eux, qui emporte les regrets de Rome, de Rome qui ne voit partir les autres souverains qu'avec indifférence ou avec plaisir ? Quel est ce prince qui inspire tant de respect que les Vénitiens traitent avec lui de bonne foi pour ses approvisionnements, eux, qui dans toutes les autres croisades, s'étaient fait un principe de tromper l'Europe ? Quel est ce prince qui marchant à la guerre, rétablit la paix partout où il passe, qui met une discipline dans ces armées où il n'y en avait jamais eu, qui rapproche les peuples les plus opposés et même deux ordres rivaux, que, ni les excommunications, ni le sang répandu depuis si longtemps, ni leur intérêt même n'avait pu réunir ? Quel est ce prince enfermé dans un cachot sans secours, mourant et aussi tranquille que s'il était dans son palais, qui parle à ses vainqueurs avec plus de fierté que s'il les avait vaincus et leur commande dans les fers ; qui d'un seul regard fait tomber à ses pieds des barbares précipités avec furie dans sa tente pour l'égorger, qui les saisit d'une telle admiration qu'ils délibèrent de l'élire pour leur maître ; dont la générosité étonne si fort le Sultan que, malgré les conventions ratifiées, il lui remet une partie de sa rançon ; à qui un Sarrazin appuie un poignard sur le sein en lui disant : — Arme-moi chevalier, ou tu meurs ! et qui répond fièrement : — Fais-toi chrétien, et je te ferai chevalier ; devant qui on arme des bourreaux pour lui arracher un traité défavorable à son peuple et qui, toujours inflexible, dit froidement : « Je suis prisonnier du Sultan, il peut faire de moi à son vouloir. »

Quel est ce prince ? le même qui avait à l'âge de quinze ans triomphé de ce que l'Europe présentait de plus formidable et qu'on avait vu consommé dans la sagesse avant qu'il eût pu acquérir l'expérience ; le même qui avait su reprendre sur des vassaux aussi puissants que lui les droits dont ils étaient le plus jaloux, en paraissant les recevoir de leur part comme des dons ; qui, dans un temps où ces vassaux, irrités d'avoir perdu ces droits, combattaient avec acharnement pour leur indépendance, avait osé former le projet d'agrandir son pouvoir même en le limitant, même en le faisant dépendre d'eux, et qui avait réussi ; le même qui, dans un temps où chaque bourgade suivait ses coutumes particulières, avait osé rédiger un code civil pour rassembler toutes les parties du royaume divisées sous les mêmes lois, et qui devait avoir l'unique avantage de subjuguer, après sa mort, par les seules lois, des provinces entières qui depuis des siècles résistaient à la force de nos armées ; le même qui avait conçu le commerce dans un temps où il n'y avait presque pas encore de communication entre les peuples, et créé une marine avant qu'il y eût une boussole ; le même qui, dans ces siècles féroces, fanatiques et ignorants, ne respira que l'humanité, donna l'exemple de la modération, montra les plus grandes lumières et, cependant, était plein de courage, de zèle et de piété ; le même qui était sur le trône et avait des amis ; qui y fit les plus grandes choses et n'eut point de ministres ; le même, en un mot, dont la vie entière fut un sacrifice pour ses sujets et dont les derniers soupirs, Français, sont encore des vœux pour vous et les leçons les plus sublimes pour les rois.

O rois, écoutez tous ! Vous êtes des hommes, vos organes sont aussi bornés que ceux des autres hommes, ils sont moins faits pour l'habitude et cependant ils ont plus d'objets à embrasser, et cependant, entre vous et la vérité, il y a plus d'intervalle et plus d'obstacles qu'entre la vérité et les autres hommes. Commencez donc par vous rendre dignes d'avoir des amis et quand vous croirez en mériter, cherchez en qui soient dignes de vous ; qu'ils soient pris dans les différents ordres de l'Etat, afin qu'aucun ne surprenne et n'envahisse votre confiance au préjudice des autres : que ce ne soient pas de ces courtisans toujours d'intelligence avec vos passions et plus empressés de vous montrer l'étendue de vos droits que celle de vos devoirs ; qu'ils soient vertueux, qu'ils soient, dans tous les temps, ministres incorruptibles de la vérité. Mais, ces amis, à quoi vous serviront-ils, si reprenant votre rang dès qu'il s'agira de vous donner des leçons, vous méprisez leurs conseils, ou s'ils vous irritent et si vous les forcez pour vous aborder de prendre le masque de vos complaisances ? Soyez donc tels qu'ils puissent hardiment vous reprendre du mal que vous avez fait et vous instruire du bien que vous avez à faire ; soyez donc tels que la vérité toujours vous environne ; montrez-vous toujours pour elle, fut-ce contre vous ; rendez la justice, mais indistinctement, et si, parmi vos possessions, il s'en trouve quelques-unes d'usurpées, n'hésitez pas de vous en dépouiller, quand même l'usurpation remonterait à vos prédécesseurs ; il ne saurait y avoir de prescription en faveur des injustices des rois. Mais ce n'est pas assez que vous soyez justes envers vous-mêmes. Souvent ces sujets infortunés dont vous vous croyez les pères, des tyrans subalternes vous en rendent les fléaux. Souvent ces armes que vous confiez pour faire trembler l'ennemi ne blessent que le citoyen. Vous avez donc à répondre des injustices qui se commettent à l'ombre de votre autorité, car le mal que les souverains permettent ou qu'ils ne punissent pas est comme celui qu'ils font. Ayez donc toujours l'œil sur les instruments de votre pouvoir et que votre vigilance les suive de si près qu'elle les avertisse presque aussitôt que leur conscience. Rois, écoutez encore ! C'est votre modèle ; c'est encore saint Louis qui parle, vous êtes sur son trône ; ses leçons sont votre plus bel héritage : protégez les lois, vous êtes constitués leurs pontifes ; vous devez donner les premiers l'exemple du respect qui leur est dû ; songez d'ailleurs qu'elles ne sont pas seulement l'égide des peuples, mais la base sur laquelle vos trônes sont assis ; qu'ainsi, violer les lois dans un prince est un attentat contre lui-même, et que lui persuader de mettre à leur place ses volontés est une conspiration contre lui. Maintenez les privilèges, ils sont nécessaires aux monarchies ; seuls ils empêchent que la promptitude avec laquelle votre puissance y peut agir ne dégénère en impétuosité ! Ménagez un équilibre sage entre les divers emplois. Il faut que les plus hauts, pour l'ordinaire inutiles, soient tout honneur, et que les moindres, comme nécessaires, soient tout profit. Soyez sévères envers les grands et faites-vous en craindre : c'est le moyen le plus sûr pour qu'ils vous fassent aimer. Soyez économes, mais n'entassez pas ; une pareille économie ruinerait autant qu'une excessive prodigalité. Que deviendrait la terre si l'Océan ne lui rendait les eaux qu'il en a reçues ? Soyez bienfaisants, c'est une dette que vous contractez avec vos sujets toutes les fois qu'ils vous accordent des subsides ; mais, dans la répartition de vos largesses, mettez une différence entre celui qui porte à la tâche commune ses talents et ses travaux ou celui qui n'y apporte que sa brillante inutilité. Songez que la libéralité des rois ne consiste pas seulement à enrichir cent favoris qui les entourent, mais à soulager le peuple, parce que c'est réellement chez le peuple qu'ils puisent leurs trésors, et que puiser du peuple pour reverser sur les grands, c'est tarir des ruisseaux salubres et nécessaires pour grossir des lacs inutiles ou dangereux. Surtout, enfin, ne perdez pas de vue ce cher peuple. Dans vos cours, trop souvent, il ne trouve pas de protecteurs. Eh ! comment en trouverait-il ? Il ne dispose de rien, il n'a rien à donner. Servez-lui en vous-mêmes et spécialement au cultivateur, afin que les hommes en crédit ne puissent dévorer ses possessions par des exactions arbitraires, ni usurper pour leur avantage personnel ces corvées où vous ne devez vous-mêmes les appeler que pour les besoins de l'Etat. Surtout, soyez fidèles à celui par qui vous régnez, *per quem reges regnant;* gardez toujours dans vos cœurs ses saints commandements, *et mandata custodite*. Surtout, faites respecter sa religion, législation universelle; la seule dont le méchant ne peut se flatter d'éluder la justice ; la seule qui convient à tous les peuples et à tous les rangs et qui s'adapte à tous les plans d'administration ; la seule immuable, la seule parfaite dans son ensemble comme dans toutes ses parties ; la seule à qui nulle passion n'a pu échapper et qui les atteint dans vos palais comme sous le chaume, dans la nuit du secret comme à la face de la terre. La religion est le ministre le plus juste et le plus vigilant des souverains, l'ami le plus consolant des peuples, le besoin de tout l'univers.

Saint roi ! vos conseils sont suivis : ces sages leçons ont déjà fructifié dans le cœur du jeune prince qui nous gouverne, par les soins du ministre qui le conduit, d'un ministre éclairé qu'on pourrait appeler le héros des sages et le Nestor de la politique. La haine sévère de Louis pour l'adulation, son empressement à chercher le mérite jusque dans la retraite pour le mettre à sa place, la généreuse économie dont il ne se départ jamais et qui lui a fait faire, en montant sur le trône, le sacrifice de ses droits, le respect religieux pour les travaux de la culture qu'il a fait paraître avant d'y monter, en traçant un sillon lui-même, tout annonce qu'il peut suivre vos traces. Ces cris d'allégresse qu'on ne paie pas, ces applaudissements morts depuis si longtemps que sa présence a fait renaître, tout annonce que ses peuples l'espèrent.

Grand saint ! ne détournez pas vos regards d'une nation qui fut la vôtre ; soutenez notre jeune monarque dans les bornes de la modération et de la justice ; inspirez toujours à ses ministres d'aussi sages intentions et ramenez la piété qui s'éteint parmi nous, afin qu'après avoir joui du bonheur sur la terre, nous puissions nous rendre dignes de la gloire dont vous jouissez dans le ciel. *Ainsi soit-il* (1).

---

(1) Papiers de famille. — Ce sermon n'a pas été imprimé.

PIÈCE N° 3

RÉFLEXIONS SUR L'ABBÉ SUGER
ET SON SIÈCLE

> *Veniet aliquando, veniet dies, qui abscondia et sæculi malignitate compressa, in lucem efferet.*
> *Vita Sug. a Fr. Guill.* — Introd.

> Il viendra ce jour où paraîtra à découvert tout ce que la mauvaise foi du siècle a voulu dérober aux regards de la postérité.
> *Vie de Suger*, par Fr. Guillaume, son secrétaire.

AVERTISSEMENT

M'étant déterminé, par des raisons particulières, à soumettre au jugement du Public ces réflexions, qui ne devaient d'abord être que pour mon ami, je n'ai pas craint de différer jusqu'à présent à les mettre au jour : la petite vanité de paraître en même temps que les autres ouvrages qui ont paru sur le même sujet n'a pu balancer à mes yeux le plaisir de m'assurer de la vérité. Je n'ai pas besoin d'avertir Messieurs les Religieux de Saint-Denis que mon intention n'est pas de faire la satyre de leur congrégation; si j'eusse voulu peindre l'abbaye de Saint-Denis telle qu'on la voit aujourd'hui, j'en eusse, fait l'éloge; la congrégation de Saint-Maur est trop chère à la République des lettres pour que je ne me fasse pas, en tous temps, un devoir de la respecter.

A Monsieur de ****

Vous voulez absolument savoir ce que je pense de Suger ; comme il pourrait se faire que mon opinion fût accusée de singularité, je crois, avant tout, devoir vous exposer sur quelles autorités je me fonde.

De tous les monuments anciens qui nous parlent de lui, il ne reste qu'un tombeau orné d'inscriptions et d'emblèmes, plusieurs de ses propres ouvrages : une élégie, un panégyrique en vers, sa vie écrite par son secrétaire, la correspondance de sa régence et les chroniques contemporaines.

Vous concevez bien que ces monuments ne m'ont pas tous inspiré une égale vénération ; je ne saurais d'abord attacher un grand prix aux emblèmes et aux inscriptions qui décorent le tombeau de Suger. A côté de ce tombeau, dans le même temple, s'élève un mausolée consacré à bénir *les manières douces et les inclinations douces* du prince qui ordonna le massacre de la Saint-Barthélemi.

Je ne puis guère tenir plus compte du panégyrique et de l'élégie : celle-ci assure que Suger a été *la pierre précieuse, la couronne, l'étendard, la colonne, le bouclier, le casque, la lumière et la tête de l'Eglise et de l'Etat*. Le panégyrique prétend que *la nature, en formant Suger, n'eut d'abord intention que de faire un dieu, mais que les autres divinités s'y opposèrent, craignant que, s'il était dieu tout entier, il ne vînt à les surpasser en miracles, et que cette jalousie seule fut la cause de ce que la nature fît de Suger un dieu mélangé, c'est-à-dire moitié homme et moitié dieu.*

La vie de Suger écrite par son secrétaire (j'en demande pardon à nos historiens modernes auxquels elle a presque toujours servi de guide) n'est pas pour moi d'une plus grande autorité. Comment, de bonne foi, en croire un homme qui avoue que la reconnaissance, *pour des bienfaits sans nombre*, a seule inspiré sa plume, que personnellement il a très peu connu Suger, puisque la *tête de Son Altesse blanchissait déjà*, lorsque *lui étranger, sans expérience, indigne, a été par grâce honoré de sa société et souvent même de sa table*. Si vous vouliez vous former une idée juste de Cicéron ou du cardinal-ministre qui régna sous Louis XIII, vous ne seriez tenté sans doute de vous en rapporter ni à l'éloge historique que le premier a fait lui-même de ses belles actions, ni à l'apologie que dicta l'autre à son secrétaire, lorsqu'il lui prit envie de se faire canoniser ?

Les écrits de Suger, sa correspondance, les chroniques contemporaines sont les seuls monuments à consulter ; encore ne transcrirai-je pas servilement tous les faits que ces ouvrages présentent. Lorsqu'on voit des historiens raconter très sérieusement qu'une rivière a quitté son lit pour se tenir suspendue en l'air comme un nuage, et que la femme d'un roi de France est accouchée d'une oie, on est, ce me semble, bien excusable de vouloir discuter avant que de croire.

Il ne faut pas, d'ailleurs, perdre de vue que Suger, moine, a, sous son ministère, comblé de biens les moines; que les chroniques, registres très sommaires et très contradictoires des évènements d'alors, mais compilations fort détaillées du bien ou du mal qu'on a fait aux monastères, ont presque toutes été composées par des moines; et qu'elles sont restées pendant près de deux cents ans entre les mains des seuls moines, ne pouvant, par conséquent, être contredites par personne et pouvant à tout instant être altérées.

Il faut encore observer que le siècle où ces chroniques ont été composées n'est pas celui du goût ni celui de la raison, que, dans ce siècle, on regarde comme un des plus hauts faits d'un grand homme qu'il ait dit à une multitude de mouches : *Je vous excommunie*, et que les mouches, le lendemain, se soient trouvées mortes; que, dans ce siècle, Louis VII, mis au rang des philosophes les plus savants, quoi qu'il soit très douteux s'il savait penser et à peu près certain qu'il ne savait pas lire, Louis VII est réputé pour législateur, parce qu'il a dispensé de la régale les granges et les basses-cours de l'évêque de Laon, parce qu'il a voulu qu'une dette de six sols fût une matière suffisante de duel, et que *les charrettes qui apportaient des vivres à une des portes d'Orléans fussent emmenées, dès qu'elles seraient vides, pour faire place à celles qui seraient chargées.*

Ce n'est donc qu'à la lueur d'une critique sévère que nous devons fouiller les monuments où l'on trouve quelques notions exactes sur la vie de Suger : voilà ce que j'ai fait; voici ce que j'ai cru voir.

———

Suger naquit vers la fin du XIe siècle; quand il ne nous aurait pas lui-même instruit de son extraction, il serait à présumer qu'elle fut obscure, car on ne voit point que, dans son élévation, aucunes familles nobles se soient disputé l'honneur de lui appartenir; il est aussi à présumer qu'il annonça, dès sa naissance, une figure peu distinguée, car, à l'âge de dix ans, il fut porté en oblation à l'abbaye de Saint-Denis. Telle était alors la manière de se débarrasser des enfants à qui la nature avait refusé les avantages extérieurs; au lieu de les abandonner sur les grands chemins, de les étouffer ou de les exposer au haut des arbres comme de certains peuples, on les déposait dans les cloîtres ; il suffisait, pour les y enchaîner à jamais, d'y prononcer pour eux le vœu de leur vocation ; ce vœu terrible qui, de nos jours, effraye la loi dans l'âge d'une saine raison, la loi, pour lors, le déclarait valide à l'âge même où l'enfant ne pouvait pas le bégayer.

Mais ce qui eût été pour Suger un malheur dans tout autre siècle, n'en fut pas un dans le sien. Sans parler de la considération dont jouissait la profession monastique, considération si grande que les ducs de Bretagne et de Bourgogne étaient plus fiers d'être les derniers vassaux d'un monastère que de tenir le premier rang parmi ceux de la couronne, et que l'affiliation à une maison religieuse était recherchée comme l'est aujourd'hui l'alliance de nos grandes maisons, l'état religieux était le seul où Suger pût recevoir de l'éducation, l'éducation malgré laquelle souvent on reste dans l'obscurité, mais sans laquelle rarement on en sort.

Voué à Saint-Denis, Suger eut même l'avantage de partager celle des rois et des hommes d'Etat ; il apprit à lire, à signer son nom et à chanter au lutrin.

Il montra des dispositions si heureuses, qu'il parut bientôt digne d'être initié dans les hautes sciences : on peut facilement restreindre ces mots pompeux à leur vraie signification, quand on voit que l'intelligence de quelques chiffres arabes faisait alors passer pour magicien ; que la collection de vingt volumes était un luxe royal, et que savoir écrire était pour tout homme qui avait mérité la mort un titre pour obtenir sa grâce.

Telles que fussent ces hautes sciences, il eût suffi à Suger de les avoir cultivées pour qu'il parvînt aux dignités de son ordre ; dès l'âge de vingt-cinq ans, il est député à un concile ; et la raison qu'il donne lui-même du choix que son abbé a fait de lui : *c'est qu'il sortait tout récemment des études.*

Mais, probablement, rien ne disposa mieux les esprits et les évènements en sa faveur que l'amitié dont *voulut bien l'honorer un prince*, élevé en même temps dans l'abbaye de Saint-Denis : ce prince était celui qui fut surnommé depuis *le Batailleur ou le Gros*. On désignait alors ainsi les grands personnages par les qualités les plus brillantes.

Vous me demanderez, peut-être, d'où provenait son affection pour Suger et par quels moyens l'avait captivé un homme qui n'avait pour lui ni la naissance, ni ces agréments de la physionomie qui font toujours valoir le mérite et souvent même en tiennent lieu. Mais l'art de se concilier la bienveillance des princes n'est difficile que pour le citoyen ferme et vertueux qui sait rougir et qui ne peut faire avec lui-même le pacte de se taire sur ce qu'il voit, sur ce qu'il entend. Suger, d'ailleurs, n'avait pas simplement reçu de la nature cette humeur facile qui paraît ne se choquer de rien ; il avait aussi reçu en partage cet esprit adroit qui sait ne choquer personne ; sa figure n'offrait rien de gracieux, mais elle avait dans tous ses traits une mobilité extrême, et cette qualité est bien plus essentielle au courtisan, parce qu'elle lui prête à tous les instants le visage dont il a besoin ; son imagination était gaie, et amuser les rois réussit mieux que les servir : c'était un de ces hommes souples et hardis à qui les complaisances ne coûtent dans aucune circonstance, ni les perfidies quand elles peuvent être ignorées ; qui ne craignent pas de caresser un ennemi dangereux, moins encore de négliger un ami inutile, et qui, toujours prêts à saisir les instants de la faveur, savent flatter, attendre et oser.

Suger, une fois connu pour l'ami de Louis-le-Gros, n'eut qu'à laisser agir l'ambition éclairée de ses supérieurs, qui s'empressèrent de le présenter à la fortune. Bientôt, Philippe meurt ; Louis règne : le hasard, par une nouvelle faveur pour Suger, veut que Louis sur le trône se souvienne de l'amitié ; dès lors, plus de distinctions dans l'abbaye auxquelles Suger ne puisse prétendre. Il est pourvu des prévôtés de Berneval et de Toury ; pour juger quelle était l'importance de ces *bénéfices*, il suffit d'observer que, du moment où l'administration lui en fut confiée, son histoire se trouva liée avec celle du royaume.

Toury était, en effet, une de ces places nécessaires aux rois pour assurer entre les villes de leurs domaines une communication moins difficile ; un brigand voisin, célèbre sous le nom de baron de Puiset, venait d'en démolir les fortifications, et l'Etat ne pouvait sans risques différer de les rétablir.

Vous savez combien il en coûta de guerres ; Suger figura dans toutes ; n'en soyez point surpris ; dans ce siècle où nos rois et nos généraux portaient chappe, les ministres de la religion endossaient la cuirasse, et ce n'était pas pour eux un simple droit, c'était une obligation : la loi marquait du sceau de la rébellion et de la félonie ceux d'entre eux qui refusaient de s'armer.

Je ne vous fatiguerai point du détail de ces guerres ; semblables à toutes celles d'alors, elles n'ont de remarquable que la manière ridicule dont elles sont combinées. Il s'agissait de réduire un fort situé sur des hauteurs, et l'armée n'était presque toute composée que de cavalerie, et cette cavalerie était montée si pesamment qu'elle pouvait à peine se remuer. Le peu d'infanterie qu'on y souffrait n'était pas distingué par régiments, mais par paroisses, et n'avait pour colonels que les curés ; nulle discipline, nul ordre de bataille ; les cavaliers allaient au combat comme des troupes qui vont au fourrage, les fantassins marchaient en procession : en un mot, cinquante mille hommes en attaquaient huit cents ; le fort était une tour de bois, et il fallut des années entières pour s'en emparer.

Je remarquerai seulement que Suger y montra beaucoup de bravoure, et que cette bravoure hâta son avancement politique ; car, dès que Louis connut que ce religieux savait se battre, il conclut qu'il en pouvait faire un homme d'Etat.

On pourrait, toutefois, remarquer aussi que ce religieux s'était permis certains procédés qui eussent mérité sa disgrâce plutôt que son avancement ; mais il était favori, et les favoris, ouvrage du caprice, s'ils ne trouvent pas un appui dans les passions ou dans l'habitude, sont toujours défendus par la vanité.

Déjà, malgré son jeune âge, malgré son élection qui blesse les droits du trône, il est installé abbé de Saint-Denis ; déjà, il est fait prévôt des domaines, c'est-à-dire qu'il préside aux opérations de la guerre, aux finances et à la justice. Ces charges n'étaient pas ce qu'elles sont de nos jours : nos rois n'avaient pas encore imaginé les troupes réglées et les commis. L'administration des tribunaux se bornait à tenir registre des amendes que le souverain, comme chaque baron, établissait à son gré dans ses seigneuries ; celle de la guerre, à savoir le nom des vassaux de la couronne, pour requérir au besoin leurs services ; celle des finances, à connaître les fermiers du domaine, pour percevoir aux termes échus le prix stipulé dans les baux ; mais quelque peu considérables que de telles charges nous paraissent aujourd'hui, elles n'étaient pas moins alors l'apanage de la faveur. Louis ne croit pas avoir assez fait pour Suger ; il s'est promis de l'appeler aux plus hauts emplois ; et, dans toutes les occasions où il s'agit de confier les intérêts et la majesté de l'Etat à celui qui le représente, Suger est nommé.

Ainsi, sans autre mérite que d'avoir su plaire, un inconnu, jeté par aventure près des cours, arrive, n'ayant pas atteint l'âge de quarante ans, aux premiers honneurs et marche de pair avec tous les grands du royaume. Vous reconnaîtrez là ce que vous avez vu dans tous les temps, car l'esprit des cours, partout le même, ne meurt jamais. Il en est de la faveur comme des jeux de hasard, où les plus fripons et ceux qui risquent le moins sont presque toujours ceux qui gagnent le plus.

Je n'ignore pas que l'histoire du temps s'arrête déjà avec complaisance sur cette époque pour désigner Suger à la postérité ; mais l'histoire elle-même est-elle plus sage en prodiguant à Suger des éloges, que Louis-le-Gros l'a été en lui prodiguant ses bienfaits ? Si je l'observe dans son monastère, il est loin sans doute des vertus dont il doit y donner l'exemple ; je veux bien même oublier que nous le voyons déserter les autels pour courir les forêts ou les salles de festins et s'y abandonner aux plus honteux excès ; ces mœurs choquantes ne l'étaient point dans ce siècle. La plupart des évêques, toujours escortés de piqueurs, plus connus dans leurs véneries que dans leurs églises, ne faisaient la visite de leurs diocèses qu'en partie de chasse, les presbytères leur servaient de rendez-vous. Les cloîtres n'étaient plus que des espèces de tavernes : on aurait pu les prendre pour des châteaux de chevaliers, en voyant le heaume et les éperons dorés que les moines affectaient de porter ; leur unique besoin était de faire bonne chère, surtout de boire. Une de leurs prières qui nous est parvenue disait expressément à leur patron : *faites en sorte que nous ne soyons jamais réduits à boire de l'eau;* et dans un couvent de treize religieux, où la bibliothèque n'était composée que de trois volumes, Suger a soin qu'il y ait quatre pressoirs et assez de vignes pour qu'on y recueille trois cents muids de vin. Chaque journée était consacrée à un *régal :* ces *régals* étaient des festins que les princes, à leurs anniversaires, et les abbés, aux jours de fête, ne manquaient pas d'instituer, *afin,* dit l'un d'eux, *que les moines, ce jour-là, fussent plus dévôts à l'office, et qu'ils s'y rendissent de bonne volonté*. Telle était la vénération pour les sommes destinées à ces *régals* que celles même de dix ou vingt sols étaient consignées, en présence des reliques les plus augustes, sous la protection des saints, avec menace de réprobation contre l'impie qui oserait les profaner à tout autre usage, et avec promesse de la vie éternelle pour ceux qui en respecteraient dévotement la destination.

Mais si des mœurs aussi grossières et aussi bizarres peuvent nous induire à fermer les yeux sur la vie licencieuse de Suger, comment pardonner celle qui révolte son siècle même, celle que les écrivains du temps appellent fastueuse et insolente? Que penser d'un moine qui ne paraît en public que tout couvert d'or et de pierreries; d'un moine dont le cortège dispute de magnificence avec celui des souverains; d'un moine qui, étalant dans ses plaisirs le même faste que dans ses équipages et dans ses vêtements, ordonne des chasses si pompeuses, qu'il ne se trouverait pas en Europe un prince qui osât s'en permettre de pareilles, et que, pour s'en former une idée, il faut parcourir l'histoire; il faut remonter jusqu'au luxe extravagant du conquérant de l'Asie. Suger, il est vrai, paraît un moment vouloir se dépouiller de cette pompe séculière dont il est si jaloux; mais sa réforme ne sert qu'à ménager et à couvrir des projets d'usurpations : c'est l'artifice de l'oiseau vorace qui retient son vol pour tomber plus sûrement sur sa proie.

Si je le suis dans ses négociations, je ne vois nulle part la trace de ses talents; celles d'Italie n'en exigeaient pas de bien extraordinaires : il n'y est envoyé que pour complimenter des Papes, leur offrir des présents ou négocier avec eux des indulgences et des bénédictions. Celles d'Allemagne étaient plus importantes; mais Suger n'y est occupé que du soin de recouvrer quelques arpents de terre ou de faire montre de ses gentilshommes, de sa vaisselle d'or, de son armée de valets, de sa crosse et de ses deux cents chevaux.

Si je recherche par quelles vues utiles il marque ses premiers pas dans l'administration, je trouve qu'il ne rend d'autre service à Louis-le-Gros que de fonder d'avance un obit pour le repos de son âme, et de lui conseiller de faire, avant sa mort, sacrer et reconnaître son fils : précaution nécessaire alors et observée depuis Hugues Capet par nos souverains, qui ne s'étaient pas encore persuadés qu'ils ne tenaient leur couronne que de Dieu et de leur épée.

Si je regarde la manière dont il exerce l'autorité, j'aperçois, dès les premiers instants, les efforts qu'il fait pour en abuser, et envers qui ? envers Abailard ! Abailard qui devait bientôt se voir la victime de ses erreurs, comme il l'avait été de ses passions ; car il semblait être condamné à être tourmenté par les écarts de son esprit, quand il serait en paix sur ceux de son cœur ; mais qui, à cette époque, n'avait d'autres torts que d'annoncer trop de respect pour les statuts de son ordre et trop peu pour les reliques de Saint-Denis, et qui, même eût-il eu des torts réels, n'en conservait pas moins le droit d'intéresser Suger, parce qu'il avait été son ami autrefois, parce que c'était un homme de génie, parce qu'il était malheureux et persécuté.

De là, mes yeux ne découvrent plus qu'une chaîne d'injustices et de déprédations. Suger, depuis longtemps envieux des riches possessions d'Argenteuil, avait conçu le projet de les recouvrer ou, plutôt, de les usurper. Calixte n'était plus ; le nouveau pontife ne connaissait point Suger ; c'était un homme austère, ouvertement déclaré contre les dérèglements des cloîtres ; pour perdre la maison d'Argenteuil dans son esprit, il fallait donc la lui dénoncer coupable ; aussitôt, des libelles diffamatoires sont fabriqués : Suger choisit deux de ses plus habiles religieux ; on entend ce que veut dire habiles ; il les munit de ces libelles, surtout d'argent. Les deux émissaires répondent parfaitement aux instructions de leur maître ; l'affaire est renvoyée en France, où Suger a tout pouvoir, et devant le nonce dont il est l'ami ; déjà, est assemblé le concile où se doit porter le jugement ; Suger a eu la précaution de le convoquer dans une abbaye de son ordre, de n'y appeler aucun des intéressés, de prendre pour juges ses partisans, de s'y rendre et d'y faire assister le roi, ainsi que la cour, pour en imposer aux consciences dont il craint les remords. Au seul mot de réforme, deux personnes se lèvent et accusent Argenteuil ; l'indignation éclate de toutes parts. Suger, d'un ton inspiré prend la parole : *Permettez*, dit-il, *que j'ai la gloire d'abolir ces scandales ; je placerai dans Argenteuil mes religieux, leur vie exemplaire est connue.* Le roi est de l'avis de Suger, les juges sont de l'avis du roi, et la sentence est prononcée.

A quoi s'occupaient, cependant, les filles infortunées d'Argenteuil? Soutenues par l'exemple de leur prieure, cette Héloïse dont l'âme était tout amour, elles veillaient, elles invoquaient sur Louis les bénédictions du ciel aux pieds de ces mêmes autels d'où ce prince venait les arracher. Que dis-je, autels ! *Bâtiments, biens, meubles, tout ce qui est possession est transmis à l'abbaye de Saint-Denis?* En vain, la justice réclame ; l'autorité se fait entendre ; et cette puissance royale, jusqu'alors si faible et si timide quand il s'est agi de défendre ses sujets, s'annonce comme souveraine et semble avoir pris des forces parce qu'il s'agit d'opprimer.

Disons plus : il a été prescrit à Suger de pourvoir au sort des malheureuses victimes de sa cupidité, et le cœur se révolte en lisant qu'il méprisa une si sainte obligation ; qu'Héloïse se vit réduite à chercher un asile sous des toits de joncs et de feuillages, séjour peut-être moins triste pour elle parce qu'il avait été l'abri d'Abailard persécuté, mais où la terre stérile offrait à peine quelques herbes sauvages ; bien plus heureuse pourtant que ses compagnes, qui toute la vie, errantes, toute la vie mendièrent des secours humiliants que l'avare Suger promettait toujours et n'accordait pas.

Cependant Louis-le-Gros meurt léguant à son fils ses préjugés pour son favori ; Suger devient ministre et bientôt régent.

Nous voici au moment où l'histoire, enthousiasmée des talents et des vertus de Suger, le présente avec confiance aux hommages de la postérité ; et, en effet, on voit Suger, à cette époque, prévenir des complots, forcer les églises les plus puissantes de soumettre au choix de la cour leurs élections, protéger un simple gentilhomme contre les injustices du premier prince du sang, réformer les abbayes de Sainte-Geneviève et de Compiègne, malgré les supplications et les stratagèmes mis en œuvre pour surprendre sa pitié : s'opposer à à une croisade, que l'abbé de Clairvaux, le Pape et toute la nation demandent à grands cris ; enfin, il ose faire entendre la voix austère du devoir à Louis VII lui-même lorsque, résolu de porter la guerre dans le comté d'Anjou, ce prince ne veut écouter que la voix de l'adulation ; mais pour peu que l'on observe de près cet édifice de gloire, on n'est pas longtemps à reconnaître combien est fragile la base sur laquelle il s'appuie.

Il est aisé d'abord de fixer l'opinion que nous devons avoir des vertus de Suger ministre. Il faudrait ne rien comprendre au cœur humain pour se persuader que des mouvements généreux puissent animer qui ne s'est encore produit que par des bassesses. Les passions n'excluent point l'amour de la vertu; si dans leur excès elles commandent des crimes, au moins elles laissent l'âme ouverte au remords, et le remords ramène la vertu; mais cet abandon, ou plutôt cette prostitution continuelle de ses sentiments à des habitudes viles, suppose une telle dégradation de l'âme, qu'on peut la regarder comme morte à toute action honnête.

Si Suger déploie tant de sévérité contre les abbayes de Sainte-Geneviève et de Compiègne, c'est qu'il est sûr d'y établir ses religieux; s'il défend avec tant de fermeté les droits du trône et des particuliers contre les entreprises de quelques grands, c'est qu'il compte ces grands parmi ses rivaux; aussi, lorsque ce sont ou des flatteurs ou de ses partisans, il prête la main à leurs usurpations; s'il s'oppose avec tant de vigueur à la croisade, c'est que, premier ministre alors, il craint de descendre au dernier rang dans le conseil; aussi, lorsqu'il est assuré d'être nommé régent du royaume, il ne s'y oppose plus; s'il résiste au dessein qu'a formé Louis VII d'attaquer le comte d'Anjou, c'est que les possessions de Saint-Denis, exposées à tous les maux qu'entraîne la guerre, ont déjà beaucoup souffert des premières hostilités; aussi, lorsque sur les terres du comte de Champagne, où l'abbaye de Saint-Denis ne possède rien, Louis, contre toutes les lois de l'honneur et de la justice, porte le ravage et la désolation, Suger se tait, Suger ne résiste plus.

Au reste, pour convaincre combien peu son âme a changé, jetez seulement un coup d'œil sur le livre qu'il nous a laissé du gouvernement de son abbaye : aux injures dont il accable ceux qui n'ont pas jugé à propos de se dépouiller au profit de son monastère, aux éloges qu'il prodigue à ceux qui lui ont fait les moindres cessions, à la manière dont il s'applaudit d'avoir conquis Argenteuil, d'avoir abusé de la religion et de l'amitié de son roi pour se soustraire à quelques sujétions peu onéreuses, d'avoir appesanti le joug sur des vassaux qui ont différé un instant d'obéir, vous ne douterez plus qu'il ne soit toujours aussi avide, aussi injuste, aussi cruel; et sans que l'histoire entre dans aucuns détails, vous pressentirez aisément tout ce qu'a dû se permettre avec de telles qualités le ministre d'un prince qui consent à l'opprobre de sa sœur pour molester le comte de Champagne, parce qu'il croit le haïr, livre au pillage une ville qui lui a ouvert ses portes sur la foi des traités, parce qu'une résistance trop opiniâtre lui a fait manquer une procession; accorde à des moines cent muids de vin par an à perpétuité pour avoir fait en faveur de son fils quelques prières ; observe régulièrement trois carêmes et, par un mouvement d'humeur, met des provinces entières à feu et à sang.

Le faux éclat des talents de Suger ne fera point, aux yeux d'une saine critique, plus illusion que celui de ses vertus ; car, je ne pense pas qu'en soumettant les hommes qu'il eut à gouverner, il ait donné des marques de vrais talents. L'expérience de tous les âges prouve assez que tous ceux qui ont voulu prendre la peine d'imposer un joug à leurs semblables, les ont trouvés, comme Tibère trouvait les Romains, trop prompts à la servitude. Il est, d'ailleurs, bien permis de soupçonner que ces hommes n'aient pas tous été aussi fiers qu'on les estime, lorsqu'on en voit un qui, pour signaler davantage sa soumission, va se jeter aux pieds de son vainqueur avec une selle de cheval sur le dos.

Ce que la France attend de Suger au xiie siècle, ce n'est pas de réprimer quelques mouvements séditieux, c'est de former une puissance publique capable d'affermir l'autorité et de l'étendre ; c'est de donner une existence au peuple, c'est de créer des lois, des tribunaux, des mœurs, le commerce, les arts, les sciences et la liberté. Que nous offre de tout cela l'administration de Suger ?

On distingue encore la puissance du prince et celle de la nation ; celle-ci, toujours soumise au système anarchique des vassaux et des arrière-vassaux, arrive lentement et sans force vers les différentes parties de l'Etat qu'elle doit protéger. L'autre, toujours comprimée par des feudataires dont chacun aspire à une séditieuse indépendance, n'a d'autres ressources que le service des fiefs : ainsi, formidables aujourd'hui, demain sans pouvoir, nos rois se voient toujours dans l'impossibilité et de commencer une opération et de la finir ; il ne se trouve nulle proportion entre la promptitude avec laquelle ils peuvent être insultés et celle avec laquelle ils peuvent se

— 242 —

défendre ; et l'Etat le plus borné a pour eux tous les inconvénients que présente l'Etat le plus étendu.

La législation (qu'il me soit permis d'emprunter ce mot) n'est qu'un amas confus de coutumes contradictoires et sans rapports entre elles. Vingt ans après la mort de Suger, il n'y en a pas encore une seule d'écrite ; pas une seule de générale, je ne dis pas pour le royaume, mais pour les domaines de la couronne ; pas une seule qui soit stable ; pas une seule qui ne révolte la raison.

La justice n'a recouvré ni ses ministres, ni ses temples : ses temples sont toujours des arènes, ses ministres des gladiateurs. Le combat judiciaire constitue presque toute la jurisprudence : on ne connaît point encore d'autre manière de discuter le délit ; c'est même alors que cet usage monstrueux est réduit en principes et qu'à la honte de l'humanité, on lui donne un code et des cérémonies quant à la nature des délits et à la proportion qu'il faut établir entre eux et les peines ; pour convenir que ce siècle n'a point avancé dans ses idées, il suffirait de savoir que, par les ordres de Suger, des prêtres coupables de meurtre et de sacrilège sont privés simplement de leurs bénéfices, tandis que leurs valets ont les yeux crevés pour avoir occasionné du bruit à la porte d'un monastère. Mais comment se refuser à cette vérité en voyant que c'est encore alors un forfait de mourir de mort subite ou sans avoir fait de testament ; et qu'une femme convaincue d'avoir volé un cheval est enfouie toute vive, tandis que le ravisseur et l'incendiaire n'encourent que la peine d'être amendés ; c'est même alors que le meurtre, à peine imputé à crime pour les assassins, devient un crime pour les brutes. Un pourceau qui a tué un enfant est assigné pour être ouï ; sur le refus de comparaître, décrété de prise de corps ; un autre pourceau est condamné à être pendu. Il n'est presque pas de sortes d'animaux auxquels les siècles suivants ne fassent juridiquement leur procès. C'est alors que les tribunaux ecclésiastiques cèdent eux-mêmes au torrent ; un chanoine de Beauvais, accusé d'avoir enlevé la femme d'un bourgeois, est condamné par ces tribunaux à la rendre dans la quinzaine, et je les vois frapper des mêmes anathèmes les mulots, les longues barbes, les chenilles et les rats.

Dans le reste de la constitution, tout est pareillement à créer ; le peuple n'est toujours compté pour rien : l'homme est étalé dans les marchés pêle-mêle avec les denrées et souvent mis à vil prix. Un cheval de parade pour un évêque fut alors estimé deux hommes et trois femmes. La fureur des guerres particulières ne connaît encore de frein que la *trêve du Seigneur*, c'est-à-dire dans chaque semaine trois jours d'interruption, c'est-à-dire aucun frein. Les péages sont si nombreux qu'ils pourraient servir de bornes milliaires, et telle en est la tyrannie que le voyageur est contraint de se détourner du chemin le plus court pour se présenter devant les bureaux. L'industrie est toujours repoussée par ces règlements farouches qui n'offrent à l'étranger que la condition d'esclave et ne permettent pas même à l'habitant du royaume de transporter son domicile d'une province à une autre sans perdre à la fois les droits d'homme et de citoyen. Les seigneurs s'arrogent toujours comme prérogative le pouvoir de faire battre de la fausse monnaie, d'empêcher leurs vassaux de terminer à l'amiable un procès commencé en justice, de se réserver les premières nuits de noces de leurs serfs et, au temps fixé pour vendre les denrées de leur terres, d'obliger le marchand de n'en exposer en vente que d'altérées ou de corrompues ; plus brigands que jamais, ils vont par bandes, infestant les campagnes et les grands chemins. C'est même alors que se répand impunément, sous le nom de Brabançons, une nouvelle espèce de scélérats associés pour les sacrilèges et les crimes les plus atroces. Aussi, les chemins, déjà difficiles, car ils ne sont pas entretenus ; déjà incommodes, car il n'y a pas d'hôtelleries ; les chemins deviennent impraticables. On ne peut marcher au sein de la France que par caravanes et en ordre de bataille : il faut presque à chaque pas conquérir le terrain.

Les lumières et les arts n'ont fait aucun progrès. Il s'est élevé quelques génies, mais ils n'ont point eu d'influence sur leur siècle : l'ignorance est si générale, que la plupart des grands seigneurs dans leurs actes tracent encore une croix, ne sachant pas signer leur nom ; les cathédrales et les cloîtres sont encore les seules écoles de la jeunesse ; il n'est pas même indifférent de remarquer que l'Université se forma quelque temps après la mort de Suger, et que ce fut un simple particulier qui en jeta les fondements ; ce qui s'apprend dans ces écoles se réduit toujours à si peu de chose, que le titre de *bien lettré* est dévolu à quiconque est *bien lisant dans tous les livres ;* les livres sont toujours si rares, qu'en fondant pour un monastère de treize religieux une bibliothèque de trois volumes, Suger s'étonne de ses profusions ; et la superstition est si puérile, que Philippe-Auguste, le jour de son sacre, étant inondé d'huile par trois lampes de verre qu'un huissier casse par mégarde, la France entière, à une onction si abondante, reconnaît la main de Dieu qui veut répandre sur lui la plénitude de ses dons.

Parmi les arts, à peine en est-il un seul qui tende vers des objets utiles. Le ton emphatique dont Suger s'exprime sur la délicatesse et le génie des chefs-d'œuvre qu'il a commandés dans Saint-Denis donnerait à penser que l'industrie, pour lors, a du moins été dirigée par le goût ; mais on peut apprécier ce qu'était la main-d'œuvre par les bas-reliefs qui chargent encore les portes de cette église, et la composition, par les vitrages où sont représentés *l'apôtre saint Paul tournant la meule, et les prophètes lui apportant des sacs.*

Les mœurs sont trop révoltantes pour qu'il y ait moyen d'attribuer à Suger le mérite de les avoir civilisées ; celles du clergé sont les moins dépravées, et, sans parler des dérèglements dont j'ai déjà ébauché le tableau, la cupidité le domine si généralement, que Suger cite avec admiration un pape venu en France sans enlever le bien des églises et des pauvres ; et la simonie s'exerce avec tant de liberté, que Pascal II recommande à des moines de ne s'adresser qu'à leur évêque pour recevoir les ordres sacrés, *d'autant plus*, dit-il, *qu'il s'offre de vous les donner gratuitement ;* et l'incontinence des prêtres occasionne si peu de scandale, que dans plusieurs diocèses on n'admet à l'exercice de leurs fonctions que ceux qui avouent des *commerces.* Aussi dans tous les états, la corruption est parvenue à sa dernière période : les conciles sont obligés d'interdire aux jeunes gens la parure et les ornements par lesquels ils s'étudient à plaire pour commettre des crimes infâmes. Les chevaliers eux-mêmes, exaltés comme les protecteurs de la décence, n'en sont que les fléaux ; et les seigneurs qui, suivant nos romanciers, font le mieux alors les honneurs de leurs maisons sont ceux qui, à l'exemple des Lapons, offrent leurs femmes aux étrangers. On est forcé d'assigner dans toutes les villes des quartiers aux courtisanes, et l'on imagine en quelle multitude elles y doivent être, puisqu'il s'en compte alors jusqu'à quinze cents dans une de nos armées. Le luxe a gagné tous les rangs ; ce luxe est celui d'un siècle ignorant et barbare; mais l'ignorance, qui étouffe le goût, nourrit le vice, qui entraîne vers l'excès. Des familles entières se ruinent pour entretenir des farceurs et des joueurs de *vielle*, de *cornet,* de *flûte béhaigne* ou de *trompette marine*, comme aujourd'hui des particuliers pour avoir des musiciens et une comédie; et si, en voyant ces hommes en écorcher d'autres tout vivants, en faire bouillir, déchirer le ventre à des femmes enceintes, se laver les mains dans leur sang et en arracher les enfants à la pointe de leurs lances, on était forcé de les prendre pour des cannibales ; à voir leur faste et la recherche de leurs vêtements, on les croirait des sybarites efféminés : enfin, le siècle de Suger est l'époque où s'instituent ces ordres bizarres de clercs séculiers, c'est-à-dire de religieux libres de vivre à la manière des gens du monde; et de séculiers clercs, c'est-à-dire de gens du monde astreints à tout ce qu'exige la vie religieuse ; c'est l'époque où sont le plus en vigueur tous ces usages également l'opprobre du bon sens et de la religion ; ces processions où, par dévotion, les femmes vont en chemise et les hommes tout nus ; cette fête où l'on revêt un âne des ornements sacerdotaux pour le placer dans le sanctuaire et lui faire partager les hommages rendus à la Divinité ; cette autre fête dite, et à bon droit, des innocents ou des fous, dans laquelle des prêtres travestis en toutes sortes d'animaux, transforment les autels en buffets, à l'instant même où l'on y célèbre les saints mystères, y brûlent en guise d'encens le cuir de leurs vieilles sandales, chantent au lieu d'antiennes des obscénités, et passent le temps de l'office à danser dans des postures aussi indécentes que leurs chansons et aussi ridicules que leurs accoutrements ; et comme si, pour lors, c'eût été une convention que tout serait à rebours, des églises et des monastères acquièrent le droit d'ordonner le duel ; les femmes, celui d'occuper les emplois civils; des bourgeois, celui d'exercer *l'usure comme il leur plaira*. Des chanoines ont obtenu le privilège de délivrer tous les ans un prisonnier ; il est spécifié que ce sera *le plus méchant et le plus scélérat*. Il est des jeux que le gouvernement peut permettre et même autoriser, parce qu'il faut des délassements ; les seuls tolérés sont les jeux de hasard ; il en est qu'il faut proscrire, parce qu'ils peuvent devenir dangereux ; le seul prohibé est le jeu des échecs. La capitale a besoin d'une voirie où soient jetées les immondices ; le lieu marqué pour cet usage, c'est le cimetière public ; et de peur que ce ne soit pas assez profaner cet asile, de tout temps sacré chez les peuples les plus grossiers, les filles perdues de débauches y établissent le théâtre de leurs prostitutions.

Qu'a donc fait Suger ? Il n'a pas même eu l'idée de changer une pareille constitution. Hors le portail de Saint-Denis, l'histoire ne peut rien citer dont la gloire lui appartienne : c'en est assez pour juger ses talents. Sans doute, il s'est vu rarement de ces révolutions subites où le génie paraît être en verve, révolutions pourtant plus durables et plus sûres ; car, il faut pour changer une constitution un instant ou des siècles ; mais quand il manque au génie ou les moyens ou le courage de concevoir ainsi les révolutions, au moins il les prépare, au moins il dépose parmi ses contemporains des germes réformateurs qui se développent dans les races futures. Avoir consommé quinze ans de règne sans avoir tenté un seul établissement suppose donc de la part de Suger l'incapacité la plus absolue. Et quand vous n'observeriez pas que c'est sous l'administration de Suger que la cour de Rome s'attribue décidément les prérogatives de connaître par appel de toutes les sentences ecclésiastiques et de prélever à son gré des taxes sur les églises ; prérogatives qui rendirent si longtemps au milieu de nous les papes plus souverains que nos rois mêmes ; quand vous ne feriez attention ni au projet que Suger a de recommencer une croisade dans le moment où nos provinces épuisées demandent à se remettre de ces funestes expéditions, ni à la douleur qu'il témoigne dans ses écrits sur ce qu'il voit l'Angleterre et l'Allemagne agitées par des guerres civiles qui assurent notre repos, vous seriez bien en droit de conclure que Suger n'était pas le génie dont la France avait besoin.

Après avoir reconnu combien Suger est loin de sa réputation comme homme d'Etat, vous pensez bien que je ne m'en rapporte pas précisément à ce que ses contemporains publient de sa charité envers les pauvres, de sa philosophie, de sa sainteté, de la simplicité de ses mœurs et de son zèle pour ses amis. Sa charité envers les pauvres est facile à interpréter ; il les appelle tous les ans à des distributions solennelles, mais c'est après sa mort ; on peut d'ailleurs deviner le motif de ces dispositions pieuses ; il a soin de les annoncer vingt ans d'avance par un codicile qu'il a aussi grand soin de faire signer aux prélats les plus distingués. L'hypocrisie de son amitié n'est pas plus difficile à démasquer ; envisagez sa conduite envers Garlande disgracié ; je veux bien qu'alors il ait eu à se plaindre de ce ministre impérieux ; ne devait-il pas du moins en respecter la mémoire ? L'ami qui nous abandonne, s'il est vrai qu'il n'ait plus de droit à notre tendresse et à nos soins, en a toujours à nos égards ; c'est un temple dont la divinité s'est retirée, et où il est permis de ne plus porter d'offrandes ni de vœux, mais pour lequel on doit conserver un saint respect quoique la divinité ne l'habite plus. Quant aux autres qualités, Suger pourvoit lui-même à ce que personne ne s'y laisse tromper. Il ordonne, dans son testament, qu'au jour de son anniversaire, on ajoute à la portion de chaque religieux deux pitances, *non pas telles quelles*, dit-il, *mais amples, bien conditionnées, de plus, une bonne bouteille d'hypocras*, et cela pour la rémission de ses péchés. Henri V, à ce qu'il croit, a été tué par la chasse de Saint-Denis, parce que c'est une des vertus de cette chasse que ceux contre lesquels on l'expose meurent étiques dans l'année ; et le pourceau qui a causé la mort de Louis-le-Gros est le diable, jaloux de nos succès, qui a pris la figure de cet animal pour n'être pas connu.

Aussi vain que superstitieux, il ne place sa grandeur que dans l'étalage stérile de tout ce que l'ostentation et l'orgueil ont inventé pour éblouir le vulgaire ; de crainte même que la postérité ne sache pas dans le plus grand détail qu'il a porté la mître, qu'il a tenu quelque temps le sceptre entre ses mains, que Louis-le-Gros et Louis-le-Jeune ont mis *un grand prix à sa bienveillance et à ses services,* qu'il n'y a pas un coin dans les dépendances de Saint-Denis, depuis la cave jusqu'au sanctuaire, qu'il n'ait ou réparé ou reconstruit à grands frais, il couvre les murs de l'église d'inscriptions et d'emblèmes qui en transmettent la mémoire ; à peine est-il une vitre où il ne fasse peindre ses armes et son nom. Un livre où il ne manque point à chaque page de rappeler en passant sa *prélature* est composé par ses ordres pour consigner jusqu'à la moindre mesure d'*orge* ou d'*avoine*, les augmentations qu'il a faites dans les possessions de l'abbaye. Il veut que tous les ans on expose *les tapis, les tentures, les vases d'or et d'argent et tous les ornements* qu'il a donnés. Enfin, le titre le plus modeste qu'il prenne dans les actes publics, c'est celui de vice-roi; et ce que sûrement on n'oserait croire si une charte signée de sa propre main n'en était garant (car les plus fiers sultans ne disent que ma hautesse), Suger, en parlant de lui-même, dit : *ma sublimité*.

Ainsi, loin de mériter les hommages de la postérité, Suger, à cette seconde époque de son élévation, n'en mérite encore que le mépris. Dès lors, sans doute, vous aurez peine à concevoir comment ce ministre a pu obtenir les éloges qu'on lui prodigue aujourd'hui. Mais ce sont de ces erreurs auxquelles il faut s'attendre quand on a dessein d'approfondir l'histoire; et si vous voulez soumettre la réputation de tous les hommes qui ont marqué dans les xiie et xiiie siècles à l'examen auquel j'ai soumis celle de Suger, vous n'en trouverez peut-être pas un seul qui soit jugé comme il devrait l'être.

Les trois premiers descendants de Hugues, Robert, Henry, Philippe, ne vous paraîtront alors que des princes sans caractère et faits pour être placés, l'un dans le cloître, l'autre dans un champ clos, le dernier dans un sérail, plutôt que sur le trône.

Louis-le-Gros n'aura plus à vos yeux d'autre mérite que celui d'avoir su se battre : son règne sera déshonoré par des injustices et par des cruautés; comme administrateur, il ne lui restera que la gloire d'avoir porté deux règlements absurdes qui, chacun, n'embrassent qu'une cité ; d'avoir, par besoin d'argent, vendu à quelques villes le droit de communes ; d'avoir assuré à l'abbaye de Saint-Denis la dépouille de ses successeurs, et à ses successeurs la charge de grand *gonfalonier* de l'abbaye.

Le pontife qui a terminé la querelle des investitures, c'est-à-dire, sous le pontificat duquel elle a été terminée, Calixte II ne vous présentera, dans le cours de sa vie, rien de remarquable, sinon qu'il est fils d'un duc de Bourgogne et oncle de Louis-le-Gros ; qu'il s'est fait peindre dans son palais foulant son ennemi sous ses pieds, et qu'il se croit sérieusement appelé du ciel, parce qu'avant son élection il a vu en songe une jeune femme qui tirait la lune de dessous sa robe et la lui remettait entre les mains.

Vous verrez dans l'empereur Henri V un prince dénaturé, qui, révolté contre son père sous prétexte de le soumettre à l'Eglise, tandis qu'il soudoie Rome en secret pour qu'elle n'en accepte pas la soumission, le laisse mourir sur un fumier, ne permettant pas même à l'évêque de Spire de lui accorder une place de sous-chantre pour lui assurer du pain, Et livrant aux flammes les villes qui osent lui en donner. Et de ces lieux de carnage où il se livre sans remords à de tels sacrilèges, *parce que son père*, dit-il, *est rebelle à l'Eglise,* court s'armer contre elle et en faire arrêter le Pontife *(ce Pontife auquel il doit la couronne)*, à l'autel même où son hypocrite lâcheté vient de lui jurer une amitié éternelle en lui baisant le front, les yeux et la bouche, au nom de la sainte Trinité ; et qui, aussi cruel, aussi ingrat envers ses sujets qu'envers Rome et son père, ne rentre dans ses Etats que pour les inonder de sang et faire de son règne un long attentat aux droits de la religion, de la nature, des peuples et de l'humanité.

L'abbé de Clairvaux frappera aussi vos yeux par des traits bien différents de ceux sous lesquels on le représente : homme unique qui, avec toutes les qualités extérieures, possédait à la fois la vertu, le courage, le don de la parole, le génie et tous ces avantages à un tel degré que chacun d'eux eût suffi pour former un homme extraordinaire, à qui même il était réservé d'en exercer l'empire avec tant de force, qu'un des plus simples évènements de sa vie est d'avoir, par sa seule présence, arrêté des armées victorieuses. Suger, en effet, dès l'âge de trente ans, ne voyant pas une église qui n'eût recouru à ses lumières, pas une nation qui ne lui eût soumis ses querelles et confié ses intérêts, pas une puissance qui ne fût venue *implorer son autorité*, était tout à la fois le médiateur, l'arbitre, l'oracle, j'ai presque dit le souverain de l'Europe, et dont on ne peut donner une plus juste idée qu'en le comparant à cet esprit que Milton nous dépeint les ailes étendues sur l'abîme et fécondant le chaos.

Il est des occasions où vous apercevrez cette âme ardente emportée par son zèle ; mais ce zèle est pur ; mais, l'espace d'un demi-siècle, ce zèle est la consolation de tous les malheureux et l'effroi de leurs tyrans.

Peut-être trouverez-vous à lui faire un plus juste reproche, car j'observe que, dans la haute faveur de Suger, il emploie toujours en lui écrivant les expressions de *Votre Grandeur,* de *Votre Altesse,* et qu'au moment où le crédit de ce ministre semble baisser, il ne lui écrit plus que *Votre Révérence.* Mais ce n'est qu'un instant de faiblesse dans une vie entière consacrée à faire retentir des vérités les plus courageuses les palais des rois et des princes de toutes les nations; mais cet instant de faiblesse ne peut ternir l'éclat que jettent sur cette vie entière tant de traits sublimes de sensibilité, de grandeur d'âme et de philosophie. Et la postérité ne doit jamais oublier que c'est là l'homme qui défend les juifs des cruautés superstitieuses de son siècle, parce que *le triomphe de la religion*, dit-il, *n'est pas de les passer au fil de l'épée, mais de les convertir; l'Eglise ne doit employer d'autres armes que les prières et la raison;* qui, sachant que sa tête est vendue aux assassins s'il sort de son monastère, va trouver le tyran même qui l'a mise à prix; qui, appelé dans l'assemblée d'Etampes pour prononcer entre Innocent et Anaclet, prononce en faveur d'Innocent qu'il ne connaît pas, contre Anaclet avec lequel il est lié; qui, recommandant au cardinal d'Aymery une affaire à laquelle il s'intéresse vivement, lui écrit: *Faites ce que vous pourrez, sans toutefois donner atteinte aux lois de la justice, car, dès qu'il s'agit de les violer, regarder seulement un ami est un crime;* et qui, pressé de venir essuyer les larmes de Louis-le-Jeune, après le massacre et l'incendie de Vitry, lui répond: *Qu'il en faut beaucoup pour éteindre cet incendie et laver le sang qu'il a si injustement versé* (1).

---

(1) Londres, 1780.

Pièce n° 4

DISCOURS DE LA CÈNE

> *Ecce unxit te Dominus in principem et liberabis populum suum de manibus inimicorum qui in circuitu ejus sunt, et hoc signum, quia unxit te Deus in principem.*
>
> Le Seigneur vous a choisi pour gouverner son peuple, vous le délivrerez des ennemis qui l'environnent, et voilà le signe auquel on reconnaîtra que vous êtes choisi pour le gouverner.
>
> Au livre des Rois, chap. xvi.

Sire,

Ces paroles, adressées par Dieu même au premier roi qu'il donne à son peuple, sont bien propres, sans doute, à fixer l'idée que tous les souverains doivent avoir de leur puissance. L'autorité est le droit de gouverner : *unxit in principem;* or, gouverner, c'est maintenir. Mais toute constitution tend d'elle-même à s'altérer ; il n'en est point dont il ne résulte des inconvénients qui, comme autant d'ennemis intestins, ne cessent de l'assaillir. Pour la maintenir, il faut l'en délivrer : *et liberabis populum de manu inimicorum qui in circuitu ejus sunt.*

Ainsi donc, l'Etre suprême n'a confié son autorité à quelques hommes que pour les charger spécialement de conserver l'équilibre que les défauts naturels de toute constitution s'efforcent de troubler; et, une fois revêtus de ce pouvoir, ces hommes ne sont plus à eux : victimes augustes de la félicité publique, ils appartiennent tout entiers à leurs fonctions. Le fondement et, tout à la fois, le caractère de leur grandeur est de s'y consacrer ; c'est là le signe auquel on peut les reconnaître : *et hoc signum, quia unxit Deus in principem.*

Telles sont les idées, Sire, que j'ose essayer de développer aux yeux de votre Majesté. Le gouvernement d'un seul, le meilleur et le plus heureux, sans doute, partage avec tous le sort d'être soumis à des inconvénients ; ils y sont même et plus nombreux et moins faciles à éviter. Mon dessein est d'en esquisser le tableau et, en indiquant ce qu'exige des souverains le maintien de l'ordre, d'exposer quels sont et leurs devoirs et les moyens de les remplir et, dès qu'ils sont remplis, le bonheur dont jouissent les peuples.

Je ne me suis point dissimulé les dangers auxquels je pouvais m'exposer en développant les grandes vérités que je vous annonce ; mais les craindre eût été indigne et de mon ministère et de l'amour généreux que, dès votre avènement à la couronne, vous avez témoigné pour ces vérités : et, d'ailleurs, dans quels instants me serait-il plus permis de les rappeler que dans cette cérémonie sublime et touchante instituée par J.-C., pour apprendre aux souverains ce qu'ils doivent à l'humanité ou plutôt ce qu'ils doivent aux peuples, et, par le spectacle du plus terrible des fléaux qu'ils ont à écarter, la misère, les rappeler à ce précepte qui renferme toutes leurs obligations : *et liberabis populum de manu inimicorum qui in circuitu ejus sunt.* Implorons les lumières de l'Esprit saint.

Le gouvernement d'un seul, à le considérer en lui-même, est sans contredit le meilleur, puisqu'il est le plus simple : c'est celui de la nature ; c'est là, pour me servir de l'expression sublime de l'Esprit saint, qu'un peuple entier ne forme qu'un seul homme : *Egressi sunt quasi vir unus.* Tout, en effet, y répond à un même centre ; tout marche au même but ; tous les ressorts de l'administration, tenus par la même main, sont mus tous à la fois d'un même mouvement, et l'autorité qui, semblable à ce fluide mobile par qui l'homme respire, a d'autant plus d'action qu'on le resserre et le comprime ; l'autorité peut, en même temps, atteindre les lieux les plus éloignés.

Mais, si ce gouvernement doit être regardé comme le plus avantageux, parce qu'en lui-même il a plus de force, il n'en est pas qui puisse devenir plus funeste, parce qu'il n'en est pas où cette force puisse tourner plus facilement au préjudice de l'Etat.

Dans ce gouvernement, en effet, l'autorité comprimée a, comme l'air, plus de ressort ; mais c'est alors que cet élément peut devenir si terrible et que, bouleversant le globe qu'il devait balancer doucement dans l'espace, il peut détruire les êtres dont il devait entretenir la vie.

Tout marche au même but ; mais si ce but, détourné de sa destination, n'a pour objet que le bonheur du prince : les lois sont abolies ou deviennent ses complices ; les peuples sont opprimés, et tous les moyens destinés à la félicité publique ne servent plus qu'à prolonger les plaisirs et la corruption d'un seul homme.

Tout répond à un même centre ; mais tout n'y répond que par cette chaîne de distinction et de pouvoir qui, attachée au pied du trône, va s'étendre sous tous les ordres de l'Etat pour lier les peuples au souverain ; mais, distingués ainsi par leurs rangs, les hommes le seront bientôt par leurs destinées ; les richesses, comme des fleuves abondants, couleront tout entières dans les mains d'un petit nombre ; la multitude ne verra s'étendre devant elle que la sécheresse, que l'aridité de la misère, et cette inégalité de richesses, devenue elle-même la source féconde de tous les vices et de tous les crimes, anéantira ce qui seul fait vivre les empires et les mœurs.

Une même main donne l'impulsion à tous les ressorts ; mais dans quel être se rencontreront les qualités et les connaissances nécessaires pour en diriger, adoucir ou précipiter à propos le mouvement ? Aura-t-il, tout à la fois, et cet esprit pénétrant et rapide qui ne laisse pas même échapper les détails les plus fugitifs ; et cette âme de feu qui, ne se rebutant ni des contradictions, ni des obstacles, sait affronter également tous les dangers ; et ce caractère inflexible qui, le mettant sans cesse aux prises avec lui-même, doit lui commander sans cesse de résister à ses penchants et même à ses vertus ? S'il existe un être qui soit doué de ces hautes et rares qualités, comment résistera-t-il à tout ce qui s'efforcera de les étouffer ou de les corrompre ? Comment échappera-t-il à ses passions ? Comment échappera-t-il à la séduction des plaisirs qui poursuivent le trône ? Comment, surtout, échappera-t-il à cette tentation du pouvoir qui perdit Saül, égara David et les meilleurs rois de Juda ; qui, pour me servir de l'expression même de l'Ecriture sainte, est l'écueil de la royauté, écueil que les princes doivent d'autant moins éviter qu'ils exercent ce pouvoir chaque jour : que, pour le rendre plus respectable au peuple, ils sont forcés de l'entourer d'une pompe qui les enivre ; que, de lui-même, ce pouvoir ne tend qu'à franchir ses bornes, et que, déjà portés de les reculer par cette soif d'autorité trop naturelle à tous les hommes, les princes y sont sans cesse excités, et par la facilité trop malheureuse que les tyrans ont à trouver des complices, et par la facilité plus malheureuse encore qu'ils ont à trouver des cœurs lâches et faciles au joug !

Enfin, quand le prince serait doué de toutes les qualités qui lui sont nécessaires ; quand ces qualités ne seraient étouffées ni par les plaisirs, ni par les passions, le Dieu qui l'a créé ne lui a donné que les facultés nécessaires pour veiller à son propre bonheur, c'est-à-dire au bonheur d'un seul homme, et, cependant, il est chargé du bonheur d'une nation entière. Il faut donc qu'il divise la masse du pouvoir et qu'il remette à d'autres le soin d'acquitter la dette qu'il ne peut seul acquitter lui-même.

Mais se trouvera-t-il des ces hommes dignes de partager avec lui le fardeau pénible de l'administration ? Dans les gouvernements populaires, où la voix même de la renommée et les suffrages appellent les citoyens aux premières places, il n'est pas étonnant qu'il s'y forme de ces hommes : le mérite seul les élève aux dignités. Mais dans un gouvernement où l'on voit, comme dit l'Ecclésiaste, la faveur et le hasard décider de tout : *Tempus et occasum esse in omnibus;* où le public est sans puissance et où son estime n'est représentative d'aucune espèce de distinction ; où l'on n'écoute que les cris des cœurs, ce cri perfide qui n'est presque toujours que l'écho des clameurs de l'envie ; où l'on ne tient jamais compte des vertus, ni des services, mais des liaisons plus ou moins intimes que l'on conserve avec les idoles de la faveur ; où les seuls talents utiles sont, par conséquent, ceux de plaire, et l'art de parvenir aux plus hautes places n'est que l'art d'être le plus souple et le plus rampant,... comment se formera-t-il de ces citoyens éclairés et vertueux que demande le maniement des empires ? Et quels autres hommes l'administration peut-elle espérer, sinon des hommes avides, des hommes ignorants, de ces hommes au cœur et au front d'airain dont l'élévation est une calamité publique ; qui, sans autre vue que de ramener à leurs intérêts la puissance éphémère qui leur est confiée ; sans autre mérite que celui de fréquenter assidûment les temples consacrés aux idoles du jour, viendront sans cesse pour s'y faire absoudre, apporter en offrande une partie de leurs concussions et y abjurer ces sentiments de justice et d'humanité qui doivent être en politique la religion des ministres ? Mais, s'il se trouve des citoyens qui soient éclairés et vertueux, conserveront-ils longtemps au milieu des hommes les vertus qui les y auraient élevés ? Que peut-on attendre de ministres qui, toujours en danger, toujours inquiets, ont bien plus à s'occuper de leur crédit que de leur devoir, bien moins, par conséquent, de réprimer les désordres que de les favoriser pour étayer leur puissance.

Mais, s'il s'en trouve de ces citoyens, le prince pourra-t-il les apercevoir à cette distance du trône où trop souvent le sort les fait naître ? Saisira-t-il le rapport de leurs talents avec les places qu'il leur destine : science si vaste qui tient à une connaissance déjà si rare, celle de la mesure des esprits, et en suppose une autre plus rare encore, celle des caractères ! Connaissance même qu'il est si difficile aux princes d'acquérir, parce qu'elle est le fruit d'une multitude d'épreuves qu'ils ne peuvent faire ou qu'ils ne font pas.

Ainsi, également malheureux et de pouvoir à peine rencontrer les hommes qui lui sont nécessaires, et, s'il les rencontre, de ne pouvoir les discerner, le prince trouve dans les remèdes qu'il apporte à son insuffisance des maux plus cruels que ceux qu'il doit prévenir. La force publique divisée entre des agents inhabiles ou infidèles n'a plus une même action ; chaque ministre est un nouveau souverain qui a ses intérêts, ses vues ou plutôt ses préjugés ; chaque branche de l'administration devient un nouvel état dont les mouvements se combinent sur des principes particuliers : plus d'unité, plus de concours, plus d'ordre ; la vie ne circule plus également dans toutes les veines du corps politique, et l'administration n'offre plus que l'image de ces feux d'artifices où la flamme, ne pouvant librement et du même jet se communiquer dans toutes les parties, on voit les unes briller du plus vif éclat, tandis que les autres s'exhalent en lueurs incertaines ou ne donnent que de la fumée. Cependant le prince, étranger à tout ce qui se passe autour de lui, n'aura pas même les moyens de s'en instruire : la vérité, ne pouvant se rendre au pied du trône que par le canal de ses ministres, n'arrive plus que chargée ou couverte de passions, au travers desquelles elle a filtré; le prince la méconnaît ou s'en dégoûte ; on lui déguise les besoins, on exagère les ressources semblables à ces idoles dont parlent les livres saints : « Il a » des yeux et ne voit point; il a des oreilles et n'entend » point; il a une voix et ne peut pas parler. » En vain le peuple s'écrie : Où est notre Dieu? *Ubi est Deus?* Son Dieu ne peut l'entendre, son Dieu s'est transformé en un dieu de métal : *Simulacra argentum*. Tout se confond, et l'Etat, livré à des ministres désunis, n'est plus qu'une oligarchie tumultueuse qui a la dépendance des gouvernements d'un seul sans l'activité de leurs principes, et les troubles des gouvernements populaires sans leur liberté.

Le gouvernement d'un seul, le plus heureux de tous en lui-même, peut donc devenir le plus funeste. Grand Dieu ! c'était donc là ce qui allumait ta justice, lorsque pour la plus légère faute, tu punissais si sévèrement le premier des rois d'Israël ; tu voulais, sans doute, apprendre à tous les souverains qu'il ne peut y avoir de leur part d'omissions légères, parce qu'il ne peut y en avoir qui ne portent sur tout un peuple. Grand Dieu ! c'était donc là ce qui te faisait prescrire à Saül pour condition de sa nouvelle dignité de revêtir avec elle un nouvel être : *Et mutaberis in virum alium......* Tu voulais, sans doute, apprendre à tous les souverains que du moment qu'ils ont reçu le signe de leur consécration, leur âme, dégagée de toute faiblesse, ne doit plus agir que comme une intelligence supérieure, et qu'il n'est pour ainsi dire plus permis d'être homme quand on est roi.

Le gouvernement d'un seul, le plus heureux de tous en lui-même, peut donc devenir le plus funeste. Oui, Sire, et c'est une vérité que vous ne devez jamais perdre de vue, parce que nulle autre n'est plus propre à vous pénétrer de l'idée et du sentiment de vos devoirs. Les qualités nécessaires au prince pour diriger la vaste machine remise entre ses mains peuvent être étouffées par les passions. C'est donc pour lui un devoir de les combattre. Ces qualités peuvent être distraites par les plaisirs : c'est donc pour lui un devoir de s'en défendre ; la tentation du pouvoir peut les tourner contre l'Etat : c'est donc pour lui un devoir de la surmonter ; il faut au prince des associés pour partager ses travaux ; mais l'intrigue lui permet rarement d'en trouver qui en soient dignes : c'est donc pour lui un devoir de l'éloigner. Pour les mettre à leur place, il a besoin de la connaissance des esprits et des caractères : c'est donc pour lui un devoir de l'acquérir. Enfin, la disproportion des fortunes qu'entraîne la distinction des rangs appelle la corruption et anéantit les mœurs : c'est donc pour lui un devoir d'y rémédier.

Le devoir du prince est de commander à ses passions et de se défendre des plaisirs, et il ne le peut que par les secours de la religion. En vain la sagesse humaine voudrait prétendre au même pouvoir ; elle ne peut jusque là reculer ses limites. Les passions des autres hommes peuvent être traversées, l'occasion leur manque, leur échappe ; ceux qu'elles blessent ou qu'elles importunent les combattent ; elles se voient sans cesse brisées par toutes les forces de la société. Mais les passions des princes ne connaissent point d'obstacles, elles s'arment même contre eux de l'autorité de leur puissance ; les occasions se précipitent au devant de leurs désirs. L'industrie tourmente la nature entière pour les assouvir tour à tour et pour les ressusciter ; ceux qu'elles importunent se félicitent, ceux qu'elles blessent s'empressent à les caresser : il faut donc pour les contenir un frein bien supérieur à ceux qui contiennent les autres hommes, et ce frein c'est la religion.

Les autres hommes sont trompés dans leurs projets par les moyens même qu'ils emploient pour les remplir ; ils veulent courir aux voluptés et ils entrent dans la longue route des travaux. Ils s'écrient sans cesse : Ah ! quand viendra le jour de nos plaisirs ! Et ces jours se reculent sans cesse devant leurs espérances. Mais les rois puisent leurs voluptés dans des sources éternellement intarissables. C'est pour ces voluptés que la terre semble féconde, c'est pour être l'instrument servile de ces voluptés que le génie de l'homme est inventif et créateur ; tout est à eux, tout est pour eux, ils n'ont jamais qu'à jouir. Il faut donc pour se modérer une vertu bien supérieure à celle qui suffirait aux autres hommes, et cette vertu, où la puiser si ce n'est de la religion ?

La licence des autres hommes peut être arrêtée par le respect public. Le monde, tout corrompu qu'il est, attache au vice une espèce d'opprobre. La société a mis à l'entour de chaque citoyen une garde de bienséance et, dès qu'il la force, elle le flétrit de son mépris. Mais cette crainte peut-elle en imposer aux rois ? A l'entour d'eux, ils n'aperçoivent que des esclaves prosternés qui adorent et se taisent. Les hommages solennels qu'on leur prodigue les rassurent aisément sur le mépris secret qu'ils inspirent. Ce sont de ces montagnes si élevées que les vapeurs de la terre ne peuvent monter jusqu'à leurs cîmes, qu'elles n'entendent pas même gronder les orages qui s'amassent à leurs pieds ; il faut donc une puissance qui, dominant les souverains, puisse leur faire entendre sa voix, et cette voix c'est celle de Dieu même, c'est la religion.

La licence, si elle n'est pas domptée, peut au moins être retenue dans les autres hommes ; ils ont des amis. Mais les rois corrompus n'ont que des complices. Les hommes assez malheureux pour ne pas trouver des secours dans les autres peuvent au moins en trouver en eux-mêmes ; maîtres de rentrer dans leurs propres cœurs, ils peuvent du moins quelquefois donner à la raison le temps de reprendre ses droits. Mais le prince, forcé de demeurer au milieu du mouvement rapide de la société, toujours loin de lui-même, toujours environné d'objets dont le choc fait jaillir ses passions, le prince ne peut compter ni sur son repos (il faut qu'il agisse dans tous les instants), ni sur sa raison, elle est tout entière occupée par l'administration de l'empire ; il a donc besoin d'une force supérieure qui lui rende les ressources que son rang le condamne à ne pouvoir trouver, et cette force d'où peut-elle venir si ce n'est de la religion ?

Enfin, les souverains ne connaissent ni les besoins, ni les espérances de l'homme ; leurs passions n'ont rien à redouter, leurs vertus n'ont rien à espérer sur la terre ; on ne peut les éloigner du vice, que par des craintes immortelles ; on ne peut les attacher à la vertu que par la promesse d'un bonheur éternel. Les autres hommes trouvent dans le temps un avenir qui les encourage ou les effraie. Le temps et les années ne roulent aux yeux des princes qu'un cercle uniforme de plaisirs et de jouissance ; le temps pour eux n'a point d'avenir, leur avenir est l'éternité. Eh! quel autre que Dieu devrait donc menacer les rois? Quel autre que Dieu peut avoir quelque chose à leur promettre? Otez la religion aux princes vous leur enlevez donc les deux seuls appuis des vertus humaines : la crainte et l'espérance. Otez la religion aux princes, vous les délivrez donc du seul frein qui puisse les retenir. C'est donc à la religion seule qu'il appartient d'enchaîner les passions des rois; c'est à la religion.

Le devoir du prince est de surmonter la tentation du pouvoir, et il ne saurait y prétendre qu'en respectant les lois. Les lois sont une espèce de religion humaine; elles doivent être la base de toute administration. Qu'il me soit permis d'emprunter ici les expressions d'un prince, de ce prince que Dieu nous avait donné dans sa miséricorde et qu'on eût pu regarder comme une marque de sa colère de l'avoir appelé à lui, si nous ne jouissions, sous le règne de Votre Majesté, du bonheur que ses vertus nous annonçaient. « Les lois, disait votre vertueux père, sont des digues faites pour soutenir le trône et contenir le peuple ; leur renversement entraîne toujours la révolte ou l'opposition. C'est alors que l'Esprit saint nous représente les nations chancelantes, comme si elles étaient prises de vin, *turbatæ sunt sicut ebruis*, et que tout s'engloutit, *et omnis potentia devorta est.* » Toute autorité, en effet, ne subsiste que par les lois : dès qu'elle n'est plus appuyée sur les lois, elle s'écroule. L'autorité sans borne est comme une mer sans rivage, où l'on ne trouve point d'asile dans la tempête.

Mais, respecter les lois, ce n'est pas simplement respecter ces lois auxquelles on ne peut porter atteinte sans ébranler tous les fondements de la Constitution, et après quoi, dit le célèbre Bossuet, il ne reste plus que la chute des empires. « Ils croient aussi, dit le Seigneur, avoir endormi ma colère; tous ces prévaricateurs qui n'ont pas épargné l'héritage du pauvre, qui ont dédaigné les plaintes de la veuve, sacrifié l'orphelin à l'homme puissant et qui n'ont pas jugé la loi ; mais ma fureur n'a pas cessé de veiller sur eux tous : *Sed super his omnibus non est adversus furor meus*, et ma main est encore étendue sur leur tête : *et adhuc manus extensa.* » Respecter les lois, c'est donc maintenir tous les droits que nous tenons de la nature et de la société, que Dieu lui-même a mis sous la garde de la constitution politique, et dont le prince est le conservateur. Respecter les lois, ce n'est donc pas de la part du prince seulement maintenir nos droits, c'est les faire respecter par les dépositaires de l'autorité : car, que le prince soit un oppresseur ou que ses ministres puissent l'être, n'est-ce donc pas la même chose ? Et, dès que nos droits seront violés, que nous importe que ce soit par ses ordres ou sous son nom ? Respecter les lois, c'est donc courber indistinctement tous les ordres de citoyens sous le joug des lois ; c'est faire en sorte que le dernier d'entre eux n'ait à craindre que ces lois ; qu'il n'ait à les craindre que lorsqu'il sera coupable, et que, même alors, il n'en puisse craindre que la vigilance et l'inflexibilité. Respecter les lois, c'est respecter les corps politiques où elles se consomment : dépôts sacrés où toujours ramenées et toujours réchauffées, comme le sang dans le cœur humain, elles prennent sans cesse une nouvelle vie. En un mot, respecter les lois, c'est ne jamais souffrir qu'on puisse altérer les formes auxquelles sont soumis et les tribunaux et l'autorité, parce que les unes, faussement accusées d'arrêter le cours du pouvoir, furent toujours nécessaires pour en arrêter les débordements, et les autres, en détournant de nous les coups aveugles d'une justice militaire, dédommagent bien le citoyen des peines qu'elles lui coûtent, par la sûreté qu'elle procure à son honneur, à sa vie, à sa fortune et à sa liberté.

Le devoir du prince est d'éloigner l'intrigue ; le seul moyen c'est d'assurer à la vertu et aux talents le prix qui leur est dû ; que l'on ne voit pas ce spectacle d'injustices dépeint par l'Ecclésiaste : que ce n'est ni au plus agile qu'on confie la course, ni au plus vaillant que l'on remet le soin de la guerre, ni aux plus habiles que l'on donne les richesses, ni aux plus intelligents que l'on fait le plus d'accueil : *Vidi nec velocium esse cursum, nec fortium bellum, nec doctorum divitias, nec artificum gratiam.* Que le prince se déclare si hautement en faveur du mérite, que, pour se produire, il ne soit pas contraint de s'envelopper d'ombres et de se faire pardonner ses services. Que la récompense et les grâces, exportées hors du cercle étroit des favoris, cessent d'être le patrimoine de quelques familles ; aussi nécessaires que la lumière, qu'elles se répandent comme la lumière et versent partout la chaleur et la fécondité ; que ces récompenses et ses grâces ne deviennent pas le prix de l'ambition la plus active et la plus opiniâtre ; qu'inaccessibles même à la sollicitation, elles volent au devant des hommes intègres et éclairés ; que ce soient elles qui les sollicitent, et qu'elles ne laissent entre eux d'autres différences que celles qu'y avaient mis leurs vertus ou leurs talents. Alors, l'intrigue, déconcertée, s'excitera d'elle-même ; alors, une généreuse émulation, s'emparant seule des volontés, ramènera tous les cœurs à la patrie. Insensés que nous sommes ! quand nous voyons les empires bouleversés par l'intrigue, nous nous plaignons de la Providence, et nous ne voyons pas qu'il ne faut nous plaindre que du délaissement où languit la vertu. Quand le mérite est malheureux, disait votre vertueux père, c'est le crime des hommes ou plutôt celui des princes. C'est à eux seuls à le réparer ; eux seuls en ont les moyens : honneurs, opprobres, richesses, disgrâces, titres, punitions, tout ce que les hommes craignent ou espèrent ici-bas est entre leurs mains ; par une espèce de magie, les choses qui, de leur nature n'ont aucune valeur sont briguées auprès d'eux comme des récompenses ; en un mot, un sourire, un coup d'œil de leur part commandent les prodiges et enfantent les héros.

Mais si cette obligation lia jamais un prince, c'est sans doute vous, Sire, vous, souverain d'une nation chez qui l'amour et le respect pour les maîtres, devenus une espèce de culte, leur donne cet avantage qu'ils n'ont pas besoin de punir pour se faire craindre, ni de récompenser pour se faire aimer : nation ardente, nation généreuse, nation faite pour obéir à un seul et dominer l'univers : nation née pour les succès. En vain, on calomniera sa légèreté, et la nation sera susceptible de toute espèce de gloire ! Semblable à ce cristal incapable de garder les rayons de la lumière tant que le métal fluide qui doit les contenir erre sur sa surface, et que ce métal, une fois fixé, rend propre à réfléchir tous les objets.

Le devoir du prince est d'acquérir la connaissance des hommes, et l'amour de la vérité est la seule voie qui puisse l'y conduire ; mais cet amour pour la vérité, il faut qu'il soit courageux et sincère, prudent et pourtant généreux, constant et surtout qu'il n'ait pas pour terme le centre de sa cour.

Amour sincère, car tel est l'orgueil chez tous les hommes, que même lorsqu'ils recherchent la vérité, ils la redoutent et qu'ils ne l'interrogent que dans l'espoir de la trouver favorable. Que de rois disent comme le roi d'Israël au prophète :

« Je vous conjure, au nom de Dieu, je vous conjure, de ne me dire que la vérité. » *Iterum atque iterum adjuro te ut non Loquaris nihi nisi quod verum est ;* et qui, après l'avoir entendu, disent comme lui : *Tollite virum istum.* « Qu'on éloigne cet homme! » Amour même courageux, car que peut-il attendre de la vérité, s'il n'ose l'envisager sans voile et s'il faut pour la lui découvrir autant d'adresse que pour la lui cacher ? Amour prudent : les princes ne doivent recevoir la vérité qu'avec circonspection ; leurs jugements peuvent être si funestes ; ils ont si peu de moyens pour en revenir ; il leur est si facile de se tromper ! Amour constant, car la vérité est comme la vertu, il ne faut qu'un instant pour la perdre, il faut des années pour la recouvrer. Amour généreux, car il ne méritera point d'amis, s'il retient sa confiance. Amour sage pourtant, car que seront ses amis s'il la prodigue ? Il est aussi dangereux d'admettre indistinctement tous les hommes dans sa confiance que de n'en admettre aucun. Amour, surtout, qui n'ait pas pour terme l'enceinte de la cour : Que sera la vérité présentée par des hommes qui veulent élever l'édifice de leur fortune, ou qui peuvent voir celui qu'ils ont élevé renversé d'un seul mot, osons le dire.

D'ailleurs, ce n'est que dans les campagnes que les princes peuvent voir leurs Etats ; c'est là qu'ils auront la consolation de sentir qu'on peut estimer les hommes ; c'est là qu'ils apprendront à les aimer ; c'est là surtout que les gémissements de l'homme aux prises avec ses besoins viendront retentir dans son cœur ; c'est là qu'ils apprendront à gémir sur les fléaux qui agitent leurs peuples, qui les dessèchent, qui les dévorent ; c'est là qu'ils apprendront à frémir surtout des attentats du pouvoir, parce qu'ils en entendront de tous côtés des accusateurs non suspects : le silence et la misère. Enfin, le devoir du prince est de remédier à l'inégalité des richesses. Loin de moi cette philosophie jalouse qui veut anéantir tous les rangs ! Sans doute, ils sont nécessaires pour établir cette action graduelle et réciproque qui fait descendre continuellement du prince vers les peuples la protection et les bienfaits, et remonter des peuples vers le souverain l'hommage de leur respect et de leur amour. C'est l'échelle mystérieuse de Jacob qui, appuyée contre le trône de Dieu, établissait une communication entre le ciel et la terre : ôtez-la ! entre le peuple et le souverain, il n'y aura plus qu'un abîme.

Quand je dis remédier à l'inégalité des richesses, je veux dire leur donner assez de pente pour qu'elles puissent couler librement jusqu'aux malheureux. Eh ! quelle est la part qu'ils demandent de ces richesses ? Que leur faut-il pour qu'ils bénissent leur sort ? Ils ne demandent point que l'or, la pourpre et la soie brillent dans tous leurs vêtements, comme ces enfants de Lévy que le Seigneur consacrait au service de ses autels. Le peuple est content lorsque le lin couvre sa nudité. Il ne demande point comme les grands que sa demeure soit un temple plus magnifique que celui de l'Eternel : comme *le Fils de l'homme, il ne cherche qu'une pierre où il puisse reposer sa tête*. Il ne demande point que l'excès des plaisirs corrompe son âme ; il demande seulement de ne point périr par l'excès des besoins et de la misère : qu'on laisse un champ libre à son industrie, que la patrie lui réponde en tous temps et de son travail et de son salaire, qu'il n'ait à redouter ni les vexations sourdes, ni les dévastations de l'impôt, ni toutes ces exactions odieuses qui, comme le disait votre vertueux père, sont bien plus contraires encore à l'humanité que les impôts mêmes ; qu'il n'ait à redouter que les fléaux du ciel, et qu'alors il retrouve dans vos bienfaits la Providence. En un mot, que, de loin en loin, on laisse tomber quelques consolations sur la longue chaîne de douleur qui compose ses jours : voilà ce qui lui suffit. Mais quand vous ne seriez pas effrayé de la corruption des mœurs dont vous menacent ses besoins méprisés, la raison ne vous crierait-elle pas de voler à son secours ? Ce sont vos sujets, ce sont des citoyens, ce sont des hommes ; ce sont des hommes, les bienfaits de la nature sont donc aussi leur héritage ; ce sont des citoyens, ils doivent donc avoir part aux avantages que promet la société ; ils sont vos sujets, ils sont donc aussi bien vos enfants que ces grands qui vous environnent ; ils ont donc le même droit à vos secours et à vos soins. Mais quand même la raison n'élèverait pas ici sa voix, les souverains pourraient-ils méconnaître celle de l'humanité ? Quoi ! il existerait des êtres qui ne tiendraient à la vie que par les amertumes et les humiliations ? Grand Dieu ! n'auriez-vous donc jeté sur la terre cette multitude d'hommes que pour amuser l'oisiveté criminelle de quelques-uns de leurs semblables ? Non, non ! Vous l'avez vous-même annoncé aux princes qu'ils ne devaient leur élévation qu'aux besoins des peuples ; qu'ils ne sont, pour ainsi dire, que les hommes du peuple.

Ainsi donc, tous les devoirs des princes se réduisent à l'amour de la religion, de la justice, des peuples et de la vérité. Dès qu'il veillera dans leur cœur cet amour, le gouvernement recevra toutes les formes heureuses que sa nature lui permet de revêtir ; alors, vraiment digne de sa conservation, pur comme la divinité dont il est l'image et le ministre, le prince appliquera sans obstacle ses qualités à la conservation du dépôt commis à ses soins. Les talents et les vertus se prêtant la main pour former des citoyens dignes de partager ses travaux, l'administration ne sera plus dirigée que par des hommes intègres, des hommes éclairés, de ces hommes appelés des dieux par Dieu lui-même ; qui, dépouillant, en effet, l'humanité, comme pour revêtir une nature supérieure et confondant leur existence toute entière dans l'existence de la patrie, n'auront plus pour pensée que l'ordre public et le bonheur de tous pour espérance. La vertu les aura appelés aux nobles fonctions du ministère. La vertu les y soutiendra. Quand il faut mériter les places pour les obtenir, il faut pour s'y maintenir continuer de les mériter. Distribués dans les divers postes où les appelle leur génie, ils ne disputeront que de sagesse et de vigilance ; partout règnera l'ordre, partout l'harmonie ; malheur aux prévaricateurs ! L'œil du monarque sans cesse ouvert les environne par une espèce de prodige. Les courtisans devenus les ministres de la vérité, assis sur les marches du trône, fixent aussi souvent leurs regards sur le peuple que sur le souverain. Ainsi, ce peuple n'a plus à redouter ceux qu'il doit élever au-dessus de lui ; il en reçoit même les secours qui nourrissent son industrie, comme les vallées reçoivent les eaux qui les fécondent des roches qui les dominent. Il est libre et dans l'abondance, il est donc innombrable ; car, produits par un règne de bienfaisance et de justice, les hommes naissent toujours en foule, pour en jouir, et sans méfiance, comme sans inquiétude, heureux de ses besoins qu'il peut tous satisfaire, heureux de ses travaux dont il est sûr de recueillir le fruit, il vit paisible et vit content sous la garde des lois. Ne craignez point que ce ne soit là que la félicité d'un moment. Les empires, dit-on, soumis au sort de l'homme, vieillissent comme lui · chaque génération rajeunira celui que les vertus du prince auront ainsi fondé; la force de l'Etat naîtra perpétuellement de sa force; sa prospérité de sa prospérité, et, porté à ce degré de perfection où elle peut seule atteindre, la royauté s'élèvera comme cet arbre auquel l'Esprit saint lui-même la compare. Arbre robuste, immense, qui, placé au centre du monde et touchant aux cieux, était aperçu de toutes les parties du globe: *Aspectus illius usque ad terminos universæ terræ*. Sous son ombre protectrice erraient en paix l'homme et les animaux: *Subter eam habitant animalia et bestia*. Sur ses branches fécondes, les oiseaux semblaient chanter le bonheur qu'il prodiguait à tous les êtres: *in ramis ejus conversabantur volucres cœli;* et ses rameaux rendaient en fruits nombreux les sucs que ses racines avaient empruntés de la terre; déjà l'abri commun, il était l'aliment universel: *Et vescebatur omnis caro.*

O vous, prince, dont le règne tout à la fois sage et brillant nous promet déjà ce consolant spectacle, ne perdez jamais de vue les devoirs que votre rang vous impose.

Rendez la justice, la justice qui, comme dit l'Esprit saint, doit être le vêtement des rois. Mais ce n'est pas assez que vous soyez juste vous-même: souvent ces sujets infortunés dont vous vous croyez le père, des tyrans subalternes vous en rendent le fléau; souvent ces armes que vous confiez pour faire trembler l'ennemi ne blessent que le citoyen. O prince! vous avez donc encore à répondre des injustices qui se commettent à l'ombre de votre autorité. Car, le mal que les souverains permettent ou qu'ils ne punissent pas est consigné dans le livre des vengeances, comme celui qu'ils font, et la voix des malheureux qui en auront été les victimes s'élèvera également pour déposer contre eux devant l'Eternel. O prince! ayez donc toujours l'œil sur les instruments de votre pouvoir, et que votre vigilance les suive de si près qu'elle les avertisse presqu'aussitôt que leur conscience. Protégez les lois: vous êtes constitué leur pontife; vous devez donner le premier l'exemple du respect qui leur est dû. Songez, d'ailleurs, qu'elles ne sont pas seulement l'égide des peuples, mais la base sur laquelle votre trône est assis; qu'ainsi, violer les lois dans un prince est un attentat contre lui-même, et que lui persuader de mettre à leur place ses volontés, c'est une conspiration contre lui.

Soyez économe: vous n'êtes que dépositaire; mais que votre économie soit féconde, qu'elle n'arrête point autour du trône toutes les richesses de l'Etat.

Que deviendrait la terre si l'Océan ne lui rendait les eaux qu'il en a reçu ! soyez bienfaisant : c'est une dette que vous contractez avec vos sujets toutes les fois que vous prélevez des subsides ; mais dans la répartition de vos largesses, mettez une différence entre celui qui apporte à la tâche commune ses talents et ses travaux, ou celui qui n'apporte que sa brillante inutilité. Songez que la libéralité des rois ne consiste pas à enrichir les favoris qui les entourent, mais à soulager le peuple, parce que c'est réellement chez le peuple qu'ils puisent leurs trésors, et que puiser du peuple pour reverser sur les grands, c'est tarir des ruisseaux salubres et nécessaires pour grossir des lacs inutiles et dangereux. Enfin, et c'est ici que doivent se concentrer tous les mouvements de votre âme : pour l'exemple, pour l'harmonie, et la sûreté de l'Etat, pour le bonheur des peuples, pour le maintien de votre autorité, pour la paix de votre conscience, et surtout pour la consolation de vos derniers moments, faites respecter la religion, parce que la religion, législation éternelle, est la seule dont le méchant ne peut se flatter d'éluder la justice, la seule immuable, la seule à qui nulle passion n'a pu échapper, qui les atteint dans vos palais comme sous le chaume, dans la nuit du secret comme à la face de la terre : la religion est le ministre le plus juste et le plus vigilant des souverains, l'ami le plus constant des peuples ; en un mot, le besoin de tout l'univers (1).

---

(1) Papiers de famille.

Pièce n° 5

PLAIDOYER DE L'ABBÉ D'ESPAGNAC

DEVANT LES JUGES QUI ONT PRONONCÉ LE JUGEMENT

DU 21 FÉVRIER 1793.

Messieurs,

C'est en sortant du palais des rois, où la justice dictait ses arrêts à côté de la force, que j'aborde à ce tribunal, et je me compare à un navigateur qui trouve un port après la tempête. Je plaidais contre deux particuliers devant les tribunaux ordinaires et le gouvernement s'appropriant ma cause me force de plaider devant lui. Il était le débiteur de ceux que je poursuivais et il voulut être mon juge ; je l'attaquais et il prononçait. Alors mon procès devait faire quelque sensation dans une cour où il rappelait d'importants souvenirs. La cause d'un simple particulier avait été portée dans l'assemblée des notables. Là, l'intrigue s'en était emparée pour la faire servir à la chûte d'un ministre, à l'élévation d'un autre, et, celui-ci, de faute en faute nous conduisit aux États généraux qui, jusque-là, n'étaient qu'un vain nom et dont nous avons su faire quelque chose. Sous ce rapport, mon procès, si prochainement lié à une mémorable révolution, ne sera pas étranger à l'histoire de ces temps modernes et j'ai besoin d'un aussi grand intérêt, dont mon récit pourrait manquer sous ce rapport ; aussi, je pardonne à mes calomniateurs et à ma destinée, et, en réfléchissant à la part d'influence que les évènements de ma vie ont eu sur la régénération actuelle, je me suis dit souvent : qu'importe l'attentat commis sur la propriété, puisqu'on l'a violée à ce prix ?

Ma cause, Messieurs, pourrait être exposée en très peu de mots, car elle est fondée tout entière sur deux principes : il faut rendre le bien d'autrui, il faut réparer le dommage qu'on a causé ; j'avais une propriété, on me l'a enlevée avec la portion du prix que j'en avais payé, c'est cette avance que je réclame. J'avais fait une spéculation et l'on s'en est emparé, en me privant du bénéfice que j'aurais pu faire. Je demande ce bénéfice et la réparation de ce dommage ; c'est à ces idées si simples que je ramènerai toujours mes adversaires, et avant de pouvoir me combattre, je les prierai de détruire les premières notions de la justice de tous les codes de la terre. Mais je dois à mes juges, je dois au public de plus grands détails.

Les actions de la nouvelle Compagnie des Indes créées au nombre de vingt mille, le 14 avril 1785, avaient été portées, le 21 septembre 1786, à quarante mille; mais sur cette quantité trente-sept mille sept cents seulement étaient livrées à la circulation et trois mille devaient toujours rester déposées à la Compagnie.

J'avais acheté, de société avec plusieurs personnes, vingt-cinq mille de ces actions, dans le courant d'octobre et de novembre, mais, à cette époque, vingt-quatre mille de ces mêmes actions venaient d'être achetées par une autre société, dont les sieurs Pyron et Seneff étaient les prête-noms qui étaient chargés en secret par le gouvernement de réunir un grand nombre d'actions pour en soutenir le cours, et qui, pour cet objet, avaient reçu du Trésor royal une somme de 6,900,000 francs.

Les sieurs de Seneff et Pyron me proposèrent ou de m'associer à eux ou de leur vendre mes actions : je préférai ce dernier parti. Je leur en vendis dix-huit mille, le 21 décembre, à 1,450 francs ; ce qui en réunissait dans leurs mains quarante-deux mille, et par conséquent deux mille de plus qu'il n'y en avait en circulation.

Le bruit de cet accaparement déconcerta d'abord tous les vendeurs d'actions ; et, en effet, le comptant s'éleva jusqu'au prix de 1,700 francs, mais les sieurs de Seneff et de Pyron, sentirent bientôt que pour réunir la totalité d'une marchandise il ne suffit pas de l'acheter tout entière, qu'il faut encore en déposséder les vendeurs, qu'il faut la renfermer au même instant dans des magasins à soi ; ils se virent forcés de vendre une partie des actions qu'ils avaient achetées.

Quant à moi, après avoir profité de la hausse de l'action pour vendre une partie de celles que j'avais encore, je plaçai le reste dans un compte à denier que je fis avec le sieur Baroud. Cette nouvelle société était formée de quatre mille neuf cent cinquante actions en engagements de divers, et de six mille en engagements du sieur Duplain, cette quantité était certainement peu considérable; cependant, loin de vouloir l'augmenter, nous prîmes mes associés et moi la résolution de nous en défaire entièrement et de jouir en repos des gains immenses que cette spéculation nous avait procurés.

Mais pour quel homme y a-t-il un lendemain, dont il puisse répondre?

Deux propositions nous furent faites en même temps, le 21 janvier 1787, par les sieurs Pyron et Seneff, et par les sieurs Duplain de Sainte-Albine : les premiers voulurent nous vendre quinze mille actions à 1,500 francs, le second nous offre : 1° d'annuler, au prix de 1,625 francs les six mille actions qu'il nous devait; 2° de lui céder au même prix de 1,625 fr., pour en former une société avec nous les quatre mille neuf cent cinquante qui nous étaient dues : ces deux propositions nous parurent avantageuses et nous les acceptâmes; seulement nous vendîmes sept cents actions de moins du sieur Duplain, pour remplacer une pareille quantité, sur laquelle des faillites ne nous permettraient pas de compter.

Douze jours après, les sieurs de Seneff et Pyron nous en offrirent de nouveau au prix de 1,500 fr., dix-sept mille cinq cents qui leur restaient. Nous vîmes dans l'achat qui nous était proposé le moyen de nous élever, non pas à l'opération tentée par les sieurs de Seneff et Pyron, mais à l'opération grande et sage de réunir matériellement dans nos mains la totalité des actions et de les garder jusqu'à la fin du privilège de la Compagnie, nous acceptâmes encore cette proposition. Enfin le sieur Duplain, effrayé de la hardiesse de notre plan, refusa bientôt de le partager. Il désira de rester seul propriétaire des quatre mille deux cent cinquante actions que nous lui avions cédées, et nous y consentîmes, mais sans renoncer à suivre notre spéculation dans toute son étendue, ce qui nous obligea de remplacer par de nouveaux achats les quatre mille deux cent cinquante actions que le sieur Duplain réclame. Nous fîmes plus, le 12 février, c'est-à-dire dix jours après l'achat que nous venions de faire des sieurs Pyron et Seneff, le sieur Coindre, agent de change, vint nous proposer de céder seize mille de nos actions au prix de 1,650 fr., le bénéfice était de 150 fr. par action, c'est-à-dire de 2,400,000 fr. On offrait de nous payer aux mêmes époques que nous devions payer nous-mêmes, ce qui nous évitait toute espèce d'embarras, et l'acheteur donnait 2,000,000 pour la sûreté du marché, ce qui en rendait l'exécution irrévocable. Ces conditions tout avantageuses qu'elles étaient, furent refusées par nous, et bien loin de vendre aucune action, nous cherchions, dès ce moment, à remplacer le déficit de celles que le sieur Duplain avait exigées.

En effet, dans le courant de février et au commencement de mars, nous achetâmes, non pas simplement quatre mille deux cent cinquante actions, mais les quatre mille cinq cents qui nous manquaient; et telle était notre situation à cette époque qu'ayant en réserve, et les quatre mille deux cent cinquante que nous devions remettre au sieur Duplain à sa réquisition, et les sept cents que nous avions gardées pour remplacer celles dont nous pouvions être privés par des faillites, nous étions propriétaires de trente-sept mille actions.

Nous nous occupions de faire mettre en règle tous les engagements qu'on avait pris avec nous, soit pour les actions, soit pour les moyens de les payer à chaque échéance, lorsque deux négociants vinrent nous apprendre que moins hardis que nous, mais aussi confiants sur la valeur des actions des Indes, ils étaient les chefs de deux sociétés, propriétaires, l'une de neuf mille trois actions, l'autre de cinq mille cinq cents, formant en tout quatorze mille cinq cent trois, et que les numéros ou les dépôts qui leur avaient été indiqués par les vendeurs formaient double emploi avec les trente-sept mille que nous possédions.

Ils avaient un trop grand intérêt à s'associer à nous, pour qu'ils ne nous en fissent pas la proposition : aussi la firent-ils, se soumettant même à suivre notre plan et n'y avoir de part que dans la proportion de la mise d'actions qu'ils apporteraient à la société.

Nous hésitâmes quelque temps; cependant une réunion ainsi consentie ne detruisait pas, en effet, notre plan et l'enrichissait d'une épisode très lucrative, si nous étions plus heureux que les sieurs de Seneff et Pyron ; nous consentions donc à réunir les trente-sept mille actions que nous avions achetées aux quatorze mille cinq cent trois qui n'auraient pas dû exister, et le 17 mars 1787, j'avais terminé, par écrit, avec les propriétaires des neuf mille trois, et de parole, avec **ceux de cinq mille cinq cents.**

Tel est, Messieurs, l'énoncé fidèle de toutes les opérations qui constituent la cause que je plaide devant vous.

Vous voyez que depuis le mois d'octobre 1786 jusqu'au 16 mars 1787, j'ai fait trois opérations différentes sur les actions de la nouvelle Compagnie des Indes.

La première, où j'ai acheté et revendu les deux tiers de ce qu'il y avait de ces sortes d'actions sur la place.

La seconde, où j'en ai acheté la totalité.

Et la troisième où j'en ai acquis quatorze mille cinq cent trois de plus qu'il n'y en avait.

Ce peu de mots, une telle masse d'actions exigeant de débourser une somme si énorme, introuvable pour de simples particuliers, et je pourrais même dire pour quelques rois, suffisent déjà peut-être, Messieurs, pour vous rappeler toutes les calomnies dont le gouvernement sut me rendre l'objet, mais non pas le but, quand il lança contre moi les cent bouches de la renommée, en prenant soin de fermer la mienne, et vous ne voyez dans l'exposé que je viens de faire que ce coupable monopole, ces immorales combinaisons dénoncées à l'assemblée des Notables, sous la qualification générale d'agiotage, comme les escroqueries les plus audacieuses qui, jusqu'alors, eussent été connues et dont je n'avais pu avoir l'extravagante idée, qu'en ayant les revenus de l'Etat à mes ordres ou sur une différence atroce sur le choix des moyens.

Mais après tout ce qui a été dit et écrit contre moi, j'avoue, Messieurs, qu'une prévention défavorable est si naturelle que je dois bien moins songer à m'en plaindre que chercher à la combattre ; il est même inutile que je pousse plus loin mon récit, si, dès le premier pas, je ne détruis point ce fantôme qui étourdirait votre attention dans tous les détails de ma cause ; j'aurais beau vous peindre le despotisme, quoiqu'aussi prêt de sa chute, se jouant de l'homme et de la liberté des citoyens, les propriétés commerciales violées sans remords, l'intrigue et la corruption des cours préparant les actes arbitraires, un ministre sacrifiant l'intérêt de l'Etat pour justifier son élévation et servir sa vengeance ; une préoccupation involontaire viendrait affaiblir l'intérêt que ces grands objets ont le droit d'exciter ; un regret resterait dans votre âme : il pèserait sur la mienne, et lorsque jetant par écrit quelques idées sur ma cause, j'en ai pu tracer dix lignes sans placer avant tout la justification de mon projet, j'ai sans doute fait par l'instinct de ma propre défense ce que les règles de l'art auraient suffi pour me commander.

Les trois spéculations que j'ai formées, depuis le mois d'octobre 1786 jusqu'en mars 1787 ; les actions des Indes étaient-elles des spéculations du nombre de celles que la raison, la morale et l'usage du commerce ont introduites chez tous les peuples ? Ces spéculations n'étaient-elles pas expressément autorisées par les lois françaises pour toute personne quelle qu'elle fût ? Utiles à ses auteurs pouvaient-elles nuire au gouvernement ? La fortune et les moyens de quelques particuliers suffisaient-ils pour les réaliser ? Les bénéfices qu'elles présentaient étaient-ils si peu certains qu'il y eût de la folie à l'entreprendre ? Ne pouvions-nous pas obtenir ces bénéfices sans faire tort à personne ? Voilà les questions que je suis impatient de résoudre pour ne laisser aucun asile à la la prévention.

En général, toute spéculation est permise par les lois toutes les fois qu'elle n'est pas expressément prohibée.

Depuis que l'inégalité des fortunes a été introduite, et je crois que cette époque remonte au lendemain de l'établissement des sociétés, les grandes fortunes ont toujours été formées par la réunion des petites, et chacun sait qu'il s'est formé de grandes fortunes. Les propriétaires qui ont réuni plusieurs terres de plusieurs lieues d'étendue (c'était autrefois des fiefs) ont sans aucun doute fait l'acquisition d'un très grand nombre de petites propriétés ; car, à coup sûr, le parti social n'avait pas fait les lots aussi considérables ; le riche armateur qui a cinquante navires sur les mers a nécessairement absorbé aussi un grand nombre de propriétés. Mais dans l'ordre social toutes ces inégalités se compensent ; l'armateur est obligé de nourrir des milliers de matelots et les propriétaires de terres des familles de cultivateurs. Un jour, les fermiers de celui-ci achèteront ses terres et les commis de l'autre ses vaisseaux : ainsi les grandes acquisitions se font et se défont sans cesse. Le vent qui a fait en quelques heures une montagne de sable en fait une plaine en peu de temps, et la société, malgré tous ses amoncèlements, quelquefois monstrueux, de capitaux en terre ou marchandise n'en subsiste pas moins depuis quatre ou cinq mille années.

Voyons si ces principes s'appliquent à l'acquisition des

contrats, les contrats dans une propriété comme les terres. Le contrat d'une petite somme, comme le contrat d'une grande somme, ou la réunion de plusieurs contrats, sont une grande propriété. Si tout homme a le droit de vendre la reconnaissance d'une somme qui lui est due, tout autre particulier, quoi qu'il en possède déjà d'autres pareilles, a par conséquent le droit de l'acheter ; interdire l'achat serait prohiber les ventes, il n'y aurait plus alors de propriétés. S'il y a des millionnaires en fonds de terres, il y aura aussi des millionnaires en capitaux, et ceux-ci ont été nécessairement les acquéreurs des sommes dues par un très grand nombre de particuliers ; chacun est libre de composer sa fortune comme il l'entend, l'un vend des terres, l'autre des maisons, celui-ci des marchandises, celui-là des lettres de change, un quatrième ne vend que des capitaux ou des contrats sur des particuliers, un cinquième que des contrats sur l'Etat, un sixième préfère, parmi ces derniers contrats, ceux qui ont un bénéfice éventuel et qui sont connus sous le nom d'actions : or, tout homme qui réunit une grande quantité d'éléments de fortune de la même espèce, a nécessairement fait un grand nombre d'acquisitions, et pourtant on ne peut blâmer aucun de ces hommes-là ; car il n'est pas plus criminel d'être fort riche en une seule espèce de biens que de ne pas en avoir du tout.

Il n'y a donc aucune différence entre la réunion très licite de plusieurs fonds de terre et la réunion de plusieurs contrats ou capitaux. Il y a plus : c'est qu'en réglant nos jugements d'après l'utilité commune, il y a bien moins d'inconvénients pour la société à former une grande fortune avec des contrats qu'avec des terres. Il y a toujours un certain danger, dans un Etat libre, qu'un homme prenne une si grande place sur la surface d'un sol qui doit fournir à tous une subsistance, commune propriété, qui donne le premier, le plus important des droits politiques ; tandis que la possession des contrats est de la fortune il est vrai, mais de la fortune sans puissance ; et si n'était l'impossibilité qu'un homme cultive avec ses mains un espace de terre très considérable en corrige cet inconvénient, on pourrait peut-être le trouver grave. Mais cet inconvénient même n'a pas lieu pour l'acquisition des contrats.

Un contrat de rente ou une obligation à terme ne représente qu'une somme due par Pierre à Jacques ; or, si Jacques veut la vendre, il importe fort peu à la société qu'il cesse d'en être créancier et que ce soit Paul qui le devienne ; il importe également fort peu que vingt particuliers doivent à vingt autres particuliers plutôt qu'à un seul ; il y a plus, j'ai dit que toute reconnaissance représente une somme due, mais je dois ajouter que toute somme due représente, ou les fonds de terre d'un débiteur, ou ses marchandises, ou son industrie.

Dans le premier cas, l'achat d'un contrat est une acquisition, non pas de la terre du débiteur du contrat, mais d'une hypothèque sur sa terre, et ce genre de contrat a bien moins d'inconvénients que la réunion, quoique très licite, des fonds de terre.

Dans le second cas, l'acheteur de la reconnaissance acquiert un droit sur les marchandises de son débiteur, il fait moins que les acheter ; or, personne ne doute qu'il ne puisse les acheter.

Enfin, dans le troisième cas, le créancier fonde son espérance sur l'industrie du débiteur, et il faudrait dissoudre la société pour rompre cette chaîne qui lie les individus les uns aux autres ; encore, si l'état social était rétabli sur un plan quelconque, il faudrait s'attendre à voir recommencer cette chaîne quelques jours après.

Ce que j'ai dit sur les contrats en général s'applique parfaitement aux contrats sur l'Etat. Car, aussitôt qu'un gouvernement devient emprunteur, ses dettes sont à l'instar de celles de tous les particuliers ; aussi, dans tous les temps, on a vu de très grandes fortunes se composer exclusivement de ces sortes de contrats, et il est évident que la société en retire un grand avantage. Quand l'Etat absorbe et reçoit 100,000 écus qui lui viennent d'une seule main, l'agriculture et l'industrie en souffrent moins que si cent particuliers avaient donné chacun 1,000 écus : on sait qu'en économie politique ce sont les petites sommes qui sont proportionnellement plus actives et plus productives.

On peut donc acheter les contrats sur l'Etat, comme on achète des marchandises, ou des terres, ou des maisons, ou des contrats sur des particuliers, et on peut en réunir dans ses mains un très grand nombre : ou plutôt on peut en acheter tel nombre que l'on veut.

Mais pouvait-on acheter de même ceux des effets royaux,

qui sont connus sous le nom d'actions, et notamment les actions de la Compagnie des Indes? Ce n'est pas sans dessein que je me fais cette question, car je suis bien aise de montrer que tous les motifs que j'ai allégués pour la vente des autres contrats s'appliquent à plus forte raison à ceux-ci. Les actions des Indes sont des reconnaissances d'une somme donnée pour faire un certain commerce: ces actions sont une propriété, et il est de l'essence de toute propriété de pouvoir être vendue par celui qui l'a achetée et par celui qui veut l'avoir.

Si on considère ces actions comme des contrats sur l'Etat, on peut acheter un grand nombre ou plutôt un tel nombre que l'on veut, je l'ai prouvé.

Si on les considère comme des mises de fonds dans une société, les arguments deviennent encore plus forts, car tout le monde sait que l'homme peut vendre son intérêt social quand les clauses primitives de l'acte de société n'y mettent aucun obstacle; chacun sait qu'une société de commerce peut être composée de cent personnes comme de vingt et de vingt comme de trois.

Considérons les actions des Indes dans leur nature, dans leur forme, leur but, dans leurs effets; dans leur nature, ce sont des mises de fonds, des portions d'intérêt, des avances ; par conséquent, elles ont la nature de tous les contrats, de toutes les propriétés et sont transmissibles comme elles ; ce qui n'a d'autres bornes que la fortune ou les ressources et le crédit de l'acheteur; dans leur forme, les actions des Indes ne sont que des reconnaissances faites au porteur, or, peu importe à l'Etat de savoir quel est le porteur. et cette forme prouve assez qu'on a eu pour objet d'en faciliter la circulation la plus rapide : considérées dans leur but et dans leurs effets, les actions des Indes représentent une avance dont l'objet est de faire exclusivement un certain commerce; au lieu de faire des actions de 1,000 fr., on aurait pu, à l'époque de l'établissement de la Compagnie, en créer de 2,000 fr., et au lieu de deux mille actions, il n'y en aurait plus eu, pour lors, que mille ; on aurait pu les porter à 100,000 livres, il n'y aurait eu que deux cents actionnaires; si chacun d'eux avait voulu réunir dix actions, il n'y aurait eu bientôt que dix associés. Qu'importait à l'Etat que les actions fussent d'une valeur de 1,000 livres ou de 20,000, et qu'elles fussent partagées entre vingt mille personnes ou rassemblées par quelques-uns? Si, dans le principe, on n'a porté les actions qu'à 1,000 livres, c'est qu'on a cru trouver par ce moyen plus de facilité à remplir la somme totale des avances, et non parce que l'on a voulu les répartir entre plus de mains; car tout, à cet égard, était indifférent pour l'Etat.

L'État ne pouvait voir qu'une chose dans les actions des Indes : l'intérêt de faire faire le commerce de l'Asie d'une manière régulière et systématique par le moyen d'une Compagnie exclusive, au lieu de laisser à des particuliers le soin de le faire sans ordre ou d'y renoncer sans motif. Soit que les actions fussent réunies dans quelques mains, ou divisées dans un très grand nombre, la Compagnie restait la même ; les procédés étaient toujours les mêmes, les administrateurs étaient permanents ; c'étaient là les véritables associés et tous les autres porteurs d'actions n'étaient que des commanditaires. Outre cela, une fois que les actions des Indes étaient devenues des propriétés particulières, il n'était plus au pouvoir d'aucune puissance d'empêcher que ces propriétés ne fussent vendues, par conséquent réunies, et tout cela était nullement sans danger ; la réunion, l'achat et la revente pouvaient se faire, sans que personne même en eût connaissance. Vous voyez en procès que lorsque je voulus acheter trente-sept mille actions, j'ignorais qu'une maison de commerce en avait déjà réuni plus de neuf mille et une autre cinq mille cinq cents, — et ce que je ne savais pas dans ce genre, beaucoup d'autres aussi pouvaient l'ignorer. Il y a plus, c'est que les actions des Indes ne pouvaient même pas être comparées aux contrats sur le gouvernement, puisque l'État n'en était pas le débiteur. Ces actions n'étaient, dans le fait, que de véritables propriétés particulières, semblables à toutes les autres ; le débiteur des actions, c'était la Compagnie, l'hypothèque des actions était le privilége exclusif de cette Compagnie ; ses établissements dans l'Inde, ses navires, les cargaisons de ces navires, les marchandises déposées à l'Orient, voilà ce qu'on achetait en achetant une action ; or, on n'aura pas à soutenir qu'un chacun ne soit libre d'acheter en telle quantité qui lui convient des marchandises de luxe, des navires et des cargaisons : rien ne s'opposait donc à l'achat d'un grand **nombre d'actions de la Compagnie des Indes, ni l'intérêt de cette Compagnie, ni l'intérêt privé, ni l'intérêt public** ; dès que chaque actionnaire avait le droit de vendre sa mise, un seul (comme tout le monde) avait le droit de l'acheter.

Au reste, rien ne prouve mieux sous quel rapport il faut considérer l'action des Indes que l'arrêt même qui porte établissement de la Compagnie. Suivant cet arrêt, rendu le 14 avril 1775, la Compagnie est représentée comme une *association en commandite*, agréé par le gouvernement, pour faire seule, pendant sept années, le commerce de l'Asie. D'après ce même arrêt, et je me sers encore de ses expressions, les actions ne sont autre chose que les *reconnaissances de vingt millions* de fonds que doivent avancer les personnes qui voudront s'intéresser dans ce commerce. Ces reconnaissances, fixées au nombre de vingt mille par cet arrêt et de 1,000 francs chacune, n'y sont désignées que sous le nom même de *portions d'intérêts*. Le modèle de ces reconnaissances annexé à l'arrêt contient, sous le titre de : 1er, 2e, 3e, 4e, 5e, 6e et 7e dividende d'une portion d'intérêt, les sept répartitions auxquelles le porteur a droit dans les bénéfices que l'on suppose ; elles devaient être faites sur les expéditions des sept années de priviléges. Sur le revers de ces reconnaissances, il est écrit en gros caractères : *Portion d'intérêt de la Compagnie des Indes*, et au bas : *Le porteur est intéressé dans la Compagnie des Indes pour une portion d'intérêt de mille livres ;* enfin, il est ordonné par les articles 24 et 25 que les administrateurs arrêteront, tous les ans, le bilan général des affaires de la Compagnie ; que la minute en restera déposée entre les mains de son caissier, où chaque intéressé aura le droit d'en prendre la communication ; que, pour parvenir à la fixation du dividende, les administrateurs arrêteront un compte détaillé des bénéfices des expéditions et que, sur ce calcul, l'administration générale aura le droit de déterminer, à la pluralité des suffrages, le dividende de chaque portion d'intérêt pour l'année courante, sans que dans aucun cas, ce dividende puisse entamer le capital de la Compagnie.

C'est donc dans l'arrêt même qui a créé les actions des Indes qu'on trouve les preuves que ces actions n'étaient que des mises de fonds ou des portions d'intérêt dans le commerce que faisait cette Compagnie ; qu'elles ne représentaient que les avances faites à ce commerce, et que le privilége exclusif accordé à cette Compagnie, ses établissements, ses navires, ainsi que ses marchandises étaient l'hypothèque de ces avances.

Mais c'est aussi dans cet arrêt que l'on trouve la preuve que ces actions pouvaient être loyalement réunies dans peu de mains, et, en effet, il est dit dans l'article 27 de cet arrêt : *que tout administrateur aura deux voix, s'il est propriétaire de mille actions, trois, s'il en a mille cinq cents et quatre, s'il en a deux mille, sans qu'il puisse pourtant avoir un plus grand nombre de voix, pour les actions qu'il aura au-dessus de deux mille. Cet article n'a pas besoin d'être commenté ; il est bien évident que chaque administrateur pouvait acheter plus de deux mille actions ; or, comme il y avait douze administrateurs, douze fois deux mille supposaient déjà plus d'actions qu'il n'y en avait de créées. Voilà donc, que par la loi et en vertu de la loi, les douze administrateurs pouvaient seuls former la Compagnie.*

Supposons maintenant que deux administrateurs ayant chacun trois mille actions, l'un des deux eût acheté la part de l'autre, les actions que j'ai dit pouvoir être achetées par douze personnes, l'auraient été par six, l'auraient été par quatre : c'est le texte même de la loi qui conduit à ce résultat : il est donc évident que, d'après cette disposition de l'arrêt, les actions pouvaient être concentrées en très peu de mains.

On pouvait donc, sans aucun scrupule, se permettre d'acheter et de réunir en ses mains, un très grand nombre d'actions des Indes, comme on pouvait se le permettre pour des terres, contrats et pour toute espèce de marchandises.

On le pouvait, d'après l'arrêt même qui avait formé l'établissement de la Compagnie. Je dis plus : on le pouvait même d'après les lois générales rendues sur cette matière par l'ancien gouvernement: tel est l'arrêt du conseil du 26 février 1776. L'extravagante manie qu'on avait alors pour les papiers royaux ayant donné lieu, en 1724, à un règlement prohibitif concernant l'achat, le transport, les ventes et les reventes des effets dits royaux, on fut bientôt forcé de revenir aux principes et l'on rendit un arrêt révocatoire de ce règlement ; et, comme on craignait que cette révocation ne laissât quelqu'incertitude sur le principe, on voulut le rappeler dans les termes les plus formels, et, pour cela, il fut déclaré, je me sers des expressions même de l'arrêt, que les effets royaux et notamment les actions de la Compagnie des Indes d'alors devaient être considérées comme les lettres de change, les billets au porteur ou à ordre et les marchandises; qu'il ne pouvait y avoir aucune différence dans la manière de les négocier : je dis plus, on le prévoit d'après les arrêts du conseil des mois d'août et d'octobre 1785 et de celui de septembre 1786, sur lesquels mon adversaire s'appuie, avec toute la France, pour prouver l'illégitimité de ma spéculation, car, trois arrêts du conseil ont rappelé spécialement celui du 26 février 1726, et ont consacré le même principe. Il est vrai que ces arrêts du conseil ont introduit de nouveau des dispositions limitatives pour celles des spéculations de ce genre qui seraient faites à termes. Mais l'exception étant la preuve la plus certaine de la règle, les dispositions limitatives, établies en 1785 et 1786, confirment de plus en plus que les lois avouent toutes les spéculations de ce genre qui sont faites au comptant, ou toutes celles qui, faites à terme, le sont suivant ces dispositions, et qu'il n'est aucun projet de ce genre que chaque citoyen n'ait le droit de concevoir et de former. Un législateur à qui il prendrait la fantaisie d'ordonner que pour marcher il faut toujours porter en avant le pied droit et le pied gauche, ferait certainement une loi bizarre, mais, par cette loi même, il reconnaîtrait que j'ai le droit de marcher.

Enfin, n'eussé-je pas trouvé dans des lois si éclairées le droit d'être maître de telle quantité que je voudrais d'actions des Indes, je puis démontrer que j'avais, moi particulièrement, ce droit, puisque, dès le mois de juin 1786, j'y avais été spécialement autorisé par le gouvernement.

En effet, dans le mois de mai 1786, je fis sur les actions des Indes, qui n'étaient alors qu'au nombre de 20,000, la même spéculation que j'ai faite ensuite sur les 40,000, et je la fis avec le même succès. Les actions n'étaient qu'à 1,200 fr., quand je les achetais : en trois semaines, la véritable valeur en fut mieux connue et fut portée à 1,800 fr., et cette affaire me procura pour la revente un gain très net de près de deux millions, indépendamment de celui de mes associés. Ce bénéfice était très simple; mais ce qui le fut moins, c'est le bruit que cela fit et les calomnies de tout genre dont je fus bientôt l'objet. Quand on se rappelle le mauvais esprit public de ce temps, où l'on avait des idées si fausses sur tant de choses, on serait tenté d'appeler ces calomnies un double profit :

elles parvinrent jusqu'au roi, s'il faut en croire un de ses ministres, et ce ministre en écrivit, le 15 juin, en ces termes: *Que mes opinions excitant le public à se livrer sans mesure à un genre d'opérations, dont l'objet s'écartait du vœu du gouvernement, le roi m'ordonnait de m'abstenir désormais de tout ce qui pourrait me faire citer comme ayant influence sur le cours des effets et comme participant à un agiotage qui ne convenait ni à mon état, ni à mes sentiments.* Il était difficile de deviner le sens et le but de cette lettre. J'aurais pu demander au ministre ce qu'il entendait par *mes opinions*, ce que c'était que *le vœu du gouvernement*, en matière de commerce, ce qu'il entendait par agiotage ; car ce mot n'était pas encore à la mode et n'avait pas fait jusqu'alors une grande fortune ; comment il pouvait empêcher que les effets publics ne fussent influencés par l'opinion, tandis que l'opinion règle le cours de cette marchandise chez tous les peuples où il y a des effets publics ! Enfin de quoi il voulait que je m'abstinsse ; je ne fis pourtant aucune de ces questions. Aujourd'hui, pour toute réponse, j'aurais cité au ministre une très belle page de notre constitution sur la liberté de faire tout ce qui n'est prohibé par aucune loi; alors je me bornai à écrire de la manière suivante pour provoquer du moins l'explication de ce que je ne comprenais pas : « Qu'il
» était vrai qu'ayant aperçu sur la place plusieurs effets,
» entre autres ceux de la Compagnie des Indes tenus à un
» prix fort au-dessous de leur valeur par l'intérêt personnel
» de quelque négociant, j'avais osé former le projet d'en
» acheter une grande partie; que cet accaparement avait d'a-
» bord étonné tout le monde; mais qu'en y réfléchissant,
» beaucoup de gens avaient pensé qu'apparemment les ac-
» tions des Indes valaient plus de 1,200 fr., ce qui était évi-
» dent, et qu'aussitôt le concours des demandes avait haussé
» de 4 à 500 fr. le prix de l'action ; que je n'avais pas dû
» croire qu'il ne convint à mon état, ni à mes sentiments de
» faire une pareille opération de commerce, puisque dans
» l'arrêt du conseil créateur des actions des Indes, le roi
» invitait tous les citoyens quels qu'ils fussent à les ac-
» quérir ; qu'au reste, puisqu'il lui déplaisait que je fisse de
» pareilles spéculations, je m'engageai à n'en plus faire,

» demandant seulement qu'il me fût permis de liquider les
» marchés que j'avais déjà signé et que j'avais eu le droit de
» conclure, n'ayant pas encore reçu les ordres du roi. » —
Voici la réponse que je reçus le 18 juin ; je vous prie, Messieurs, de la remarquer parce qu'elle est décisive : « Si vous
» voulez bien relire ma lettre, Monsieur, me dit le ministre,
» vous verrez que ce qui a déplu au roi n'est pas que *vous
» ayiez acheté des effets publics ;* mais Sa Majesté n'a pu approuver l'espèce de rumeur et de fermentation que vos discours et le gain dont vous vous êtes vanté ont excitées
» dans le public ; j'ai été chargé de vous faire savoir que
» vous deviez vous abstenir d'échauffer les esprits déjà trop
» portés à se livrer avec excès aux spéculations et à l'agio-
» tage. Du reste, Sa Majesté n'exige pas que *vous preniez
» l'engagement de ne pas faire sur les effets publics les
» marchés qui sont permis à tout le monde,* et il ne peut être
» question de vous empêcher de liquider ceux que vous avez
» contractés. » Si la première lettre était obscure, celle-ci
était trop claire. J'avais fait un accaparement presque total
des actions des Indes, je l'avouais. Je croyais que mon opération était désapprouvée et j'offrais de m'interdire toute
spéculation semblable à l'avenir. Que répond le ministre ?
Que je peux continuer à acheter comme j'ai acheté déjà,
parce que tout le monde a le droit d'acheter de cette manière
et qu'il s'agit de faire moins de bruit. J'ai donc pu, en faisant
moins de bruit, recommencer une opération qu'on déclarait
n'être pas reprochable en elle-même. Quand j'ai dit que j'avais une déclaration formelle, la lettre du ministre était la
preuve évidente de cette assertion ; il connaît mon opération
et il déclare expressément que ce n'est pas mon opération qui
a déplu ; elle était donc licite, elle pouvait donc être répétée :
ces deux conséquences sont irréplicables. J'ai donc pu acheter
des actions des Indes en grand nombre, et même en telle
quantité que j'ai voulu : cela, je crois, est suffisamment démontré.

Je ne connais que deux sortes d'accaparements : celui qui
justement ou injustement est expressément prohibé et celui
des objets de première nécessité ; l'interdiction de celui-ci
chez aucun peuple de la terre, pour peu qu'il ait été policé,

n'a pas eu besoin d'être proscrit par les lois; car, ayant pour objet de disputer aux autres hommes, ou leurs vêtements ou leur subsistance, il a dû partout être regardé comme une véritable guerre déclarée par un seul individu, ou par quelques-uns à tous les autres.

Mais un accaparement d'actions des Indes peut-il être classé dans ces deux sortes (1).........................
....

---

(1) Papiers de famille. — Nous n'avons retrouvé que ce fragment de plaidoyer qui était bien plus étendu.

Pièce n° 6

JUGEMENT EN FAVEUR DE D'ESPAGNAC

AU NOM DE LA NATION

Le tribunal du quatrième arrondissement du département de Paris a rendu le jugement suivant :

Entre le citoyen *Gérard-Maurice Turpin,* agent du recouvrement des créances actives du trésor public, appelant d'un jugement contre lui, rendu au tribunal du premier arrondissement du département de Paris, le vingt-un février dernier, d'une part ;

Et le citoyen *Marc-René-Marie Sahuguet d'Espagnac,* citoyen de Paris, y demeurant, rue d'Anjou-Saint-Honoré, les citoyens Lalanne, Brémont et Le Couteulx Dumoley, créanciers, syndics et directeurs du droit des autres créanciers unis dudit d'Espagnac, intimés chacun à leur égard, d'autre part ;

Et entre ledit sieur *d'Espagnac,* demandeur au termes de son exploit du vingt-trois avril dernier, tendant à ce que, procédant et allant en avant sur l'appel interjeté par ledit citoyen *Turpin,* es-nom du jugement sus-daté, par exploit du neuf dudit mois d'avril, il fut déclaré non-recevable dans ledit appel et qu'en surplus le jugement à intervenir fut déclaré commun avec lesdits *Lalanne, Brémont* et *Le Couteulx* es-noms et que ledit *Turpin* fut condamné aux dépens d'une part ;

Et ledit *Turpin* et lesdits *Lalanne, Brémont* et *Le Couteulx,* es-noms défendeurs, chacun à leur égard, d'autre part, sans que les qualités puissent nuire, ni préjudicier aux parties.

POINT DE FAIT.

La cause était que l'agent du Trésor public était appelant

d'un jugement qui l'a condamné à payer au citoyen *d'Espagnac* et à ses créanciers une somme de quatre millions quarante-cinq mille livres.

POINT DE DROIT.

La question à juger était de savoir si cet appel était recevable et fondé.

Après que le citoyen Sinion, avoué du citoyen d'Espagnac, a eu requis avantage contre ledit agent du Trésor public et contre les syndics et directeurs des créanciers dudit d'Espagnac.

Ouï le commissaire national en ses conclusions, le tribunal a donné défaut et pour le profit, attendu que les citoyens Haller et Le Couteulx de La Noraye étaient les mandataires du gouvernement; que le mandataire oblige le mandant, déclare l'agent du Trésor public défaillant de celui de son appel, ordonne que le jugement du vingt et un février dernier et dont il s'agit sera exécuté selon sa forme et teneur, au surplus déclare le présent jugement commun avec les citoyens Lalanne, Brémond et Le Couteulx Dumoley, syndics des créanciers d'Espagnac, et condamne l'agent du Trésor public en l'amende de soixante livres et aux dépens envers toutes les parties, des causes d'appel et demande.

Fait et jugé audit tribunal par les citoyens Theurel, juge-président; Semaize, juge ; Collignon et Huet, juges suppléants, le mercredi vingt-neuf mai 1793, l'an II de la République française.

AU NOM DE LA NATION

Il est ordonné à tout huissier sur ce requis de mettre ledit jugement en exécution, à tout commandant et officier de la force publique de prêter main-forte, lorsqu'ils en seront requis légalement, et aux commissaires du pouvoir exécutif près les tribunaux d'y tenir la main. En foi de quoi, le présent jugement a été signé par le président du tribunal et par le greffier Theurel. — Minet.

Le ... juin 1793, an II de la République française (1).

---

(1) Archives Nationales, T. 713-717.

Pièce nº 7

PROTESTATION DE L'ABBÉ D'ESPAGNAC

Marc-René Sahuguet Espagnac aux Représentans du peuple.

Citoyens,

Il s'est formé, dans le commencement d'avril, un complot pour renverser mon entreprise sur les charrois de nos armées.

Les auteurs et les acteurs de ce complot étoient :

Choiseau, entrepreneur des équipages de l'artillerie, désespéré qu'il y ait un service rival du sien ;

Plusieurs de ses amis que les conspirateurs de la Vendée ont laissé dans Paris, parce qu'ils y occupent les premières places de la trésorerie ;

Et Dornier, député de la Haute-Saône, qui ne revient pas facilement d'une première idée, et qui ne les comprend pas toutes.

Un des plus sûrs moyens de réussir à ce perfide projet étoit de trouver un prétexte pour suspendre mes payemens : quel que fût mon crédit, quelles que fussent mes ressources, ils ne pouvoient seuls suffire long-temps à soutenir une machine aussi vaste, et dont les dépenses sont, à chaque instant, si actives.

La trésorerie nationale a donc prétendu, le 15 avril, que les paiemens qui devoient m'être faits chaque mois, par forme d'a-compte, étoient subordonnés à des revues trimestrielles; et sous ce prétexte elle a fait suspendre mes paiemens.

Je me suis hâté d'envoyer au comité des finances une lettre où je démontrois que la trésorerie entendoit mal mes marchés, et où je demandois des arbitres au cas qu'elle persistât dans son opinion ; mais dès qu'elle s'est aperçu que je pouvois aussi facilement la confondre, elle a pris un autre système : elle a prétendu que mes marchés étoient excessivement onéreux à la République, que les gains qu'ils me procuroient étoient énormes, que ma caisse contenoit au moins treize millions de bénéfices acquis, et que devant un compte de clerc à maître, la nation n'avoit rien à me payer avant que je n'eusse justifié pourquoi ma caisse ne contenoit pas 13,000,000.

Pour confondre encore la trésorerie à cet égard, il me suffisoit de prouver que mes obligations, par rapport au compte de clerc à maître, se bornoient, quant à présent, à en faire viser les pièces ; mais je n'ai pas voulu qu'il restât un prétexte des difficultés ; j'ai prié le comité de prendre connoissance de mes livres, tenus en parties doubles, dans le plus grand ordre ; et je lui ai justifié que ma recette, qui s'élevoit à 43,000,000 assignats, étoit absorbée par une dépense égale, sans compter ce qui pouvoit être dû dans les armées ; qu'ainsi je restois sans aucun moyen

La trésorerie ne pouvoit alors, sans dévoiler ses complots, se refuser ostensiblement à venir à mon aide : elle est donc convenu avec Dornier de m'accorder 4,000,000 ; mais elle est en même temps convenu d'en soumettre la remise à des formes si gênantes, qu'il n'y eut pas moyen que je parvinsse à les toucher ; et comme il étoit facile de voir que j'étois résolu de ne pas abandonner mon service, avant d'avoir épuisé toutes mes ressources, et que je pouvois dès-lors leur faire attendre encore quelque temps, une désorganisation telle qu'ils l'espéraient ; ils sont aussi convenus de reproduire à la Convention tout ce qu'on y avoit débité contre moi, dans les mois de décembre et de janvier, sur l'énormité de mes profits, et d'essayer par de nouvelles calomnies de rappeler sur moi votre indignation.

On vous a donc proposé, le 4 juin, de m'accorder 4,000,000 sous les formes convenues; l'on a eu soin préalablement de vous environner de toutes les calomnies et de toutes les préventions qu'on étoit aussi convenu de reproduire. On s'est bien gardé de vous dire que tous les reproches qu'on me faisoit, au sujet de mes marchés, avoient été jugés déjà par vous; et, profitant du premier mouvement qu'on vous inspire dès qu'il s'agit de dilapidations, on a fait insérer dans votre décret que deux comités examineroient, sous huitaine, s'il convenoit de casser mes marchés.

Des patriotes ardens, ne pouvant alors douter du complot formé contre mon entreprise, ont éveillé sur cet objet votre attention ; une discussion très vive s'est élevée, le 6 juin, dans la Convention entre Julien de Toulouse, et Fermont : Julien a démontré que tout ce qu'on m'objectoit avoit déjà été discuté, dans le mois de février, au comité des marchés ; qu'il en avoit fait pour lors un rapport ; que sur ce rapport, imprimé par ordre de la Convention, et laissé treize jours sous ses yeux, elle avoit ratifié, le 1er mars, par un décret formel, toutes les clauses de mes marchés, et avoit enjoint au ministre d'en poursuivre l'exécution ; que remettre cette affaire en discussion ne pouvoit donc avoir pour but que la désorganisation du service important auquel je m'étois engagé. Il a demandé que l'on ne conservât du décret du 4 que la concession des 4,000,000 ; que l'on me délivrât des formes absurdes auxquelles on en avoit assujetti la remise ; et comme il ne s'agissoit plus que de savoir si mes marchés étoient bien exécutés, il a demandé de plus que ce fût le comité de salut public qui vous rendît compte de cette affaire. Entraînés par les raisons de Julien, vous avez décrété ce qu'il demandoit ; et vous m'avez vengé des injures et des calomnies du 4 par cette phrase flatteuse : *que je continuerois à faire mon service avec le même zèle.*

Je me suis rendu, sur ce décret, au comité de salut public ; il ne s'agissoit plus que de savoir si mes marchés étoient bien exécutés, et si, faute de revues, j'avois droit aux paiemens que je réclamois. On n'y avoit donc traité que ces questions ; pour prévenir toutes contestation sur la dernière, j'ai proposé au comité de regarder provisoirement comme bien fondées les objections faites par la trésorerie ; et quoiqu'il y eût 8,000,000 de pertes pour mes associés et pour moi, si ces objections étoient trouvées bonnes, je n'ai pas craint d'en prendre Cambon pour seul arbitre : j'ai donc remis au comité l'engagement suivant, signé de moi :

« Je soussigné, choisis le citoyen Cambon pour seul arbitre des contestations qui pourroient exister entre la République et moi au sujet de mes marchés ; reconnoissant son jugement comme souverain, et renonçant au droit que j'aurois d'en appeler comme d'un jugement en première instance. »

La trésorerie et Dornier, interdis d'une démarche aussi franche, ont prétendu que Cambon étant ma partie ne pouvoit être mon juge.

J'ai pris, par un nouvel écrit, l'engagement de me soumettre à tel arbitre que le comité jugeroit à propos de nommer.

Le comité s'est pour lors emparé de l'affaire ; il ne m'a pas été difficile de démontrer que les difficultés qu'on me faisoit n'avoient pour but que la désorganisation de mon service.

Des charrons entendus par le comité ont déclaré que des particuliers étoient venus les engager à cesser tous les ouvrages que nous leur avions commandés, et des lettres arrivées pour lors par des courriers ont constaté que l'on cherchoit, au même moment, à soulever dans les armées tous nos équipages. Il ne m'a pas été plus difficile de ramener le comité sur tous les calculs absurdes que faisoient Dornier et la trésorerie par rapport à l'énormité de mes profits. Il est évident que mes marchés assurant toujours à la République la faculté de compter avec moi de clerc à maître, elle est toujours assurée de pouvoir repomper ces profits ; mais pour épargner encore toute discussion à cet égard, j'ai déclaré au comité que le défaut de revues étant la seule difficulté qu'on pût faire à mes paiemens, je consentois que la trésorerie réservât, jusqu'à décision juridique, tout ce dont je ne présenterois pas de revues ; que du reste, soit pour cet objet, soit pour tout autre, s'il y avoit des modifications qu'il crût convenable de faire à mes marchés, je m'y soumettrois à l'instant.

Le comité n'a pu s'empêcher de témoigner combien il étoit satisfait de mes propositions. La trésorerie et Dornier ont bien vu pour lors que ce n'étoit pas à lui qu'il falloit laisser cette affaire, et, par une intrigue qu'on ne sauroit qualifier, ils ont eu l'art de la faire porter par un nouveau comité, dit des charrois.

Dornier s'est empressé d'y faire un rapport : Ramel-Nogaret et Lacroix s'y sont rendus au nom du comité de salut public, et ils ont fait arrêter que, non-seulement ce rapport me seroit communiqué pour que j'y répondisse, mais qu'il le seroit à Julien. Je me suis hâté pour lors de me présenter à ce comité, et je n'ai pas eu de peine à lui faire comprendre combien il étoit urgent de m'accorder les 2,500,000 livres dont il vous a fait la demande le 6 de ce mois ; j'ai réclamé la communication du rapport fait par la citoyen Dornier ; je me suis chargé d'y répondre de manière à ne laisser aucun doute au comité ; j'ai déclaré de nouveau que j'étois prêt à modifier mes marchés dans tout ce qu'ils présentoient d'onéreux ; il a été de nouveau arrêté qu'on me communiqueroit le rapport du citoyen Dornier. Mais Dornier a bien senti que ses assertions ne soutiendroient pas une discussion contradictoire ; il a, par ses intrigues ordinaires, fait annuler l'arrêté pris sur son rapport, et j'avois à peine commencé ma défense, que le comité, la jugeant inutile, a décidé que la République pouvoit et devoit casser mes marchés pour y substituer une régie.

Tels sont, citoyens, les faits dont j'ai cru nécessaire de vous instruire avant de discuter ce que contient le rapport qui paroît en cet instant sous le nom de trois comités réunis.

Ces faits vous rendront moins surprenants la partialité dégoûtante et la mauvaise foi avec lesquels j'y suis cité devant vous.

Ils vous donneront au moins l'explication des raisons particulières qu'à eues Dornier pour vouloir anéantir mon entreprise comme usuraire et comme ruineuse pour la République, tandis qu'il conserve celle de Choiseau, dont le marché, modèle des miens, a les mêmes clauses, absolument les mêmes clauses et les mêmes prix.

Ces faits d'ailleurs suffiroient seuls pour vous donner la juste valeur et des calculs et des motifs sur lesquels on a basé cet étrange projet ; car il n'est pas un seul de vous qui puisse sérieusement s'occuper et de ces calculs et de ces motifs, lorsqu'il verra qu'il y a trois mois entiers que je passe vainement mes journées à dire : que voulez-vous ? qu'exigez-vous ? des sacrifices ? j'y souscris ; un système plus économique de service, j'y souscris ; des mesures plus sévères pour le constater ? j'y souscris ; d'autres mesures non moins sévères pour que vous puissiez compter avec moi, dans tous les momens, comme avec un simple régisseur ? j'y souscris.

Mais il ne suffit pas à ma justification de vous avoir dévoilé ces faits ; je ne puis ni ne dois laisser impuni l'abus sacrilége que votre collègue ose faire du plus saint de vos emplois, celui de rapporteur ; il faut que je confonde ses assertions calomnieuses, et que je grave sur son front toutes les marques d'improbité dont il s'efforce vainement de flétrir le mien.

Je vais donc à présent réfuter spécialement ce que Dornier appelle son rapport, et ce qu'après m'avoir entendu vous appellerez, sans doute, un libelle (1).

---

(1) Bibliothèque Nationale. L ^{217} 2. E.

Pièce n° 8

DÉCRET D'INVENTAIRE DES PAPIERS
de d'espagnac

Sur un rapport du comité des finances, le décret suivant est rendu :

La Convention nationale, ouï le rapport de son comité des finances sur les moyens de mettre à exécution les décrets des 25 juillet, 7 et 18 août, concernant la reddition des comptes de la compagnie Masson et d'Espagnac, décrète ce qui suit :

Art. Ier. — Il sera incessamment procédé, par le juge de paix de la section du faubourg Montmartre, en présence de deux commissaires nommés par la trésorerie nationale, et de Marc-René Sahuguet d'Espagnac, à la levée des scellés apposés sur les papiers de ce dernier.

II. — Il sera en même temps procédé à l'inventaire sommaire et au paragraphe des livres-journaux et factures seulement : ces pièces et le surplus des papiers mis sous les scellés, continueront à demeurer en dépôt dans les lieux où ils sont placés ; il ne pourra en être rien retiré, qu'en vertu d'un récépissé ou chargement particulier.

III. — Il sera placé deux serrures différentes sur la porte de l'entrée principale des appartemens où les papiers sont déposés ; l'une des clés sera remise audit Despagnac, l'autre aux commissaires de la trésorerie nationale. Les uns et les autres ne pourront y entrer, y demeurer ou en sortir que conjointement.

IV. — Du moment que la précaution prescrite par l'article

précédent sera remplie, ledit Despagnac procédera ou fera procéder de suite et sans interruption en deux séances par jour, à la reddition du compte de clerc à maître, qu'il est tenu de rendre ; et ce en présence des commissaires susdits, qui prendront successivement connaissance de tous les papiers déposés, noteront et réuniront tous ceux qu'ils croiront nécessaires et utiles pour contredire le compte ; il les y feront mentionner au besoin.

V. — La trésorerie nationale paiera à chacun des deux commissaires par elle nommés, 10 livres pour chaque jour de présence à la reddition et discussion du compte à fournir (1).

---

(1) *Moniteur universel* du jeudi 3 octobre 1793, p. 1169, 1re col.

Pièce n° 9

DÉCLARATION DE CLAUDE BASIRE
CONVENTIONNEL

*Le 26 brumaire, à heures du matin
(16 novembre 1793.)*

Je soussigné, Claude Basire, député à la Convention nationale, déclare au comité de sûreté générale que : lorsque la faction de Brissot était encore en force, mais que, cependant, le comité de salut public se trouvait composé de Montagnards, le citoyen Delaunay me dit, dans le jardin des Feuillants, que la Montagne n'avait ni énergie, ni grandes vues et que c'était l'effet de la misère dans laquelle se trouvait la plus grande partie de ses membres ; que le seul moyen de lui imprimer un caractère digne d'elle, était d'élever tous ceux qui la composent au-dessus du besoin qui rétirait l'esprit, et qu'au bout du compte il serait bien injuste de reprocher aux députés de faire leurs propres affaires en faisant celles de la République ; que c'était l'avis de Danton ; que si je voulais me trouver à dîner chez lui, nous en raisonnerions ensemble ; que je pourrais les servir, en prenant sur la fortune de mes collègues des renseignements que je lui fournirais, et il finit par m'indiquer un jour pour le repas proposé.

Je le quittai très étonné de tout ce que je venais d'entendre, fis en balbutiant une promesse de m'y trouver et ne m'y trouvais point.

Longtemps après, la révolution du 31 mai étant consommée, Delaunay me parla d'un projet de mettre les compagnies financières, les banquiers et généralement tous les agioteurs à la raison, de forcer la hausse des assignats et de faire merveilleusement les affaires de la République en faisant celles de beaucoup de patriotes de la Convention nationale. Il me dit cela fort sommairement, et Julien de Toulouse, avec lequel j'eus une conversation immédiatement après, entra dans de plus grands détails.

Le plan de Delaunay qu'il me développa consistait :

1° A procurer à beaucoup de patriotes une fortune considérable ;

2° A la réaliser... Sur ce que je demandai ce que l'on entendait par ce mot, Julien me répondit que cela signifiait, dans le langage de l'association : *La convertir en papiers sur l'étranger, en livres sterlings et en guinées.*

Pour faire fortune, il me dit que l'on comptait faire baisser tous les effets des compagnies financières, et surtout de la Compagnie des Indes, par des moyens de tactique fort adroits ; profiter de cette baisse éphémère pour en acquérir une très grande quantité ; s'en faire même donner par les banquiers intéressés à la conservation des compagnies, provoquer ensuite une hausse subite de leurs effets par des décrets avantageux, et amasser de cette manière des fonds considérables. Sur ce que je lui demandai avec quels fonds on pourrait commencer cette affaire et acquérir des billets lors de la baisse, il me répondit que les fonds ne manqueraient point ; que Delaunay saurait bien où les trouver, et que même il avait refusé de se prêter à un arrangement proposé par d'Espagnac, qui réclamait 4,000,000 et qui, si on les lui eût fait obtenir, les aurait abandonnés sans intérêts, pendant un certain temps.

Pour réaliser la fortune acquise, ainsi que je viens de le dire, l'on se faisait fort d'obliger toutes les compagnies, les banquiers, etc., à faire tous leurs paiements les plus prochains en papier sur l'étranger, en livres sterlings et en guinées, pour en inonder la place, et profiter de leur avilissement pour opérer la conversion des fonds.

Sur ce que je demandai à Julien comment il pensait que nous pourrions servir l'association et mériter une part aux bénéfices, il me répondit que : Tandis que Delaunay préparerait des mémoires sur les vices d'organisation des compagnies, pour les effrayer sur leur existence collective, les discréditer dans l'opinion, faire baisser leurs effets, il importait encore pour les amener plus infailliblement et plus promptement à ses fins, dans les conférences où on leur proposerait des sacrifices, de faire peur à chacun des administrateurs du comité de sûreté générale, dont lui, Julien, Chabot et moi, nous étions membres ; et qu'on les menacerait de dénonciations personnelles ; que d'ailleurs Chabot et lui étaient en même temps membres de la commission de l'agiotage, où ils pourraient rendre de grands services à l'association ; que, quant à moi, l'on ne me demandait autre chose que de laisser faire et que Delaunay nous ferait fidèlement à tous notre part de bénéfice.

Depuis, l'on se rappelle que Julien dénonça sans preuves à la Convention nationale la Compagnie des Indes pour avoir, disait-il, prêté au ci-devant roi des sommes considérables destinées à la contre-révolution : dénonciation qui effraya prodigieusement la compagnie et qui n'avait pas d'autre objet ; on la fit renvoyer à un comité qui ne put y donner aucune suite.

C'est dans ce temps que Julien, auquel je demandai s'il pouvait prouver ce fait là, me dit qu'il n'était pas nécessaire de rien prouver dans cette affaire, que le coup était porté ; qu'il suffisait que cela produisit une opinion défavorable à la compagnie et qu'elle en conçut elle-même quelque terreur ; que Delaunay, de son côté, préparait un mémoire foudroyant contre elle, qui n'était pas pour la Convention, mais seulement pour les conférences particulières avec les banquiers qui en seraient fort effrayés, et qu'il en avait un autre beaucoup plus doux pour l'assemblée ; que les affaires de l'association allaient bien ; que les gens de finances donnaient tout ce qu'on voulait ; que les courtiers et agents jouaient à merveille ; que notre fortune se faisait et que Delaunay ne tarderait pas à nous faire un premier partage.

Delaunay, que je voyais quelquefois et que j'écoutais toujours pour savoir où l'on nous menait, me disait à peu près la même chose.

L'on peut se rappeler que la Compagnie des Indes ainsi travaillée vit ses billets tomber de 1,500 fr. à 650 fr.; on peut suivre ce que ces billets sont devenus dans le commerce, à calculer l'effet des décrets provoqués par les associés sur ces variations subites. L'on peut réfléchir à la prodigieuse émission qui eût lieu à cette époque sur la place, des papiers sur l'étranger, des livres sterlings, des guinées, etc., et méditer sur tous ces évènements, pour voir comment ils se rapportent avec les plans indiqués et comment tout cela résulte de leurs discours et de leurs motions à l'assemblée.

Je n'en dirai pas davantage sur le plan en général : je n'ai eu là-dessus que des conversations peu suivies avec Delaunay et Julien de Toulouse.

Je fus, un jour, engagé par Julien à aller dîner à la campagne : c'était chez un ci-devant baron de Batz, ancien constituant, où se trouvaient Chabot, une dame Beaufort, Laharpe, le nommé Duroy, banquier, le nommé Benoit, que l'on me dit être d'Angers, ami de Delaunay et grand spéculateur en finances. On ne parla point d'affaires pendant le repas; Benoit, Delaunay, de Batz sortirent avec Duroy, après le dîner, pour se promener ensemble dans le jardin. Chabot, Julien et moi revînmes aussitôt à Paris.

J'étais fort embarrassé au milieu de tant d'intrigues ; je ne voulais point être complice de Delaunay et de Julien, je désirais cependant suivre leurs opérations pour les juger, fixer mon opinion sur les faits.

Il ne m'était pas possible de les dénoncer : je n'avais pas de preuves suffisantes ; je prévoyais qu'il me serait très difficile d'en avoir. Il m'eut été impossible de combattre leurs opinions sur les finances à la Convention nationale : d'abord, parce qu'en général ces opinions paraissaient rallier l'intérêt général à leur intérêt particulier, et ensuite, parce qu'ils étaient très instruits en pareille matière et que je conviens de bonne foi que j'y suis fort ignorant.

Je causais avec eux de loin en loin, et quand l'occasion s'en présentait, avec un air distrait ou préoccupé, pour ne pas les perdre de vue, et Julien de Toulouse est celui qui m'en parlait le plus fréquemment, en homme qui veut bien décidément profiter de cela pour faire sa fortune.

Chabot, auquel j'en parlai une fois, me parut être beaucoup plus avant que moi dans toute cette affaire et me fit entrevoir le projet qu'il avait formé d'observer et de déjouer; mais cela ne me paraissait pas très praticable.

Incertain sur le parti que je devais prendre, et après bien des réflexions je me déterminai à faire prévenir les banquiers qui m'avaient été nommés, que si l'on voulait se servir de mon nom pour les effrayer mal à propos, il était bon qu'ils se pénétrassent bien de l'idée que je suis un honnête homme, et que si on leur faisait des demandes d'argent pour quelqu'affaire que ce pût être, ils devaient penser que de semblables demandes ne se font que par des fripons et qu'il n'est pas sûr de traiter d'affaires avec de pareilles gens.

Cet avis fut donné au citoyen Sabathier par une femme que je nommerai quand il le faudra et au citoyen Duroy par une autre que je ferai connaître au besoin.

Duroy, fatigué des persécutions de Benoît, agent de Delaunay, qui lui présentait des projets de décret contradictoires en lui disant : « Si vous donnez tant, voilà celui qui passera ; si vous refusez ce que je vous demande, ce sera celui-là, » se leva un jour fort en colère et dit qu'il savait à quoi s'en tenir et que je lui avais fait passer l'avis de ne faire aucun arrangement avec les associés.

Benoît s'en plaignit à Delaunay, qui n'eut rien de plus pressé que de le dire à Julien dont je reçus des plaintes fort amères et avec qui je crus devoir alors me tenir sur la négative pour ne pas perdre les moyens de suivre cette affaire.

Les confidences devinrent, dès lors, moins fréquentes, moins étendues : on ne m'en parlait plus de la même manière. Cependant Julien m'annonçait quelquefois que les opérations se continuaient, que cela n'allait point mal; que le moment du partage n'était même pas éloigné. Enfin, il me dit un jour que je pouvais compter sur une somme de 100,000 fr. pour ma portion, résultant d'une consignation de 500,000 fr. en fonds fournis par les banquiers pour obtenir quelques modifications aux décrets concernant la Compagnie des Indes.

Je me rappelle qu'à cette époque, il était question de l'affaire du Rhum de Robert, à laquelle Delaunay prenait quelqu'intérêt ; il m'arrêta dans la cour du comité de sûreté générale, et après m'en avoir parlé quelques instants, *il se plaignit à moi de ce que Danton les abandonnait ainsi que Thuriot, qui s'étaient, disait-il, évidemment arrangé particulièrement avec les banquiers ;* mais que cela ne l'empêcherait pas de conduire l'affaire à bien et que je pouvais être tranquille.

Quelque temps après le 2 juin, lorsque l'on commençait à vouloir diviser les patriotes de la montagne, Hérault, membre du comité de salut public, me tira un jour à l'écart dans la salle des pétitionnaires : il me demanda si je connaissais quelque chose dans ces plans de division. J'entrai avec lui en grande conversation sur cette matière : je lui dis tout ce que je viens de consigner dans cette déclaration, sur les registres de la Convention et sur les propositions qui m'avaient été faites. Il en parut surpris, me dit que je l'avais fort éclairé; qu'on lui avait proposé de se charger de présenter un projet de décret sur les finances; qu'il voyait bien que cela tenait à des agiotages aussi criminels que méprisables et qu'il ne le ferait point. Il m'engagea à entrer avec lui, en conférence, avec H. Huilier du département de Paris; mais comme je ne connaissais pas H. Huilier assez particulièrement, je m'y refusai.

Il y a plus de deux mois, étant à dîner chez le citoyen Haligant Mozillon, où se trouvaient les citoyens Guinguené, Aumont, secrétaire du ministre de la justice, et Martinière de Grandville, en déplorant nos funestes divisions, je m'ouvris avec eux dans les épanchements de l'amitié de toutes ces combinaisons; ils peuvent se le rappeler.

Depuis quelque temps, on me parle d'un dîner chez Delaunay qui a pour objet le partage de 500,000 fr. Julien m'a souvent engagé à y aller; Delaunay m'a donné son adresse par écrit pour m'y rendre. Je m'y suis toujours refusé sous divers prétextes, qui ont pu faire penser, en les rapprochant du propos tenu à Benoît par Duroy, que je ne partageais pas les principes des associés dont au surplus je ne connais pas tous les noms.

Du reste, je n'ai fait aucun acte qui pût servir l'association; je ne me rappelle pas avoir signé un seul mandat d'arrêt contre un banquier pour cet objet.

Je fus très surpris, un jour, de ce que Julien de Toulouse, en avait signé un, lui seul, en mon absence, contre le nommé Grenu, banquier, que l'on ne voulait qu'effrayer.

Signé : BASIRE (1).

---

(1) Archives nationales. W, 342, n° 648.

Pièce n° 10

EXTRAIT DES REGISTRES DE BAPTÊME DE L'ÉGLISE ET PAROISSE DE SAINT-MARTIN EN LA VILLE DE BRIVE, DIOCÈSE DE LIMOGES, POUR L'ANNÉE 1752.

Marc-René-Marie de Sahuguet, d'Armazit d'Espagnac, fils naturel et légitime de messire Jean-Baptiste-Joseph de Sahuguet d'Armazit d'Espagnac, chevalier baron de Cazillac, brigadier des armées du Roi, et de dame Suzanne-Elisabeth-Josèphe, née baronne de Beyer, est né le 26 du mois de septembre 1752, dans la ville de Brive, paroisse de Saint-Martin, et a été baptisé le lendemain à ladite paroisse.

A été parrain : Haut et puissant seigneur Marc-René de Voyer de Paulmy d'Argenson, maréchal de camp des armées du Roi, directeur général des haras du royaume, inspecteur de la cavalerie, lieutenant-général de la province d'Alsace, gouverneur de Romorentin ;

Et marraine : Dame Marie du Vialard de Puymaretz, épouse de messire Guillaume de Sahuguet d'Armazit, chevalier, seigneur de Puymaretz, qui ont signé avec plusieurs parents et amis :

    De Voyer d'Argenson, *parrain ;*
    Du Vialard de Puymaretz, *marraine ;*

Marquis d'Escars, Lastérie du Saillant, Meslay du Saillant, Davès du Bois, Ballet des Bruly, chevalier de Vilhac, Lauvinerie de Fayolle, Maranzac, Noyret, Duterail, Dufaure de Meilhac, Arnaud des Brusly, Terrelonge, curé de Varetz, Saint-Lambert, Lamoureux de Chaumont, Brune, Lostende, de Lavalette, Laroche, d'Espagnac de Verlhac, d'Espagnac de Gilibert, chevalier de Laroche, Chamaillard, Gilibert prêtre-chanoine, pour avoir fait le baptême, par la concession de M. le curé de Brives (1).

---

(1) Papiers de famille.

ERRATA

—

C'est à tort que j'ai attribué à Cambon les paroles citées page 173. Ces paroles ont été prononcées à l'occasion d'un discours de Cambon.

—

La lettre de Voltaire à M. le baron d'Espagnac n'est point inédite.

TABLE DES MATIÈRES

	Pages.
Préface	v

			Pages
Chapitre	Iᵉʳ.	— Le petit Abbé	1
—	II.	— La Compagnie des Indes	57
—	III.	— L'Abbé et le général Dumouriez	90
—	IV.	— A l'Échafaud	159

PIÈCES JUSTIFICATIVES

Pièce Nº 1.	— Éloge de Nicolas de Catinat, maréchal de France	181
— Nº 2.	— Panégyrique de saint Louis	202
— Nº 3.	— Réflexions sur l'abbé Suger et son siècle	230
— Nº 4.	— Discours de la Cène	251
— Nº 5.	— Plaidoyer de l'abbé d'Espagnac devant ses juges	267
— Nº 6.	— Jugement en faveur de d'Espagnac	283
— Nº 7.	— Protestation de l'abbé d'Espagnac	285
— Nº 8.	— Décret pour l'inventaire des papiers de d'Espagnac	291
— Nº 9.	— Déclaration de Claude Basire	293
— Nº 10.	— Extrait des registres de baptême de l'église Saint-Martin de Brive	299
Errata		301

OUVRAGES DU COMTE V. DE SEILHAC

EN VENTE

Scènes et Portraits de la Révolution en Bas-Limousin (Préface. — Introduction. — Premières scènes. — Temps de la peur. — Épisodes révolutionnaires. — Les Girondins. — Étapes de la Guillotine. — Après Thermidor. — Pièces justificatives). — Un très fort volume in-8° grand-raisin de 725 pages. — Tulle, Imprimerie Crauffon, 1878.................................. 7 fr. 50

—

L'Abbé Marc-René d'Espagnac, Étude historique et biographique d'après des papiers de famille et pièces inédites. — Un volume in-8° grand-raisin de 320 pages. — Tulle, Imprimerie Crauffon, 1881................ 5 fr.

—

L'Abbé Dubois, 1ᵉʳ Ministre de Louis XV, d'après les mémoires manuscrits de l'abbé d'Espagnac, accompagnés de lettres inédites de la mère du Régent et de papiers de la famille Dubois. — Deux volumes in-8° coquille avec portrait. — Amyot, éditeur, 1862................ 12 fr.

—

Les Bâtards de Rois : LE MARÉCHAL DE SAXE. — Un volume in-12 raisin avec portrait. — Amyot, éditeur, 1864.................................. 3 fr. 50

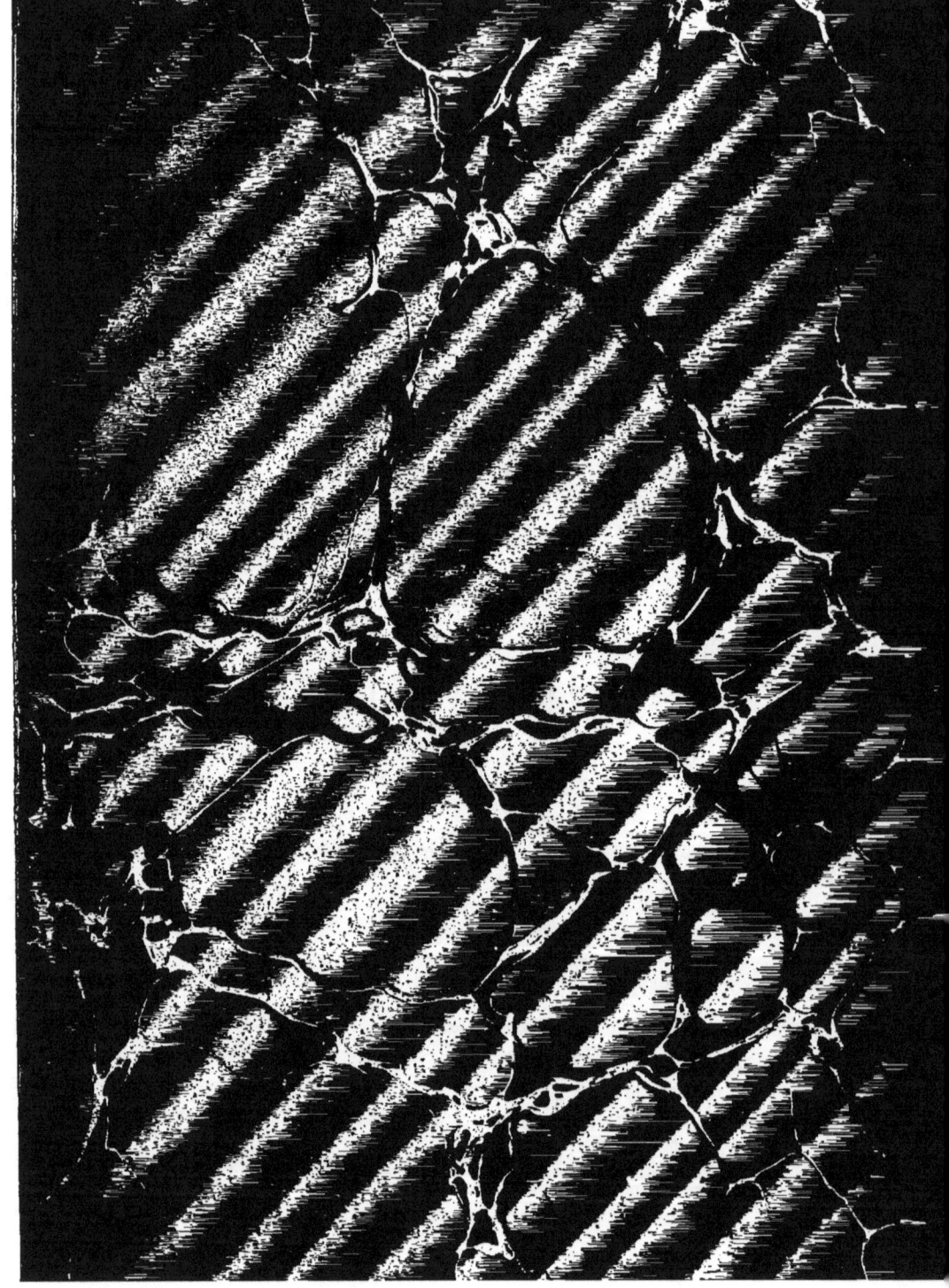

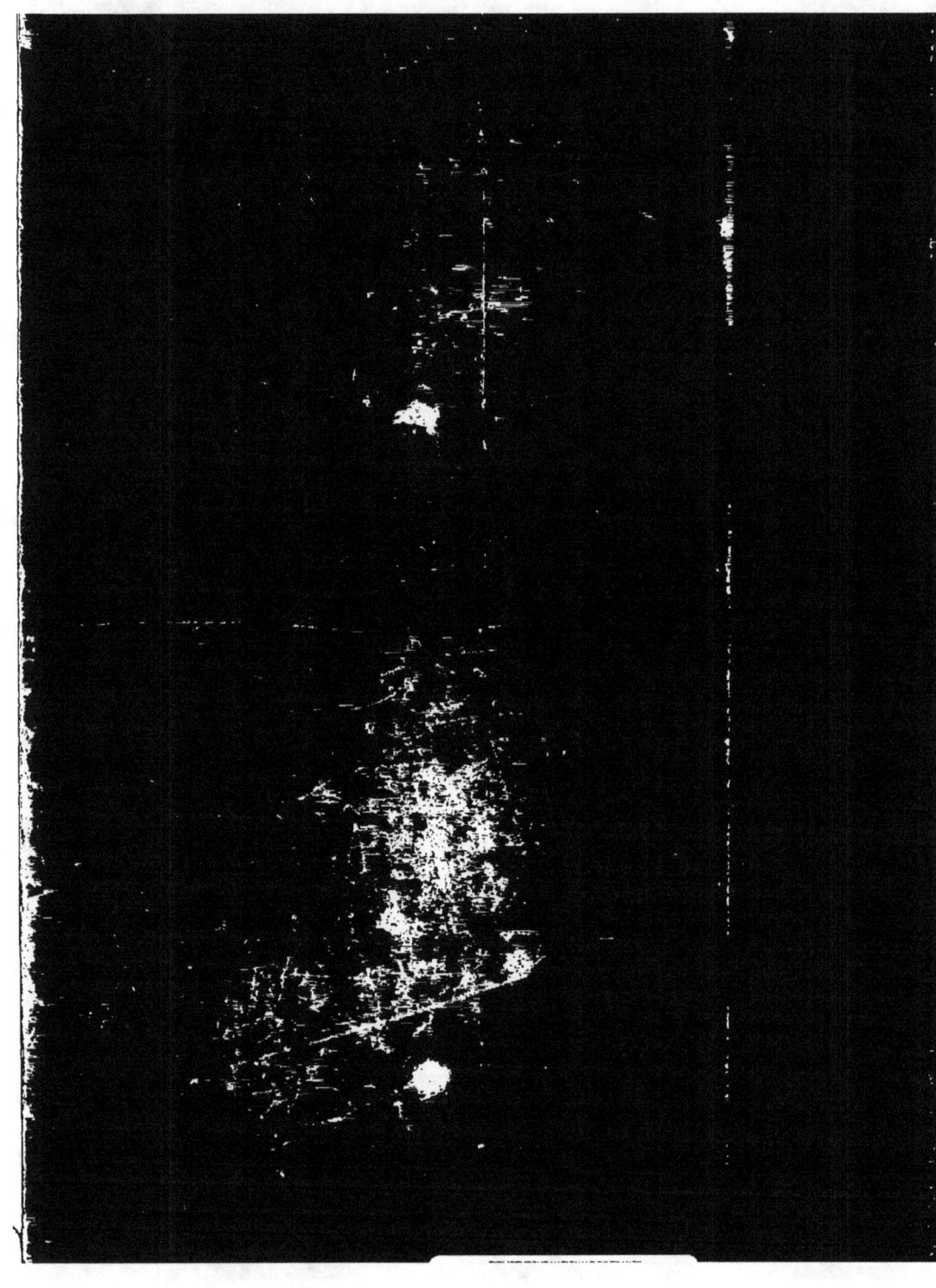

www.ingramcontent.com/pod-product-compliance
Lightning Source LLC
Chambersburg PA
CBHW070618160426
43194CB00009B/1305